本书由珠海市社会科学界联合会资助出版

珠 海 社 科 学 者 文 库

中国乡村教师
性别结构的变迁

——一个基于县域的历史人类学研究

武晓伟　著

社会科学文献出版社
SOCIAL SCIENCES ACADEMIC PRESS (CHINA)

谨以此书献给
中国乡村一代又一代默默耕耘的女教师

序　一

张李玺

认识晓伟是她的博士论文获得第七届（2018）中国妇女研究会博士论文一等奖后，向她约稿，之后，基于一些共同的兴趣，我们一直保持着联系。交谈过程中，她思想活跃、敏锐，对学术研究的执着追求和热爱，尤其是对中国乡村教育的关注和投入都给我留下很深的印象。前几天接到她的电话，说她的博士论文修改后准备正式出版，同时也邀请我为她的《中国乡村教师性别结构的变迁——一个基于县域的历史人类学研究》一书写个序。我很高兴她的专著出版，虽然我并不是这个研究领域的专家，也不是什么有影响的人物，但一是跟这个小青年很谈得拢，另外，这本书还在博士论文期间我就已经读过，所以也就欣然接受了邀请，将一些感想记录于此，权当序吧。

该书的基础是晓伟的博士论文，几年磨一剑，无论是理论框架搭建、文献脉络整理还是田野调查实践，都可以看到她的研究功底和对于中国乡村教育，特别是乡村女教师这个群体的关注。据我所知，这本书是我国目前学术界第一个以一个县为个案，完整梳理了近代百余年乡村女教师全貌的研究。我以为它的价值不仅仅在于完整描述和分析了一个普通县域教师队伍性别结构百余年来的整体变迁状况，并准确翔实记录了这段历史，为教育史学积累了很有价值的学术资料，同时从社会性别的角度出发的研究设计，对关注妇女研究、特别是从事妇女教育研究的青年学者也有一定启发。

第一，是作者的研究选题。作者文中也多次讨论了本土化问题，纵观中国妇女研究的发展历史，我们也应该认识到妇女研究不能脱离中国本土，关注妇女研究的人必须要了解真实国情，要了解妇女现实状况，对社会现象要有正确的认识和深入的思考。作者选择了乡村女教师这个群体，在考察我国乡村女教师发展的

中国乡村教师性别结构的变迁

历史脉络时，提出新中国成立至今，我国乡村教师性别结构发生了什么样的变化？乡村教师群体性别结构变化得以发生的原因是什么？乡村教师群体性别结构过分"女性化"趋势将产生什么影响？这样三个相互关联的研究问题，以国家和乡土社会变迁为大背景，深入探讨了乡村教师群体性别结构变迁的复杂性。

第二，是作者的研究视角。我国乡村女教师从无到有，从少到多，再到比例明显高于男教师是一个客观事实，作者透过这些现象，从社会性别视角出发，更为关注的是在乡土社会与国家共同发展建构的过程中，随着当前我国乡村女教师数量不断增加，这些女教师将赋予村落、学校和学生怎样的意义？而她们的教师生涯又将如何展开？乡村教师队伍这种过分"女性化"发展趋势将对乡村教育、学校、学生及对女教师个体产生什么样的影响？值得一提的是，作者在探讨这一主题的同时，还关注了乡村女教师生命层面的意义，这也是目前国内学术界尚未给予关注的问题。应该说，正是社会性别这一视角的引入，围绕"国家—乡村"和"性别身份"两个角度的讨论，发掘了传统教育史学家所忽略的一些角度和问题，把底层乡村女性的命运与国家政权建设连接在了一起。

第三，是作者的情怀。我一直有个观点，就是做妇女研究首先要有同理心，要有基本的为妇女发声的立场，社会研究不存在价值中立的问题，我们必须辩证地看待历史，看待现实，尤其在分析和解读历史事件时，要看到妇女在社会发展进程中的伟大贡献，实事求是地为时代和未来留下她们独有的历史踪迹。如晓伟自己在书中说，"在乡村不断行走，让我终于明白了自己此前的迷茫和困顿；也让我由原来的'清汤寡水'变成了真正的热爱与焦灼"。文中大量的数据和采访的资料，不仅让我们看到了一个乡土社会与国家共同发展的过程，看到了乡村教师群体性别结构变化的过程，更是看到了作者对乡村女教师这一群体命运的由衷关注，看到了乡村女教师这个最容易被忽视的群体如何被革命、市场和现代化所裹胁，一路走来的图景，看到了作者试图留下这些女性在乡村教育中的足迹的所有付出和努力。

让我们一起阅读这些乡村女教师的故事，她们是"大山深处的一粒粒种子"。

序　二

杜芳琴

　　武晓伟博士的新著《中国乡村教师性别结构的变迁——一个基于县域的历史人类学研究》即将付梓，从标题"乡村"、"教师"、"性别结构"和"变迁"等关键词到读完全书，我对晓伟的学术志趣、社会关怀和研究能力加深了理解；前几年得知她的博士论文获得中国妇女研究会唯一的一等奖，也是实至名归。晓伟出生、就学、工作都在城市度过，她却选择陌生的农村女教师做博士论文，数年来在乡村做田野工作，和乡村女教师打成一片，倾听她们的声音，体验她们的日常生活和职业经历，感佩中也将我这老"农家女"的历史记忆调动起来，使多年萦系农村、师范、教师和妇女/性别研究的生命经验和心路历程一一呈现，从而对她的问题意识、价值目标、框架设计、研究理路感同身受，而书中那些鲜活感人的故事，在淋漓酣畅的阅读过程中心有戚戚。作为妇女/性别研究的老兵，奉命作序实属幸运。这里就性别话题谈一些想法，与晓伟和读者分享，更希望批评讨论以共同增进。

从问题意识、价值目标与研究框架说起

　　晓伟对本书的总体设计构想，体现了明确的问题意识和清晰的解决路径。在双重价值目标中，聚焦于学术与实践两个方面：（1）在学术方面，理论研究旨在探求社会性别本土化和乡村化的理论工具，总结发展出适用于农村的分析框架；在专业领域为教育社会学中有关教师研究补充之未有；作为历史人类学研究的教育志，准确翔实记录这段历史为教育史学积累有价值的学术资料。（2）在实践方面，了解乡村教师群体性别结构演变的特点与规律，提出有助

于指导乡村教师队伍建设的政策建议；在师范办学层面，对当下师范教育、乡村师资培养提供参照；在改善乡村女教师状况方面，用理据进行谏策，引起有关当局关注该群体生命过程的意义。从理论到实践，从宏观到微观，从研究到行动，环环相扣，理路清晰，目标明确，为总体研究框架设计奠定了逻辑框架基础。

再看该书的研究逻辑框架，始终围绕"国家－乡村"和性别身份两条线索展开：首先，国家与乡村关系及国家与乡村的发展变迁是一条重要线索；其次，探讨乡村女教师与社会性别的关系，成为另外一条性别分析的重要线索。作者把国家与乡村的关系及其变迁历程，作为本书的大背景；而乡村女教师在"国家－乡村"的背景下展现其个人生活史，并看到性别文化与权力运作的关系。为建立"国家－乡土－女教师"的理论中心，作者又将"乡土"一分为二为"乡村教育"和"村落组织"，二者与"国家"构成研究框架的"铁三角"；而把"女教师"置于"铁三角"内作为主体研究对象，这样搭建了"国家－乡土－女性个体"三大关系的理论话语体系，"女教师"正是处于中心位置，与外围"铁三角"形成互构互动，尽管内外主体处于非均衡状态，如作者所说在三角外围所属各种变量往往使"女教师"处于被动位置，但是在特定情境下，女教师的主体能动也会反作用于外围的三角（见图3－1）。

在这两条线索中我更关注围绕"国家－乡村"和"性别身份"的线索展开，及其如何交叉于历史动态中，也正是作者所说的"社会性别成为另外一条分析的重要线索"。我认为社会性别线索之所以重要，正如作者所言，"它涉及中国传统的性别文化、婚嫁制度、性别权力结构等方面"，对此我非常赞同；但是，应说清楚以"社会性别"为视角和理论工具的"性别身份"与"性别结构"的联系和区别，我很理解晓伟的思路，把三角内的教师分成"男""女"，视为男女教师的"性别身份"（社会学界也看重身份）；但作者深知"农村地区女性的问题与家族、村落的命运紧密联系在一起，代际、城乡、贫困等复杂因素掺杂其中"，这个认知已超出狭义的"性别身份"概念内涵，而更具有深厚蕴含和分析力度的"性别结构"才能承担起性别研究的核心概念的功能；实际上作者在书中主要章节（如第五、六、八章）皆用"性别结构"作为标题和主题词。如果能在研究框架（见本书图3－1）中界定二者含义和关系，将从生理出发分类的"性别身份"，与 *sex/sexuality/gender*

（生理/社会化的性/社会性别）三者结合的"性别结构"加以区分，就让堪配核心概念以统领性别分析框架系统的"性别结构"凸显出来，"结构"远比"身份"内涵、外延和阐释潜力更有发散和穿透力。那么，该著的总体分析框架图中，"性别结构"应涵盖男/女教师职场中的结构关系，可以延展到"铁三角"本身及其外部所列变量概念之分析中。

再回头看总体研究框架的"铁三角"之间及外部子变量的联系和整合，发现作为外围互动的三维与三角内被赋予性别身份的教师之间的职场性别结构的变化构成核心议题，三角各维与三角内的性别结构才构成"强关系"。缘何如此？从历史上看，改革开放前，国家可全控村庄教育和村落组织，但改革开放后市场和资本越来越强势，原来的三角结构也在发生变化：一是市场和资本，即使国家所控也可能脱出羁绊，更毋论私人资本的脱缰不羁。关于"村落组织"，改革开放以来，土地承包落实到户，"家庭"组织更显得重要。"家庭－社区"同构的父权制，在农村政治、经济、文化等资源支配和分配退回到家庭，导致父权家庭深层性别结构的强化，也影响到集体父权的村庄社区，甚至影响政府政策制定。实际上作者在有关章节的具体梳理分析，已注意到这一趋势。所以市场和资本影响在扩大，把它们置于"村落组织"之下，不如提升到国家并列或下方，再把"家庭组织"拉出来与村落组织并列。婚姻家庭对女性的影响从来不缺席，男女教师们深受婚姻家庭和社区习俗文化的影响，都应进入村庄和家庭系统的性别结构分析和比较研究中，事实上该书有关章节已做了很多生动的案例分析。

颇有创意的性别结构分析——研究实践的理论方法和路径

将性别结构概念分析框架用于农村教师的实证研究有颇多创意，作者前已申明，该书的工具运用和研究路径是多元交叉的，历史人类学研究落地扎根以Q县为田野作业基地，社会学量化研究与质性研究和生命史口述深描等方法并用：量化研究体现在梳理不同时期女性从学、从教的数量变化，而观察访谈和口述深描的质性研究，对性别结构的深层分析尤显重要且复杂深化，如学校职场待遇、尊重和自我评价，村庄社区公共权力的对待（尤其转民办的待遇）和评价，家庭人际关系和对女教师工作支持的行为态度，这些囊括女教师生命/生活史的讲述，成为性别分析阐释可见可感的原始证据。如果说总体研究框架是骨架，那么实证研究的梳理分析就是该书的经络、血肉和灵魂。这一多元交叉理路的分析实践，更能见证作者的研究功底和效用。

　　该著作为历史人类学和性别的交叉研究，历史视野和性别结构分析相结合的研究路径清晰且严谨，又构成本书的一个创意。作者先从历史看女教师状况和性别结构变化，接着分析影响性别结构及变化因素的多个层面。对女教师状况和性别结构纵向变化从第四章开始梳理，从清末、民国、抗战、解放直到新中国成立，Q县女性进入学堂而后从事教师职业。从第五、六章开始，作者侧重Q县从新中国成立到新世纪近70年来性别结构变迁，既包括统计学意义的量化数据，又有落地生动的口述个案。作者在量化数据变化中向读者展示男女教师比例和位置高低层次及其影响因素：前30年，国家政治和政策影响最巨，女教师数量随之增加，1958年女教师人数增长率是男教师的近2倍；三年困难时期政策调整，乡村教师由公办转成民办，挣工分由村庄负担，取消工资男教师流出另谋出路，女性补充进教师队伍；"文化大革命"中一批男教师再次逃离，而受家事牵扯的女性无奈留下；到70年代初复课，男女教师基本持平；"拨乱反正"到改革开放前20年，开启了教师性别结构变化新的趋势：小学男退女进保持男女数量平衡，而在中学男女教师分别占62%、38%，拉开等次之质和量的距离；随着市场经济发展，男性离家辞职选择打工、个体经营，不是以前的被动逃离，而是个人的选择，而女性仍离不开家庭事务而不能选择外部发展。可见前30年国家政策导向、市场经济牵引和家庭作用于性别结构的量和质的变化趋势和特点。进入21世纪，新自由主义市场的强化使上述趋势加剧，政府"为本地经济服务"的目标吸引了更多男教师离开农村教育，迅猛的男退女进导致小学女教师呈"姹紫嫣红"之势，造成乡村教师性别结构数量和等次质差的双重失衡。确凿的数据和翔实的口述，展示了国家政策一以贯之的主导作用，而市场经济从21世纪以来推进性别结构失衡的强大牵引力。

　　依我看，该书最重要又精彩部分，是建基于数据变化的乡村教师性别结构总体趋势，翔实的访谈记录和深描的口述史对性别结构态势及其变化的深层因素的分析更加给力；上述的政府决策和市场牵引使更复杂，如婚姻制度和家庭结构的深层阻障、社区风习和村庄权力等因素交织纠结互构，同时又与女教师形成互动关系。作者如何从当事人视角和立场出发，聆听其声音，解读性别结构的深层问题所在，并为解决问题提供合理举措，这才是亮点。

作者从老一代民办女教师讲述职场际遇开始，1939 年出生的张老师如是说："……女儿出去就不能分娘家的财产。我结婚那天，婆婆就给我一把扫帚，让我往门里头扫，那意思就是告诉我——你是俺们家的人了，胳膊肘子以后就不能往外拐了！"她说没有师范学历，一直是民办教师，尽管教学质量不错，但转公办没有希望，只能认命（2014 - 06 - ZXZ）。除了张老师，困难时期农村教师被下放，转民办的现象至今仍存，就 Q 县还有 10%，多为女教师。从当年女教师们创作的歌谣仍在流传道出民办女教师心声："民办民办，说换就换；男的不干，换个碗吃饭；女的不干，鸡窝里拾蛋。民办民办，二十年白干；想转公办，娘们儿难比汉。心里头有苦，心里头有怨；泪珠子直往肚子里咽。"（第七章）民办教师问题，首先始于国家治理和政策，压力推卸给村庄，又随意辞退减少待遇；在婚姻家庭关系中，那位婆婆的训诫，就是家庭父权的代言，女性只能被动地接受双重负担和压力，"公办"无望，还得干"鸡窝里拾蛋"的家务劳动，苦和怨只能自己"往肚子里咽"了。这种来自国家、村庄和婚姻家庭压力的尴尬无奈，至今未能改变。

再看女教师在婚姻家庭与职业冲突方面的故事，更多涉及传统的婚姻家庭性别制度、风俗对人的建构形成的性别关系紧张等各个方面。王女士讲述她的职业生涯和日常生活，她婚前在娘家村当老师，婚后到婆家生孩子，丈夫不支持，婆婆说有病不给带孩子；她还坚持，父亲打了一顿逼她辞去工作，不得已把心爱的工作丢掉。（2014 - 06 - WLZ）女性谈及娘家不支持读书和婆家不支持教书比较普遍，即使男女平等喊得最响的 1958 年，女教师也抱怨丈夫和婆家人不理解不支持。村庄（社区）如党政组织和学校也保持沉默或认同夫家的决定。这里涉及父权制性别结构最深层的问题，一是性别分工的公私内外、男女有别，划分为男公/外 vs. 女私/内的二元结构；二是婚姻家庭亲属的男内 vs. 女外组织制度和人伦关系规范，二者纠结矛盾的交叉形成复杂的性别结构，于是导致今天女教师公/私、内/外兼具，形成"讲台"与"灶台"的空间和职事的冲突。然而，女性"从夫居"的婚嫁传统，导致丈夫和公婆把家务推给"媳妇"，造成女教师"两台"间的紧张，甚至不得不辞去工作。

进入 21 世纪，强势的资本，扩张的市场，政府以经济为中心的政策导向，影响到学校"男流出，女留守"的教师队伍女性化。如一对"70 后"的中年教师，丈夫打算离职打工挣钱养家，为儿子娶媳妇筹资，妻子留下来从教兼管家务；"90后"男大学生毕业宁可在外打工也不回家乡执教，觉得没有出息。男性继续逃离，留下女教师，婚后有孩子继续在讲台到灶台之间奔波，还有各种压力，如中年干练失婚的王老师被视为"男性化"，"90后"女大学生要么"愁嫁"，要么认为"就业没有优势"，就连校长都为住校女教师的人身安全而提心吊胆。这样的环境导致教师职业女性化，应该从国家政策层面给予倾斜改善农村教育环境条件，对性别不平等的敏感应采取教育和宣传措施，责任不应该由女教师承担。

最后的结束语，因受晓伟层层解剖的精彩分析感发，以及第八章针对问题指出"成因"，并提出建议的启发，我似乎还有点意犹未尽，想就晓伟的"性别结构"的核心概念和分析框架，说点目观、心想的当下国内社会性别理论和研究实践的感悟，就我30年从事社会性别研究的经历来看，至今还没有真正适用于中国的有效理论概念系统，不是挪用外来概念，如"男主外，女主内"、"公私"领域、"从夫居"这些来自西方的话语说中国事儿；就是用男尊女卑（社会与家庭的地位高低）、男主女从（婚姻家庭的伦理关系）、男强/刚女弱/柔（性别气质特征，女性自卑）做归因分析。最近我顺手拿来2019年某学院的学报，三篇文章用同样的概念解释不同的问题，如"女性创业障碍"，用"男尊女卑"、"重男轻女"的封建思想，"男主外，女主内"的"角色定位、传统家庭观念和家庭分工"进行归因；"婚后女性（农村）受暴"还是用"男尊女卑的传统思想"、"女性内化了'男主女从'性别观念"和"传统性别文化观念"进行归因；对老年人受虐解释为"男尊女卑、重男轻女的社会背景以及男主外女主内的传统家庭分工模式"，这就显得更离谱。即使最高级别刊物，涉及性别，无非就是"公/私领域""性别分工"的"男主外，女主内"。这些理论分析不能解释解决任何问题。就拿女性创业和"职业"分工来说吧，用"男主外，女主内"这个外来话语，需要回到中国现实，就晓伟书中的农村教师而言，男女都在"外"有同样职业，而女性却要兼顾"外"和"内"，一个性别分工绝对不能解释全部，需要用"传统性别文化与婚嫁制度"做深层的父权性别制度分析，这里应该说"性别制度和文化"更准确，父权性别制度包括男婚女嫁的家庭制度，它是生育、继承和亲属关系等系列制度成立的中介，人们往往只看到"男主外，女主内"的性别分工，把最重要的形成父权制性别结构的男内女外的婚姻－家庭－亲属组织系统和人伦人情人性忽略了。最近几年，国内对本土性别研究的理论讨论和实践探索刚刚开始，期待为改善国内性别研究理论生态系统，提供有效的理论研究、行动分析框架和实践路径而努力。

再回到晓伟的书，能紧紧抓住一个核心概念——具有统领和引发想象力的"性别结构"，与总体框架的"国家－市场－村庄－家庭"影响女教师职业和生活的诸因素对接并进行深度分析，提出将"职业分工"的性别等级打破、"传统父权制度"改变、"国家与地方政策"等的性别平等教育普及的建议，必将裨益本土性别理论创新和改善女教师职业－家庭冲突现状，也是迈出本土性别研究理论创获的一大步。

是为序。

序三

郑新蓉

　　《中国乡村教师性别结构的变迁——一个基于县域的历史人类学研究》一书即将出版，我深知这是武晓伟由博士论文改写的呕心沥血之作，甚是欣慰。

　　20 世纪 80 年代中期，我开始接触妇女教育，最初参加教研室主任沈适函老师领衔的联合国教科文组织的课题任务，随后接触了更多的性别平等的概念、立场。90 年代中后期参与了一些国际合作的项目，开始关注我国西部农村妇女和女童不利的教育处境。在"中英甘肃基础教育"项目中，我担任社会发展专家，组织各方力量，以提升女童入学率以及改进其学业表现为目标。当时最棘手的问题是农村学校没有女教师，几乎是清一色的男性。在保守的家长看来，学校没有女教师，是不可能送女娃娃去的。项目通过快速培养女教师，动员村子里有点文化的姑娘、媳妇到学校去教书来提升女童的入学率。

　　大约十几年后，当我再带领学生们去中西部农村，发现最边远和基层的农村学校女教师也出现星星点点"增长"的趋势，我敏锐感到我国教师队伍的性别结构在乡村末梢的变化是"百年未有"的新现象，隐约感到如若把教师性别结构趋势的时间线轴前推，把乡村教师性别比例单调的数字还原到历史场景和个体生命故事中去，一定会别有洞天。我把这种兴奋快速传递给了晓伟，并希望以此做博士论文，浪漫文青范儿的武晓伟被我赶进了中国最贫困的乡村腹地，啃上了性别教育的冷书本，开始了艰难的博士论文研究和写作。

　　武晓伟的研究为我们撑开了这个神秘而深邃的"洞天"。她选择了河北的一个贫困山区民族自治县，以不同代际的女教师生命故事为"经"，社会结构和事实做"纬"，编织出了百年来中国乡村教师队伍性别结构变化的历史画卷。这一画卷是色彩斑斓的，其过程是深刻而复杂的，它与现代国家的

中国乡村教师性别结构的变迁

形成、中华民族救亡图存使命、社会主义农村实验蓝图、经济改革、性别文化及性别的职业分工的变迁等有着密切关联，是百年乡土社会与国家历史变迁的一个缩影。

晓伟笔下的个案研究中，我读到了近代女子教育和女教师发端的多种力量——清末教育改制自上而下的力量，民间救亡图存以及保种的"胎教"和"母教"呼吁，各国列强的新式教育和教会学校的"引进"，更有日伪时期的教育遗迹，华北 Q 县女子教育和女教师就是在这种背景中发端起源的。现代女子教育和女子师范教育，最早的启蒙者是男私塾先生、殖民者和传教者。学堂最初引进女教师是与国家强盛、国民健康等理念联系在一起的，最早的女教员是教会学校的女教习，她们一方面是洋教教义的传播者，同时也是传播自主意识、卫生知识的先行者，更重要的是我国上千年的女子教育由家庭走向了公共学校，最后通过公共学校让女性走向了社会，当然，由此也把妇女推到了家庭教育和学校教育的前台。

晓伟笔下女教师的生命故事，每次读来都打动我。她清晰地画出了新中国成立初期女教师作为榜样力量在不同的村落教书的流动图，她们白天教学生，晚上在扫盲班教农民识字；在"大跃进"时代，学校快速增加，受过教育的女性"召之即来"，放下农活就走上讲台，三年困难时期，学校萎缩，教师下放，更多的是女教师替国家分忧，回到农村。经济回暖，学校复苏，她们又回到学校，然而女教师"转正"的路相比男教师漫长得多。改革开放，女教师又填补了男教师流失的讲台，守着日渐寂静的土地和学校。百年来，乡村女教师都是当地的"文明人"和劳动者，她们爱读书、独立自强，她们忠实于爱情和家庭，日复一日地教育劳作支撑着共和国的公共教育。

晓伟敏锐地察觉到，乡村教师性别结构女性化并不是一件"好事"，今天人数众多的乡村女教师，是经济热潮中男性出走留下的空白地，是因教师职业的社会地位和竞争力下降才为受教育女性腾出的空间。然而，所幸的是当代中国义务教育和高等教育的大发展给了她们受教育的机会和当教师的资格；众多的女教师是留守儿童和乡村学校的守门人，但并不是传统意义上的文化精神的传承者，她们的坚守、蛰伏以及她们内在潜能和活力的爆发，也都将是乡村学校和社区新生的希望。

晓伟在性别教育研究里十年的耕耘，也得到教育学界和妇女学界的很多关注。她已经是"性别与教育"这门课程小有名气的副教授，晓伟在论文研究中所记录的女教师们的感人"故事"，其中三篇已经编入我国第一部"乡村教师口述史系列丛书"（郑新蓉、胡艳主编），百年教育史上的女教师为更多的人知晓和铭记。2018年，武晓伟又获中国妇女研究会第七届优秀博士论文一等奖。今天博士论文的出版，应该是个新的句号，希望晓伟继续用生命、智慧和勇气去开拓性别教育理论和实践的新天地。

是为序。

前　言

　　本书以河北省一个普通县 Q 县为个案，融合国家政权建设理论、现代化理论及社会性别理论，采用史学文献法与人类学民族志的研究范式，梳理了 Q县百余年乡村教师群体中女性从无到有、从数量少到与男教师人数比例相当，再到显著超过男教师人数这一历史过程，并重点研究自新中国成立至今，该县乡村教师群体性别结构变化的样态、趋势、原因与影响。

　　本书所研究的乡村教师性别结构变化不仅是数量上的男女构成比例，还包括不同性别教师在身份上的差异及其在教师群体中所处的地位、所发挥的作用和影响力。本书的主要发现如下。

　　清末民初，Q 县最早一批女教师发端于新式学堂，数量最多的女教师存在于教会学校，而在伪满洲国时期兴办的各类师范教育也培养了相当数量的女教师。新中国成立至今，从数量上看，在三个历史阶段乡村女教师数量增幅明显，即 1958 年、"文化大革命"时期和 2000 年以后。1968 年 Q 县小学男女教师第一次出现数量上的持平。2010 年前后可能是男女教师比例增减的分界线，即在 2010 年前后，小学和初中阶段的女教师人数开始超过男教师。从身份和性质上看，相比男教师，在民办、代课教师群体中，各个历史时期女性比例均较高。这些岗位虽然为部分受教育的乡村女性提供了工作机会，但也反映了临时教师作为廉价劳动力更多是女性的事实。同时，城乡二元户籍管理政策，以及传统"从夫居"的婚嫁模式，都可能是乡村女教师中断教师职业，成为另类身份的原因。在我国经济社会转型过程中，劳动力转移空间增大，就业机会增多，带来乡村青年男女在教师职业机会选择上的差异，大量青壮年、具有竞争力的男性流出教师队伍，将具有生存、保障性功能的乡村中小学教师职业让位给女性。加之劳动力就业市场的性别歧视，又将出生在乡村的女大学生推回乡村，因此，"体制内"的教师工作就成为乡村女大学生的"鸡肋"选择。

　　总之，乡村教师群体性别结构的变化经历了一个漫长的历史过程，它的发生是深刻且具有复杂性的，它与现代国家的形成和历史使命、城乡差异、经济发展水平、性别文化及性别的职业分工变化有着密切关联，是乡土社会与国家历史变迁的产物。

目　录

第一部分

第一章　导论 // 3
　第一节　研究缘起 // 3
　第二节　选题依据 // 6
　第三节　研究意义 // 11
　第四节　研究问题 // 13

第二章　文献回顾 // 15
　第一节　文献述评 // 15
　第二节　概念梳理与界定 // 34

第三章　研究设计 // 37
　第一节　理论基础 // 37
　第二节　方法论基础 // 46
　第三节　研究方法与过程 // 49
　第四节　信效度与伦理 // 70

第二部分

第四章　历史的视野：Q县女教师的发轫 // 79
　第一节　清末民初：新旧教育中的女教师 // 80
　第二节　新中国成立前：战乱中的女教师 // 95
　第三节　本章小结 // 99

第五章　Q县教师性别结构变迁（上）// 101

第一节　社会主义革命与改造时期的教师性别结构变化 // 102

第二节　社会主义建设与探索时期的教师性别结构变化 // 114

第三节　"文化大革命"时期的教师性别结构变化 // 127

第四节　本章小结 // 139

第六章　Q县教师性别结构变迁（下）// 141

第一节　改革开放二十年Q县教师性别结构变化 // 142

第二节　2000年至今Q县教师性别结构变化 // 161

第三节　本章小结 // 182

第七章　深描：Q县教师工作与生活图景 // 184

第一节　乡村民办女教师：身份之殇 // 185

第二节　乡村的变化：男教师的进退 // 200

第三节　孤独的女性：乡村女教师的困境 // 207

第四节　本章小结 // 217

第三部分

第八章　乡村教师性别结构女性化的影响与对策 // 221

第一节　乡村教师性别结构女性化的影响 // 222

第二节　对策建议 // 230

附　录 // 240

参考文献 // 254

后　记 // 269

第一部分

第一章
导　论

第一节　研究缘起

"只有透彻地研究自己的需要和问题，才是正解。"①

——陶行知

　　本书是由我的博士论文修订而成。忆当年，对一个博士生来说，学位论文的选题是一件极其纠结的事情，让人绞尽脑汁。在与导师的交流中，尽管导师脑子里装着各种题目，但导师很笃定地给我圈定了论文的选题范围，然而最初这并非我所愿。几次"交手"之后，我败下阵来，接受了选题却并不欣然，直至论文完成，我才明了导师的通透和良苦用心！

　　对于中国乡村教育和乡村女教师的关注，我的确是经历了一段曲折的过程。

　　作为一名在城市出生、长大的"80后"，我亲历了当代中国城市社会发展的剧变，特别是改革开放后经济的迅速崛起，个体家庭快速脱贫并走向富裕的全过程；党的十一届三中全会后，1980年，国家提出"鼓励只生一胎"的计划生育政策，导致相当一部分包括我在内的"80后"成为独生子女。我责无旁贷地接纳了"现代化"，并享受它带给我的所有丰富资源与便利。与此同时，也在不觉之中染上了现代性的"痼疾"：狭隘的个人主义、浅视与贪婪，极大的物欲满足之后精神的空虚。在真正做研究之前，我对中国乡土社会并不熟悉和了解，确定选题

---

① 陶行知于1925年发表题为"民国十三年教育状况"的讲稿。

后的很长一段时间里，任凭我阅读多少有关乡村题材的文艺作品和学术文章，都难以找到与自身的契合点和想要接近它的冲动。由不解而误解，甚至不愿触碰。

最初，我就是带着这种对中国乡土社会和乡村教育"清汤寡水"的情感，被导师"驱赶"着一再地往中国最贫困的乡村腹地挺进。然而，越进入我似乎越茫然，眼前的景象与我此前阳春白雪的书斋生活全然不同，甚至与我之于乡村放松达观、乐享天成的想象也相距千里。我眼见到的乡村，大量土地被变卖或几近荒芜，青壮年劳动力不断外出，街头巷尾随处可见空洞守望的老人、妇女与儿童。多年前，父辈们外出谋生，但"家"一息尚存于村庄，身体的辗转迁徙总惦记着落叶归根，不过是乡村生产性功能的暂时输出外移；而今，学校进了城，乡村的孩子们也进了城。在南方，以前"逐水草而居"的村民现在随学校而居，城市的边角变得极度喧嚣且拥挤不堪，乡村原本的抚育性功能也将近丧失。在乡村不断行走，让我终于明白了自己此前的迷茫和空顿，也让我由原来"清汤寡水"的感情变成了真正的热爱与焦灼，极大地激发了我的研究欲望。数次调研过程中有一个群体给我留下了极为深刻的印象——乡村女教师。

2012年深秋，我参与教育部－联合国儿基会"特岗计划"项目，赴西部某县进行了为期两周的基线调研。在调研过程中，我发现那里年轻的"特岗"女性教师特别多。该县南部一所偏远的农村小学连续几年都招不到男老师，只好派驻女教师下去。而这个地区山大沟深，气候和土壤条件极差，严重缺水，村小和教学点更是艰苦，对于女性来说困难重重，连吃饭、洗菜、洗衣服这些生活日常都成为很大的问题。在走访X乡的华沙小学时，除校长是一名男性外，其余四名教师均为女性。学校无力安排教师住房，这四名年轻的女教师不得不寄居在该村已废弃的村委会两间破败的旧房子里，与这所学校洋气的校名形成了鲜明对比，校舍和教师宿舍上漏下湿、不蔽风雨。两位已婚的女教师丈夫、子女都不在身边，其中一位谈到此处流露出无奈与痛苦："我家是外乡的，爱人在家照顾老人和孩子，小孩一岁多一点，我每月回家一趟看看娃娃。娃儿断奶断得早，有时候听到娃儿或者家里人说身体不好，心里真的特别难受，想回家。"该校还有一名刚分配来的"90后""特岗"女教师，正值青春年华，脸上总是带着浅浅的微笑，一双大眼睛明媚清澈。我问她恋爱否，她有些惆怅地说："教学任务重，一个教师要上好多门课，而且这里太偏僻，路不通，基本没有与外界接触的机会，村里的年轻人（男性）又少，上哪儿去找对象呢？"

　　在 S 乡的中心校调研时，我遇到一位美丽的回族女教师，她最大的困扰竟来自"水"。S 乡地处高海拔山区，十分缺水，90% 以上的人饮水靠"望天水"（村民自制小水窖，用来储存雨水），村民和学校用水都异常紧张，而回族本是个十分喜爱洁净的民族，饮用、洗浴和浆洗衣服都比较讲究，这位女教师为了满足自己清洁的需要，不得不每周都坐车到县城去洗澡和购水。她坦白地说："当初是父亲给我报了'特岗'，求的是有个'体制内'的安稳工作，等着三年后接转入编了，再想办法（调离）。"据该中心校的校长介绍："近几年来，'特岗'分配过来的大多数是年轻女教师，几乎没有男性，S 乡所辖村庄均山高壑深，条件艰苦，可村小教学点缺乏师资，不派这些女教师下去又不行，派下去了也留不住。"这次调研还发现，该县有许多类似这两个乡的情况，也有很多这样的女教师，她们年龄普遍较低，97% 在 30 岁以下，其中超过 65% 的"特岗"女教师未婚。随着乡村学校女教师的增多，她们的吃住、安全、婚恋问题日益突出。[1] 调研结束后随导师返京，但是这些乡村女教师的真实困境与挣扎拖曳着身为同一性别的我，让我的心久久不能平静，也引发了我对这个群体命运的持续关注和思考。

　　2013 年春节假期返乡，我回到河北省 Z 市。正值过年访亲探友，我去叔父家拜年时，经叔父介绍认识了寇某，她是 C 县某小学一位已退休的乡村女教师。1960 年出生，1978 年高中毕业后考取了民办教师资格，在当地村小职教 35 年。当我问到在她那个时代乡村女教师的生存状态时，寇老师答道："我们那时读书认字的女孩子很少，女老师也少，一个学校最多一个（女教师），女人地位低，没有太多文化，而且以前没有计划生育政策，女老师要生孩子，一休假学校就没老师了。当时在农村一个女人无法独立生活，非常危险，村里的学校有的比较偏僻，建在村头或村尾，如果单把一个女老师放在那里很不安全，没人愿意请女老师。"将近两个小时的谈话，我发现寇老师的经历跟我此前的调研经验有类似也有十分不同之处，这让我产生了诸多疑问。从新中国成立到新世纪，中国乡村社会发生了剧变，那么，伴随着社会和时代的变迁，作为乡村社会的一分子——女教师——从农村走出来，从农民变为教师。当国家权力和政治力量嵌入她们的日常生活，在社会性别话语中一直处于被动、从属

---

[1]　郑新蓉等：《中国特岗教师蓝皮书》，教育科学出版社，2012。

地位的这一群女性，在这场激变中究竟扮演了怎样的角色？又是从何时、以何种方式从"灶台"走向了"讲台"？对乡村教育的发展做出了怎样的历史贡献？不同年代、不同代际，她们的求学历程、婚姻家庭生活、职业生涯发展又有何相似与不同……

我从小生长在城市，加之又是独生子女，一直以来接受并习得城市较为平等的性别观念，到了乡村后，乡村与城市性别观念上的差异，使我反思自身的生活和成长，并对当下的社会性别问题也有了一定的敏感性。另外，作为一名已婚有孩子的女性教师和研究教师问题的女性学者，社会性别视角是我在教学和研究工作中无法忽略和回避的。随着与乡村女教师的深入接触，我对她们充满了同情和敬意，然而，"乡村"和"女性"两个词在当下社会的语境中必然注定了她们的困境。许多乡村女教师受传统性别权利关系和政策的影响，她们的教师生涯发展艰辛且困厄无助，内心充满悸动不安和忧伤，她们具体的生活经验和图景隐晦不明，这些都深深吸引着我去探求这个庞大群体背后的意义。一直以来，学术界对乡村教育和教师的研究颇丰，但从社会变迁与社会性别的视角对作为一个整体的乡村教师性别结构变化的研究却处于消匿和缺乏状态，而这一问题又十分复杂和有价值，它既涉及宏观的社会变革与中国乡土社会的变化，又与微观的每个不同时代的女教师命运息息相关。因此，结合已有研究和自己的实地调研，我最终聚焦于这一选题。

第二节　选题依据

一　新中国成立后中小学女教师数量持续增长

教师群体中女教师数量持续增加，是我国教师队伍近些年来出现的一种新变化。新中国成立后，基础教育学段学校女教师在总量上已超过男教师，并有逐年增长的趋势。据统计，1951 年至 2012 年，普通中学女教师由 7800 人增至 1784590 人，占全体教师比例由 10.60% 增至 50.92%，增长了 40.32 个百分点；小学女教师由 224000 人增至 3328015 人，占全体教师比例由 18.40% 增至 59.50%，增长了 41.10 个百分点（见图 1-1）。[①]

---

① 数据来源：《中国教育统计年鉴》(1951~2012)。

图 1－1　全国中小学女教师占全体教师的比例（1951～2012）

资料来源：经由《中国教育统计年鉴》（1951～2012）整理而来。

二　乡村学校教师群体性别结构复杂

第一，以全国平均统计数据为例。2001 年，县镇、乡村小学中女性教师分别占整个小学专任教师的 65.85% 和 43.31%，至 2009 年，这两组数据变为 68.16% 和 46.11%。2001～2009 年，县镇初中女教师的比例从 44.40% 上升到 47.88%，上升了 3.48 个百分点；乡村初中女教师从 36.55% 上升到 41.67%，上升了 5.12 个百分点。2001 年，在普通高中专任教师队伍中，女性教师所占比例仅为 29.16%，到 2009 年，这一比例变为 41.74%，增长了 12.58 个百分点。①

第二，从我调研的中部某县统计数据来看，基础教育县一级学校女教师数量总体上远高于男教师，而女教师的构成比例随着学校层级的升高而递减，该县小学男女教师占比分别为 28.30% 和 71.70%，初中男女教师占比分别为 44.20% 和 55.80%，高中男女教师占比分别为 51.40% 和 48.60%。

第三，在中部另外两个县调研时，我发现村一级学校中高龄的男性教师占大多数。以 H 省的 W 镇为例，该镇有村小 15 所，教师共计 105 人，镇中学 1 所，教师 41 人，村小男教师人数近乎女教师人数的 1.5 倍，其中 6 所小学均

---

① 曾晓东主编《中国中小学教师发展报告（2012）》，社会科学文献出版社，2012。

中国乡村教师性别结构的变迁

没有一位女教师。在男性教师居多的村小，男教师年龄普遍偏大。据统计，45岁及以上年龄段的男教师54名，占男教师总数的62.79%。而另外一个县的Q镇，两所小学中女性教师比重高达94%（见图1-2）。

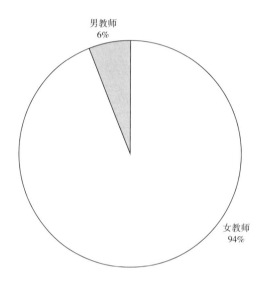

图1-2　H省某县Q镇小学男女教师所占比重

第四，乡村学校女性代课教师数量远远超过男性。据史静寰①教授2004年"全国中小学教师队伍基础调研"课题组对广西、福建、湖北、江苏、吉林、甘肃6省区乡村女教师状况进行的抽样调查显示，从总体上看，女性代课教师人数是男性代课教师人数的近2.5倍。这一现象在小学表现得更为突出，男女代课教师数量比为1∶3。代课教师的岗位虽为部分文化水平较高的乡村女性提供了新的工作机会，但也反映了代课教师作为廉价劳动力更多是女性的事实。

第五，从乡村女教师的学历、职称结构和职务上看，上述6省区的抽样调查显示，乡村中小学女教师学历合格率已分别达到94.8%和98.1%，其学历合格率比男教师整体高出2个百分点；就小学而言，具备小学一级和二级职称

---

① 史静寰等：《农村女教师：撑起中国农村基础教育的半边天》，《妇女研究论丛》2005年第Z1期。

的女教师分别占全部小学女教师的 50.5% 和 15.5%，较之于具备同样职称的男教师占全体男教师的比例均超出 7.1 个百分点；而具备小学高级职称的女教师仅占全部女教师的 24.8%，比具备高级职称的男教师占全部男教师的比例低 17 个百分点。这说明乡村女教师整体职称构成虽然偏高，但在高级职称构成方面并不占优势。就中学而言，女教师的职称构成重心要略低于男教师。在这些乡村女教师中，分别有 38.9% 和 25.4% 的小学和中学女教师在本学校里担任一定的行政或业务领导工作，但担任领导岗位的女教师比例仍低于担任同样职务的男教师，这种情况在中学表现得尤其显著。① 据张莉莉教授等人在 2007 年"中英西南基础教育项目"开展的定量基线调查显示，广西、云南、贵州、四川 4 省区 27 个项目县 356 位填答问卷的小学校长中共有 11 位女校长，而 87 位中学校长里只有 1 位女校长，且完全没有女校长的县也不在少数。事实上，不仅学校正副校长的岗位缺少女性，就算在教务主任、后勤主任等中层干部岗位上，女性的参与比例也非常低。②

综上所述，乡村女教师数量持续增长已成为一种趋势，但其发生和发展又经历了漫长的历史过程，而且存在区域性差异。波兰社会学家什托姆普卡曾深刻地指出："社会学智慧中最珍贵的一条就是历史主义原则。为了理解任何当代现象，我们必须回溯它所发生的根源及过程。"③ 乡村教师群体这种性别结构的变化是深刻且具有复杂性的。

三　乡村教师的"符号"象征意义削弱

在我个人参与乡村女教师的研究过程中，我有一种隐约的体会和判断，即当前乡村教师性别结构的这种过度"女性化"趋势无论是之于女性，还是之于乡村教育并不是一件"好事"。在新式学堂产生之初，我国教育是具有强精英性质的，乡村塾师除教书育人外还广泛参与本地的日常事务，在村落社会有着很高的威望，也颇受乡民尊重。塾师一直是一个由男性所把持的行业，并且

---

① 史静寰等：《农村女教师：撑起中国农村基础教育的半边天》，《妇女研究论丛》2005 年第 Z1 期。
② 张莉莉、郑新蓉等：《西部偏远少数民族地区女性领导力提升策略研究——以中英西南基础教育项目为例》，《山西师范大学学报》（社会科学版）2011 年第 4 期。
③ 〔波〕彼得·什托姆普卡：《社会变迁的社会学》，林聚任等译，北京大学出版社，2011。

中国乡村教师性别结构的变迁

作为一个乡村社会的高位阶人群，其具有广泛的文化符号象征意义。人们对他们社会地位和功用的认识高度统一而无异议。那时，女性被排除在科举门外，① 即便进学堂认字也无法参考登科，因而女性成不了"塾师"。新中国成立以后，从形式上，新中国完全取缔了私塾的存在而统一入学机构为"学校"，传统意义上的"先生"也随之一并被抹去，虽然经过民国时期的逐步蚕食和新中国多次政治运动的彻底洗礼，传统"塾师（先生）"的文化符号意义日渐淡化，但其内涵特质还是相对清晰的，无论是家长还是村民，对老师的敬畏之心仍比较明显。根据新中国成立后至 60 年代初的统计数据，全国普通中学和小学中男性教师的比例均高达 80% 以上。② 在乡村，男性几乎垄断了该行业。随着工业化运动引起劳动力市场的变化，以及普及教育的发展，特别是高考扩招师范学校录取比例增大、门槛降低，吸引了大量农村女生，这些女大学生毕业后多数进入教师行业，造成从源头上男女比例失调。而大量男生选择理工科专业，并希望毕业后能够从事收入高、声望高的工作，③ 使得教师职业的社会地位逐渐下降，对男性缺乏吸引力。教师职业的竞争力和社会地位降低，女性大量涌入，这两者互为条件又互为结果。它似乎更能体现作为一个阶层的女性在职业所代表的社会阶层分化过程中面临的政治、经济资本分布的边缘化

---

① 据《唐六典》卷二"尚书吏部"记载，唐代社会成员有"良民"和"贱民"之别，只有"良民"可以通过科举走上仕途，而"贱民"是不被准许参加科举考试的。唐时"贱民"主要是指官私奴婢、官户（番户）、杂户、工乐户、太常音声人、部曲、客女等处于社会底层的人群。因而在中国古代科举考试制度中，女性是无缘参加科举考取功名的。即便是大户人家女子读书识字，也不以参科为目的，多为陶冶情操，怡情养性，更是为出嫁后相夫教子。

② 该数据来源于《中国教育统计年鉴》(1951~1961)，人民教育出版社。

③ 据中国高等教育研究数据库（http://www.hedb.xmu.edu.cn）2011 年统计数据分析，本科样本共 35444 个，有效样本 32655 个，其中男生 16042 人（49.13%）、女生 16613 人（50.87%），分布于 47 个专业，男生选择专业排名前三位的是工程力学（1.81）、地矿类（1.80）、材料科学（1.74），女生选择专业排名前三位的是外语（1.65）、护理（1.56）、教育（1.48）。专科样本共 11726 个，有效样本 10939 个，其中男生 5083 人（46.47%）、女生 5856 人（53.53%），分布于 33 个专业，男生选择专业排名前三位的是矿业工程类（2.05）、公路运输类（1.99）、铁道运输类（1.97），女生选择专业排名前三位的是护理类（1.73）、语言文化类（1.66）、教育类（1.60）。通过数据分析不难看出，无论本专科，理工类专业在大学都受到男生的广泛青睐，除护理专业外，女生多选择语言类专业和教育专业，而很多师范学校的语言类专业必开设教育学或教学技能类课程，可见，无论外语还是中文专业的女生择业时，教师职业成为她们的首选。

和整体社会地位的弱势化趋势。另外，对于乡村学校而言，女教师不断增多会带来很多问题，比如年轻的女教师婚恋问题难以解决，在偏远乡村的女教师下不去、留不住、心不安，成为乡村教师队伍建设的又一难题。

第三节　研究意义

一　学术价值

第一，通过本书期盼实现社会性别研究的本土化、乡村化转向。本土化是西方化在非西方世界被吸收、认同，进而转化为本国文化组成部分的过程。[①]社会性别理论形成于 20 世纪 60 年代，基于西方女权运动的实践，现已成为西方女性主义学术的核心内容。90 年代中期，"社会性别"这一概念传入中国，此后妇女研究界陆续提出有关本土化的问题。虽然在全球化背景下国家间、区域间的差异在缩小，但也存在抗拒力量，即对差异、民族与区域性的强调。社会性别研究在中国还未形成本土的理论范式，且遭遇了诸多挫折，及对本土问题、乡土问题的认识不足，解释力、批判力的欠缺，事实上，也并未与西方女性主义形成结构性关联，特别是在我国广大乡村地区。[②] 中国乡村女性的问题

---

① 项贤明：《教育：全球化、本土化与本土生长——从比较教育学的角度观照》，《北京师范大学学报》（社会科学版）2001 年第 2 期。

② 举个例子：在乡村，一家三四个孩子很普遍，当家庭经济状况只能供养一个孩子读书时，父母会选择家中的男孩，即使条件允许，有两个孩子读书，很有可能都是男孩。很多女性学者看到这种情况会批判责备父母"歧视女童"，剥夺了女童受教育的权利，要"解救"女孩，让她出来读书，给女童教育"赋权"，让她有尊严地生活。可以说"权利本位"成了女性学者不容置疑的政治主张。这看似很合理，但事实上，对于广大的中国乡村，特别是贫困地区，一个脆弱的家庭，一个在市场经济下快要土崩瓦解的"共同体"，很可能就需要这个女孩，需要这个唯一可以帮助父母做事，照顾弟妹的女孩，我们把她抽走，家里不但失去了一个重要的劳动力和照顾者，还要为此负担一笔昂贵的教育费用。自说自话的合理性，能说是合理、道德吗？另外，那些牺牲"姐妹"上学机会读了书的男孩子，有知识，跳出农村，进了城，但他是通过牺牲整个家庭，甚至是家族来换取个人的成功，那么，他就必须要背负起多年来整个家庭、家族为他所付出的一切。这里面男孩子和姐妹们的关系，不是以个体利益来计算，而是以家庭的、发展的、代际回报的、血浓于水的方式连接的。这种乡村文化、这种"共同体"简单粗糙的运行方式，这种全家人团结起来一起承担社会各种压力的价值和生存方式，是无法简单抽象地用"妇女权利的实现"解（转下页注）

与家族、村落的命运紧密联系在一起，代际、城乡、贫困等复杂因素掺杂其中。本土化还有一层意思，即我们应该总结发展出自己的理论分析框架。这种框架适合我们，并对那些后社会主义国家也可能适用。因此，本书以中国乡村女教师的经验为出发点，期待能够使中国社会性别研究乡土化落地。

第二，通过本书希望能为教育社会学中有关教师研究做以补充。教育社会学自 20 世纪 80 年代学科重建以来，对于教师的分析一直是学科研究的重点。进入 90 年代，本土化的研究逐步增多，但从学科重建后，教育社会学"重体系构建而轻问题研究"的特点也十分明显。① 根据笔者的检索，90 年代以来的教师研究主要涉及教师身份与角色、阶层、流动、保障与待遇等方面的内容，其中不乏一些以乡村教师为研究对象的教育社会学研究，但总体而言数量较少。本书从乡村教师群体性别结构着手来分析教师身份、角色与阶层的变化，探讨教师队伍建设的合理性，尝试对教育社会学中的教师研究做有益补充。

第三，我国正处于社会转型与城镇化加速时期，本书能够准确翔实地记录这段历史，为教育史学积累有价值的学术资料。西方教育史的研究发现，各国初等教育的开端和普及的使命几乎都是由女性承担的。而在中国有着非常不一样的经验。我国古代男尊女卑的封建传统造成女性社会和教育地位的低下，无法充任教师一职。近代以来，乡土教育的耕读性质，导致男性优势仍十分显著。另外，我国特有的婚嫁文化，乡村女性"从夫居"，也致使在乡土社会只有男性才是稳定的教师资源。进入工业文明后，城乡二元分割加剧，劳动力流动频繁，使得乡村教育变得异常复杂。本书将完整描述我国中部一个普通县域教师队伍性别结构百余年来的变迁状况，展示一些传统教育史学家所忽略的角度和层面。这也是目前学术界第一次以一个县为个案完整梳理近代百余年乡村女教师全貌的研究。

二　实践价值

第一，政策层面。通过对县域乡村教师性别结构变迁的个案研究，以点带

（接上页注②）释的。该例子来自北京师范大学教育学部郑新蓉教授在 2012 年 9 月中华女子学院主办的女性学科建设会议上的发言，由笔者整理而成。

①　董泽芳、张国强：《我国大陆教育社会学研究的特点与演变（1979~2005）——基于对教育社会学重建以来概论性著作的文本分析》，《高等教育研究》2007 年第 7 期。

面，透视我国乡村教师群体性别结构演变的特点与规律，这对于指导乡村教师队伍建设有重要的借鉴意义。我国学者对乡村教师的研究起步虽然早，研究成果也较丰富，但缺少对性别结构方面的梳理和反思。本书通过考察一个县教师性别结构变迁的样态，展现其变迁的逻辑，研究结论具有一定普适性价值，同时也对预测未来乡村教师性别发展趋势，有目的、有计划地做好乡村教师队伍建设有指导意义。

第二，师范办学层面。本书能够对当下师范教育、乡村师资培养等方面产生一定启示。目前，我国师范教育"阴盛阳衰"现象十分严重，一些师范院校为求增加男生数量，对其录取"降低门槛"。① 然而，如果不了解师范生和教师性别比生态失衡的深层次原因，只重表面数据，并非解决问题的关键。本书揭示这一现象发展演变的复杂性，可以为当下"女多男少"的师范教育提供一个参考视角。

第三，行动层面。研究本身对乡村女教师有关生命的意义。费孝通先生在其《乡土重建》一书中写了一段让人初感失望，但终感深刻的话："不论是好是坏，传统的局面已经走了、去了。最主要的理由是处境变了。"中国乡村发生了翻天覆地的变化，乡村女教师是不可剥离的群体，被革命、市场和现代化所裹挟，在整体教师队伍中，乡村教师是最底层的，在乡村社会中，他们似乎又是最优越的，他们是最为人所重视也是最易被人所忽视的一个群体，乡村女教师的命运更是如此。这种历史性漠视造成没有人知晓这些女性在乡村教育中所扮演的角色和发挥的作用，研究本身也是一个观照乡村女教师群体生命的过程。

第四节 研究问题

根据以上分析，结合笔者在读博士期间的若干次下乡调研经验，本书将聚焦于乡村教师群体中女性比例不断增大这一核心事件，并以国家和乡土社会变迁为大背景，深入探讨乡村教师群体性别结构变迁的复杂性。具体研究问题包

---

① 例如，上海师范大学在师范类专业录取时划定男生比例不低于40％，辽宁省也出台"师范院校录取男生不得低于30％"的相关招生政策。

中国乡村教师性别结构的变迁

括三个，而这三个问题的逻辑关系如下：描述事实——在事实的基础上尝试解释——阐述基于事实的判断和以事实为依据所产生的意义和影响。

第一，从新中国成立至今，我国乡村教师性别结构发生了什么样的变化？

在新式学堂产生之前，知识的合法占有者为男性，因此知识的传播渠道——教育，也为男性所把持，女性被排除在古代"塾师（先生）"之外。本书拟解决的第一个问题是详细梳理在村落教育体系中，女性进入公共教育的历史过程及不同时期男女教师性别占比状况，并着力考察这些女教师的身份构成和她们在教师群体中所处的地位、所发挥的作用和影响力。

第二，乡村教师群体性别结构变化得以发生的原因是什么？

乡村女教师从无到有、从少到多，再到比例明显高过男教师是一个乡土社会与国家共同发展建构的过程，也与社会转型、政治经济变革息息相关。本书拟解决的第二个问题将结合社会学、教育学、妇女学三个学科的理论与视角，深入探讨乡村教师性别结构变化产生的原因，揭示这一现象背后的矛盾与冲突、斗争与妥协相交织的复杂过程。

第三，乡村教师群体性别结构过分"女性化"趋势将产生什么影响？

随着当前我国乡村女教师数量的不断增加，这些女教师将赋予村落、学校和学生怎样的意义？而她们的教师生涯又将如何展开？本书拟解决的第三个问题是探讨乡村女教师数量持续增加，即这种过分的"女性化"发展趋势将对乡村教育、学校、学生以及对女教师个体产生的影响。

第二章
文献回顾

第一节　文献述评

　　基于研究问题——我国乡村教师群体中女教师比例不断增大的核心事件，本书试图解释在公共教育体系中，女性是何时、以何种方式进入，发挥着怎样的作用，她们的教师生涯受到哪些因素的影响，女教师和乡土社会、乡村学校之间的关系如何。因此，笔者将遵循研究问题的逻辑，对国内外已有研究成果进行梳理和述评。首先，考察各国师范教育中女子受教育的情况，因为女性从事教师职业，离不开师范教育中对于女学生的培养；其次，笔者进一步梳理了不同国家女性作为"教师"进入学校教育系统的历史进程，以求与我国女教师进入公共教育系统的过程作参照；再次，对于在学校中工作的女教师职业发展的状况，笔者综述了各国学校中女教师的职业生涯发展，以了解女教师在其一生的工作中受到哪些因素的影响；最后，针对我国乡村教育的历史发展与现状，以及改革开放后针对乡村女教师的研究，笔者加以详细梳理，以求本书能够与当前学术界的相关研究形成互相参照与对话。

一　各国师范教育中女子教育的研究

　　在法国，历来的封建统治阶级都不重视民众教育。法国的初等教育在1789 年大革命之前几乎全由天主教会控制，处于十分可悲的境地。直到 18 世纪 70 年代，全国天主教的初等学校仅有 36000 名学生和 920 名教员。当时的教员大多由市镇文书或教堂执事助理兼任，受教会和政权的双重奴役。1833

年 6 月 28 日通过的《基佐法案》是法国初等教育和师范教育第一部最完整的立法。它不仅规定每个乡村必须设立一所小学，每个城市设立一所高级小学，而且就完成这一任务所需的经费、校舍等提出了切实可行的解决办法。《基佐法案》使法国初等教育的发展进入了一个重要的历史阶段，它是法国教育史上影响最大的教育法案之一。[1]《基佐法案》的缺点是对女子教育的忽视，当时法国的女子初等教育仍然被教会所垄断。1871 年任教育部长的朱尔·西蒙向国民会议提出建议，要求每个省除男子师范学校外，建立一所女子师范学校，但遭到保守派反对，提案被否决。1877 年，共和派在选举中获胜，障碍得以消除。费里掌权后与共和党人一起，从教会手中夺回了女子教育权。1879 年 8 月 9 日通过了由贝尔提议的法案，规定每个省建立一所女子师范学校，时间限定四年，建校和维持学校的经费由省财政支出，不足部分由公共教育部补助。1880～1890 年全国建起了 50 余所女子师范院校。按照法案掀起了兴办女子师范的热潮，女师师资缺乏的情况尤为突出，因而 1880 年创办了封德内·奥·罗斯女子高等师范学校，此举彻底使师范教育实现了男女平等，也是国家首次干预女子高等师范教育最有意义的一件事。1881 年建立的巴黎女子高等师范学校，是师范教育中的"贵族"，是为中学培养师资的师范学校。19 世纪 30 年代形成了法国两轨女子师范教育制度，封德内与巴黎女子高师之间有着一道不可逾越的屏障，法国教育史上称之为"街垒"。只有两轨之间的社会不平等及教育上的差异消除，这道街垒才能冲垮。

日本启蒙女子教育源于明治初期。1872 年（明治五年）日本最初的近代教育法《学制》的颁布为日本的女子教育拉开了帷幕。从此，长期在男尊女卑的封建儒教思想桎梏下，存在意识仅仅限制在家庭料理家务和养儿育女上的广大日本女子可以同男子一样接受教育。《学制》规定初等教育男女同校，男女共同教育，并要求女子也要接受 8 年初等教育，因此培养师范女教师就成了紧迫课题。文部省学监 D. Murray 在强调教育的重要性时还建议明治新政府培养女教师，他认为"女子是教育儿童的最好老师"。1875 年（明治八年），明治政府建立了东京女子师范学校，开明思想家、教育家中村正直就任校长，开

---

① 成有信：《十国师范教育和教师》，人民教育出版社，1990。

始了学习欧美女子教育的历程。① 该校在建校时计划招收 100 名学生，全国应考的有 193 名，74 名经考试合格，但其中只有 15 名坚持到了毕业。地方的情况更严重。1875 年石川县女子师范建校时，计划招收 80 名学生，考生只有 7 名，毕业的只有 2 名。随后，1876 年冈山、富山，1877 年福井、爱媛等地分别建立了公立女子师范学校。到 1878 年，日本全国女教师人数有近 2000 名，而男教师高达 64000 名。造成女子师范学校就学率低下的主要原因是长期以来人们认为女子不需要学问，对女子走向社会工作更是持否定或者轻视态度。另外，当时女子早婚也是造成师范教育不景气的原因之一。明治新政府提出全体国民子弟男女平等就学，说明了同江户时代相比女子教育发生了历史性变化。明治新政府从教育子女这一角度强调女子教育的重要性，培养有知识的"贤母"成为明治初期女子教育的目标。

德国的师范教育具有悠久的历史，它产生于 17 世纪末的普鲁士，经过两个世纪的发展，到 19 世纪末 20 世纪初形成了一个系统较为严密的师范教育体制。德国最初的教育组织出现在 7 世纪，基督教传入德国后，当时的僧侣阶级被公认为文化生活的领导者，他们必须具备一定学识，熟悉一定书写、语言和艺术，会唱歌并懂得宗教仪式。为了满足这些需要，僧院学校、教区学校及教团学校纷纷诞生，这也是中世纪前期主要的教育机构。789 年的宗教会议制定教育法规，即僧院和教区教堂都必须设学校，这些教会的教师都是神职人员，他们并没有经过专门的教育训练。1517 年，马丁·路德发起了宗教改革，在改革中基于重视宗教势力的扩张，很重视教育工作。17 世纪末以前，德国的教师职业还算不上一种真正的职业。教师多由神职人员充任，学校对教师任职的专业要求很低，甚至没有。德国是 19 世纪教育改革的先锋。德国的师范教育也是进入 19 世纪以后逐渐确立和规范的。② 19 世纪德国的政治、经济、文化发展过程中出现了一些新特征，它们为此时德国师范学校的大发展奠定了基础。首先是国家独立和统一的民族主义思想增强，其次是资本主义经济的发展，再次是民主主义的增长，最后是文化和教育理论的发展，这些都为教师的

①　张淑英：《日本明治初期的女子教育》，《贵州民族学院学报》（哲学社会科学版）2004 年第 3 期。
②　滕大春：《外国教育史和外国教育》，河北大学出版社，1998。

专业训练提供了理论基础。从19世纪头十年开始，普鲁士的师范学校已经领先于世界各国，此时的师范院校开始成为一种真正独立的教育机构，但是需要指出的是，这种独立的师范学校主要培养男性国民教师，女性教师的培养不属于独立的师范院校责任。18世纪德国已有女子学校，但这种学校只是个别的私立学校。到19世纪，不少教育家认为，需要提高女子的教育水平，使她们更好地照料家庭和教育子女。1865年，"全德妇女联合会"成立，该会提出妇女在受教育和就业方面平等的要求。随着妇女运动的蓬勃发展，高级女子中学大量出现。而培养女教师的机构，比如教师训练班或女子教员养成所就附设在高等女子中学。1894年德国首次公布了女子高等学校章程和女教师考试办法的指导原则。① 这种女子师资培训学校一般招收高等女子中学毕业的学生，在训练班学习三年，毕业后她们多数到高等女子中学任教，而且女教师大部分出身上层社会。这种情况一直持续到19世纪末20世纪初，高等学校才开始招收女生，② 女教师主要由高等学校培养。

二 各国女教师进入学校教育历程的研究

根据周南照等学者的梳理，全世界绝大多数国家各级学校的非专业人员中90%以上是女性。③ 初等教育的显著特点是女性在教学人员中占有优势，即使在男性居大多数的学校也不例外。美国在这方面最为突出，20世纪70年代初该国小学教师中女性占80%；英国和瑞典的小学中，女性占教学人员总数的75%，法国是66%，而芬兰是63%。小学教师中，以男性为主体的现象大多存在于宗教或者私人组织开办的男女分校系统，此时，他们通常受雇于男校。但小学领导及行政管理人员的构成就是另外一番景象。所有国家中，占据这些职位者多以男性为主，男校如此，女校亦然。美国小学校长职位80%为男性占有。70年代初，英格兰和威尔士的学校中有26%的男教师同时兼任学校领导，而同样情况的单身女教师仅有13%，已婚女教师更低至6%。当男女分校

---

① 〔德〕弗·鲍尔生：《德国教育史》，滕大春、滕大生译，人民教育出版社，1986。
② 德国的海德堡大学和弗来堡大学于1901年宣布允许女子入学，这一举措在德国引起了很大反响，其他大学也陆续正式开始允许女子入学。
③ 中央教育科学研究所比较教育研究室：《简明国际教育百科全书：教育管理》，教育科学出版社，1992。

变为男女合校时，更有将男教师推上领导岗位而将女教师推回专职教师位置的趋势。在中等教育层次上，各类学校（初中、高中、职业学校等）教学人员中男性更多。在该层次上，一般也是学科领域决定性别优势，即女性多集中于语言艺术、社会科学、办公技能和家政学等专业领域，而男性则占据着数学、科学、机械工艺等学科。全世界范围内，该层次的行政领导男性占绝对多数。学校的正副职领导、主要办事人员以及地区乃至国家教育部门的领导位置普遍由男性占据。70 年代初，女性只占美国初中校长职位的约3%、高中校长职位的 1.4% 和地方教育官员职位的 1% 不到。在英国，女性仅占中等学校主任教师的 1.3%、教育部门科处及学区官员的极小比例。在世界范围内，中学后教育依然是男性的领地，女性在教职员总数中只占少数，而且一般职衔较低，所在学校知名度也较低。

美国教育学家 Ellen Condiffe Lagemann 梳理了女性进入美国普及教育与女教师增多的历程，并揭示了其中的深刻原因。他认为教育在美国 19 世纪 20 年代以前，教学没有开始与学校建立具体联系，教师也是一个毫无规范性可谈的职业。随着教育学专业在 19 世纪进入大学后，对教育研究与实践的推动力逐渐产生，这其中教育的女性化是一股非常重要的力量，可以说，美国公共学校运动的成就者乃是学校女教师。另外，他还从"教育活动的女性化"、"教育的女性化"入手，分析了美国高级中学、师范学院、学院与大学的冲突与竞争，并研究了整个教育研究活动所面临的困扰。[①]

Kaufman Robert 认为，在美国的普及教育中，学校的发展有很关键的两步：第一步是建立一支稳定、廉价的教师队伍，这支队伍的建立始于女性教育者创建的第一批教师培训机构所进行的开创性工作；第二步是标准化，即学校必须实行标准化政策，女性的附属地位是建立标准化等级制的一个很重要因素，男性进行管理，女性从事教学工作。因而，在公共学校体系中，女性的功能是有道德的、擅长教育孩子和富有爱心的教师，接受像管理者和校长这些拥有权威地位的男人的指导和管理。在课程和教学的标准化上，在教育科学发展的头几年，约翰·裴斯泰洛齐的教学法最为重要，这种方法把女性看成是母亲和教师的

---

① 〔美〕埃伦·康德利夫·拉格曼：《一门捉摸不定的科学：困扰不断的教育研究的历史》，花海燕等译，教育科学出版社，2006。

理想形象。裴氏的教学方法为女性在教学中的从属地位再一次提供了合法性。

乔尔·斯普林（Joe Spring）的研究表明，19 世纪末，社会不断走向城市化和工业化，学校的经济作用得以扩大，美国的教育学——教育科学在这一时期发生了变化，以满足学校的联合模式和学校教育新的经济角色的需要。即使发生这些变化，学校女教师仍然是教育制度的中流砥柱。作为国家母亲的楷模以及作为仁爱的标志，她们在教育工作中继续辛勤耕耘着。[①]

我国学者李英研究了印度教师教育的历史和现状，认为女性在印度是一个极重要的群体，女教师增多是印度教育界的一个突出问题。1940～1941 年，印度共有 612 所师范培训学校，其中 376 所专门培训男教师，236 所专门培训女教师，[②] 它对印度教师教育政策产生了重要影响。从 20 世纪 70 年代起，女性参与教师培训的机会越来越多，而在印度独立之前，进入师范学校培训的女性寥寥无几。在印度女性所从事的职业中教师职业地位较高，而男性却恰恰相反。虽然没有确切的数据，但可以推测出在印度独立初期，对女教师闲置和浪费的人数远远多于男教师。为了改变这一局面，政府还成立了"女性教育委员会"（Women's Education Committee）以促进女教师职业发展。随着社会整体受教育水平的提高，个体家庭经济压力的加剧，社会反压迫、反剥削和力求自由平等意识的加强，以及对女教师发展政策的倾斜，师范生中女生人数不断增加，到 20 世纪中期这一现象已经十分明显。

三　各国学校中女教师职业发展的研究

20 世纪五六十年代，结构功能主义在美国非常流行，它认为社会是一个体系，应从社会稳定、整合的角度来分析社会秩序运作的情况。涂尔干是最早利用结构功能主义的模式进行教育研究的学者。他认为教师负有传递文化与价值的重任，他们是维持社会稳定与秩序的不可或缺的一环。此派观点对教师的研究注重教师职业对社会稳定所起的作用，并注意到了女性教师居多的现象，从功能的角度试图进行阐释。Lortie 分析了教师对职业的看法，他指出大多数年轻教师并不满足于终身投入教学工作，男性希望通过教学转入行政岗位，不

---

① 〔美〕乔尔·斯普林：《美国学校教育传统与变革》，史静寰等译，人民教育出版社，2010。
② 李英：《印度教师教育研究》，西南大学博士学位论文，2013。

断晋升，女性则将教学看作是婚姻与母职的补充。对女性而言，教师工作是婚姻的"过渡站"。男女教师经历了不同的生活条件与职业生涯经验，所以应考虑性别差异对从事与持续教师职业的动机、结果所造成的影响。[①]

20 世纪 80 年代，符号互动论成为研究教师职业的重要观点。英美两国许多教师的相关研究都采用了互动论的观点。互动论认为，教师是在与环境互动中不断调适自我、具有主动性的个体，各种社会情境都会塑造出不同的教师生涯。因此，其研究重点在于教师的发展与改变，以及适应环境的策略方面。研究者开始探讨教师与领导、同辈之间的关系，探讨学校文化、班级中的重大事件、教学和教师的日常生活。基于符号互动论观点的大部分研究采取观察及深度访谈的方式，所探讨的主题包括教师自我、认同、承诺、文化、策略、生涯发展等。Sikes、Measor 和 Woods 针对 40 名男女教师通过"生涯史"（Career History）的方式研究教师在职业发展过程中如何适应环境、克服困难与障碍，形成自我概念并发展策略。[②] 此外，Ball 和 Goodson 提出应重视教师日常生活经验以及和环境之间的适应过程。他们更强调政治、经济、社会对教师工作的重要性，并提出更具创造性和辩证性的教师生涯概念，即教师能够对社会与环境的影响做出具有策略性的回应，以解决所遭遇的困境，同时教师生涯的研究不仅与教师整体生活联结在一起，并且应该被置于整体生活的脉络下来看待和解释。[③]

批判主义的观点将教师视为经历科层组织压力下的工作者，强调社会与经济因素对教育的影响，教师则被视为不平等的工具，即性别不平等的阶级社会的工具。持批判论观点的学者认为，教师的职业结构与"专业化"的定义都是为男性所设计的，在科层控制过程之下。Apple 的研究指出，随着公立教育的普及，地方行政承担着沉重的义务教育经济负担，减少这种负担的绝好办法就是雇佣价格低廉的女性教师，女性教师必须服从男性管理者的权威，性别差异是男性管理者把控女教师的重要依据。同时，女教师没有更多的时间来学习

---

① Lortie, D. C., *School Teacher: A Sociological Study*, Chicago: University of Chicago Press, 1975.

② Sikes, P. J, Measor, L., & Woods, P., *Teacher Careers: Crises and Continuities*, London: The Falmer Press, 1985.

③ Ball, S., & Goodson, I. F., "Understanding Teachers: Concepts and Contexts," In S. Ball & I. F. Goodson (Eds.), *Teachers' Lives and Careers*, Philadelphia: The Falmer Press, 1985. 1-26.

新的知识和技术，她们也被看作难以接受新知识、新技术的群体，导致其缺乏发展能力，其教学和管理水平远远落后于男性教师。① Lawn 和 Ozga 认为，教师职业专业化是男性的目标，专业化是男性所定义的观点，技术是男性才能拥有的，而专业化的过程也影响了女教师传统的关怀能力。②

　　持女性主义观点的教师生涯研究主张重新建立一个包含女性经验的生涯概念。Bleistein 指出，传统生涯的定义强调的是个人沿着科层组织的阶梯向上晋升以及工作不间断的承诺过程。因此，只有教育主管才"有生涯"可言，普通教师是"无生涯"的。女性主义批判的生涯定义其实是以男性经验为中心的。近几年来，学者开始对女性的个别经验进行研究，同时也注意到了教师与家庭生活之间密不可分的关系。Grant 以口述史的方法，研究对社会变迁有贡献的女教师生涯。她的研究对象主要来自三个不同宗教和种族的女教师群体：在教会学校任教，并从事社会服务工作的天主教修女；致力于推动教育改革的犹太女教师；全身心投入黑人学生教育，以改善被歧视地位的黑人女教师。Grant 研究这些女教师如何以女性身份建构教师的社会角色，并将这些长期被忽略的观点纳入教育论述中。③ Biklen 认为，整个社会对妇女存在刻板印象，使得人们自然地把教师职业的低地位与女性联系在一起，而且学校的人事结构复制着父权制的科层系统和家庭位次，它确保了男性文化的权威性，也决定了女教师的从属地位。女教师在学校中毫无表达自我的机会，校长在考虑学校政策时更多地听取男性教师的意见和建议，而令女教师在学校事务的参与上倍感自己的地位无足轻重。她在 1995 年以参与式观察和深度访谈的方式，并利用小说、自传、日记、信件等对女教师进行了研究，结果发现，女教师没有沿着既定的职业生涯路径前进，他们并不重视升迁，不想成为主管，她们认为行政工作反而会削弱自己成为优秀教师的能力，她们将精力投入教学工作，只希望通过自己的努力得到社会的肯定，并予以重新评价。④ Acker 发现，学校生活

---

① Apple, Micheal. W., *Teachers and Texts*, NewYork: Rout ledge, 1986.

② Lawn, M., & Ozga, J., "The Educational Worker: A Reassessment of Teacher," In L. Barton & S. Walker (Eds.), *Schools, Teachers and Teaching*, Barcombe: Falmer Press, 1981.

③ Grant, R., "Women Teachers' Career Pathways: Towards An Alternative Model of 'Career'," In S. Acker (Ed.), *Teachers, Gender and Careers*, New York: The Falmer Press, 1989.

④ Biklen, S. K., *School Work*, New York: Teacher College Press, 1995.

对女教师的家庭生活影响很大，女教师因为经常要想着如何解决和处理学校事务，导致其忽视家庭，或者情况恰恰相反。她在 1994 年采用民族志的方法对两所英国小学进行了观察研究，描述了教师的工作及工作场所的文化，并将教师的生活与工作作为分析主线，提出女教师的生涯发展是不断变动的，现存的生涯模式无法呈现其瞬息万变的本质，女教师的生涯受到家庭状况、配偶工作、学校环境及生活中突发事件的影响，使她们难以完成既定不变的规划。[①] Altenbough 指出，教师职业一向被视为"女性（母性）的职业"，吸引许多女性进入，尤其是中小学教师更是以女性占大多数。在传统观念中，人们认为小学教师职业带有家庭生活的性质，并将其定位于"适合妇女的职业"，因此，小学教师职业即被看作是妇女在家庭劳动中的拓展和延伸。[②] Apple 曾明确指出，随着公立教育的普及，地方财政压力增大，减少这种不断增加的义务教育成本的一个合理而且便捷的途径就是雇佣女性教师——廉价便宜的劳动力。在工厂中，妇女的劳动只被支付很少的工资，而家庭劳动根本没有任何报酬，因此，对于很多单身且有知识的女性来说，从事教育工作是最好的选择。[③]

专业（Profession）、专业主义（Professionalism）和专业化（Professionalization）等概念都是反映社会结构的观念。在 19 世纪的观念中，专业与女性是两个相互排斥的术语。研究文献表明，妇女为了在男性占统治地位的工作中获得立足之地，必须表现出男性特征，采用男性的技术或者工作方式。这充分说明女性的职业身份认同与占主导地位的价值是格格不入的。Dillabough 以性别政治学为基础，批判了近年来在西方国家盛行的新自由主义，即"教师专业化"概念中的核心——理性和工具性当中所隐含的男性至上权力及其对女性的贬抑和压迫。她认为教师专业化的概念明显地表露出康德、笛卡儿哲学中"理性的人"的含义。政府所认可的"教师专业化"概念，如胜任的教师（Competent Teacher）或标准的教师（Standard Teacher）都体现出这一理念，即私人领域

---

① Acker, S., "Creating Careers: Women Teachers at Work," In *Women, Teaching and Feminism*, Philadelphia: Open University Press, 1994.

② Altenbough, Richard J., "The Irony of Gender," In *The Politics of Educator's Work and Lives*, Garland Publishing, In C. NewYork and London, 1995.

③ Apple, Micheal, W., "Work, Gender and Teaching," In *S Walker and Education*, NewYork: The Falmer Press, 1983.

（如情绪、体验等）不应该影响公共领域的政治行为。在这种前提下，胜任的教师不能以其个人的体验影响其作为教师的行为。教师的身份认同应当符合客观的、程序性的专业化过程。在教师专业化的语境之下，女教师的情感体验和政治能动性都被这种抽象模式压抑了。① Kathy 和 Steedman 表明，由于"公共的男性"和"私人的女性"这两种传统的政治意识划分由来已久，妇女的生理特征会被标记为"女性气质"，而女教师则被标记为"母亲符号"。女教师既被看作是私人领域的代表，只能从事私领域的活动，缺乏职业的自主性，又不得不在学校中肩负着培养"理性"观念和"理性人"的责任，二者是如此抵触，因为"专业性职业"（Professional Vacation）意味着一个人能够在工作实践中自主地进行理性和独立的选择。但是，当女教师继续只被看作母亲或监护人的角色时，她们就不再具有专业性，女教师在这样的两难境地中进退维谷。她们抑或任由"女性气质"成为一种符号，随之泛滥；抑或被排斥在专业化主流话语之外。Kaufman 认为，女教师在学校中的处境也使得她们对于教师专业化的态度既爱又恨。②

　　我国台湾学者对女教师职业生涯发展的研究始于 20 世纪 90 年代，主要探讨教师在从事教学工作时，其个人的特质、抱负与学校组织环境之间的交互作用所产生的整体、连贯的成长与改变。这其中包括心理需求、专业能力、职位升迁和角色转化等。田秀兰指出，近年来，女性接受高等教育并追求专业生涯的情形已经十分普遍，专业生涯的发展可协助女性发掘自我的潜能，展现自我优势，实现理想并对社会做出更大的贡献。陈艳红研究了"台湾国小"女性领导的角色冲突与调适历程，深度访谈了三位校长和主任，探讨社会、家庭对女性角色期待和由此产生的性别隔离，以及女性领导本身的身份认同模糊，使其产生了职业和家庭的种种矛盾。③

---

① Dillabough, Joanne, "Gender Politics and Conceptions of The Modern Teacher: Women, Identity and Professionalism," *British Journal of Sociology of Education*, 1999, 20 (3): 373 – 394.

② Kaufman, Robert, Westtland, Caron and Engall, Robert, "The Dichotomy between the Concept of Professionalism and Reality of Sexism in Teaching," *Journal of teacher Education*, 1997, 148 (2).

③ 陈艳红：《"国民小学"女性主管角色冲突与调适历程》，"国立"台中师范学院国民教育研究所硕士学位论文，2002。

四 我国乡村教育的研究

按照卢绍稷、傅葆琛等人的研究，直至民国初年，中国并无真正的乡村教育，甚至没有人重视乡村教育，乡村教育引起人们的重视是在"五四"时期。郑大华的研究表明，最早专门论述乡村教育的是余家菊。余家菊于1919年秋冬之交，"撰《乡村教育的危机》一文，根据事实，指出乡村教育危机之所在。后又续撰多文，以为乡村教育改良之鼓吹"。余家菊的这些文字，曾对当时教育界产生过很大的影响。乡村教育运动形成于1926年前后。但在乡村教育运动形成后不久，尤其是1927年后，乡村教育便已开始向乡村建设的方向发展。[①] 民国初年（20世纪二三十年代）掀起了轰轰烈烈的乡村教育运动，主要的代表人物有晏阳初、梁漱溟、陶行知、黄炎培等。晏阳初在1926～1936年率领"中华平民教育促进总会"（以下简称"平教会"）在河北定县进行了长达十年的平民教育和乡村建设运动。晏阳初和他领导的平教会将"除文盲、做新民"作为其活动的宗旨，通过文艺教育、生计教育、卫生教育、公民教育"四大教育"和学校式教育、社会式教育、家庭式教育三大教育方式推进平民教育和乡村建设活动。梁漱溟的乡村建设和乡村建设理论建立在他对中国传统文化的分析和中西文化的比较之上。他是中国传统文化的坚决捍卫者，认为中国的问题并不是旁的问题，而是传统文化失调，为此建设中国重在重新整理和建设固有的文化。中国传统文化的根在乡村，道德和理性的根在乡村；中国社会是乡村社会，80%以上的民众生活在乡村，因此，乡村建设理论成为建设中国的基础。梁漱溟认为，乡村建设"不能不归于教育一途"，乡村建设要"纳社会运动于教育之中，以教育完成社会改造"。[②] 1933年开始，他在山东邹平等地开办乡农学校，教育内容包括识字、唱歌、精神讲话等课程，通过这些内容发扬传统道德文化，传播新知识，学校也根据乡村不同的需要而设置其他课程。著名的教育家陶行知于1927年在南京创办晓庄师范学校，开始改造中国教育的实践并创立了"生活教育"学说。黄炎培则主

---

① 熊春文：《"文字上移"：20世纪90年代末以来中国乡村教育的新趋向》，《社会学研究》2009年第5期。

② 宋恩荣主编《梁漱溟教育文集》，江苏教育出版社，1987。

要关注职业教育，创建中华职业学校。虽然他们关注的焦点不同，但这些乡村教育运动有其共同点：他们认识到中国大多数人口在农村，认定农村是中国社会和中国文化的根本，由此强调应把国家教育的重心放在农村；他们倡导的乡村教育运动均是广义的乡村教育运动，往往与乡村建设运动是二而一、一而二的关系；他们均强调乡村教育运动应以乡村生活为本位，以农村、农民为主体；他们均注重社会调查和社会实验，成为全国乡村建设的示范。

新中国成立初期，乡村教育得到快速发展，但是随着政治斗争的加剧，乡村教育停滞不前，甚至开始后退。这一时期的乡村教育理论乏善可陈，很难找到系统的理论论述。丹麦学者曹诗弟研究了 1957～1977 年的中国农村教育，他认为新中国成立以来中国农民坚持不懈地想要从教育体制中实现三个目标：一是学校教育要能提高农村孩子进入高一级社会阶层的机会；二是学校教育应该给孩子们提供基本的学术能力，主要是读写能力；三是学校教育要能够提高学生的素质，培养学生的社会能力。任何一种教育改革如果是朝着这三个目标进行的，那么农民就会接受、支持它。反之，如果离开这三个目标，那么大部分农民都会抵制它，或者按自己的既定目标使改革的内容"走样"。虽然这个时期的乡村教育增加了下层农民的受教育机会，但学校在政治灌输、教育与乡村生活联系方面是失败的。农民的教育目标和国家的教育目的并不一致，在城市与乡村中存在不同的教育利益。①

改革开放以来，随着城乡差距的拉大以及对"三农"问题的关注，农村问题成为学术界的研究重点。农村教育作为农村问题的一部分，也开始进入学者的视野，成为研究的热点问题。特别是近几年来，国家在宏观教育政策中突出了农村教育的地位，面对农村教育中的问题出台了一系列措施，以推进农村教育的发展。比如义务教育免费、免费师范生、"特岗教师计划"等。国家政策的推动进一步促进了教育专家与学者对于乡村教育问题的关注与研究。这时期的研究主题一方面随着社会实际的发展而变化，如近年来对于流动儿童与留守儿童的研究；另一方面随着国家政策的变动而变化，如对于"撤点并校"

---

① 〔丹〕曹诗弟：《极左时期的农村教育（1957～1977 年）：一个具有国际影响的社会试验的成功和失败》，载丁钢主编《中国教育：研究与评论》（第 4 辑），教育科学出版社，2003。

后学校布局的研究等，都成为乡村教育研究的热点问题，也是乡村教育亟待解决的问题。

此外，对于乡村教育发展方向问题的研究从来没有间断过。乡村教育究竟应该是为城市输送人，还是为乡村培养新的建设者，这两种目的衍生出了两种教育模式，一种是城市化模式，另一种则是乡土化模式。城市化模式，即主张农村教育应该让农村学生接受与城市学生相同的教育，尤其在农村的"城市化"进程中，更应该主张"离农"教育，以利于学生将来的工作与生活；乡土化模式，则主张农村教育应该锁定在为农村当地建设服务这一方向上，课程的设置和学校教育都要紧紧围绕学校所在社区的实际情况，紧密结合当地的生产与生活，是一种"为农"的教育。尽管这两种争论从来没有间断过，"为农"的呼声也曾占据上风，但在现实的乡村教育中却是单一的城市化模式，这种单一模式既造成了乡村学生在与城市学生的竞争中处于劣势，也不利于乡村的进一步发展。在此种情况下，一些学者从文化和精神的视角来分析与阐释乡村教育问题的症结所在。钱理群、刘铁芳认为，正是当代乡土社会的精神危机直接导致了乡土社会教育荒漠化的现象。[①] 尽管没有明确地提出，但这种思想含有对单一的城市化模式的一种委婉批评。近年来，介入乡村教育研究的学科越来越多，跨学科研究成为当前研究的一种新视角。人类学、社会学、经济学等学科和教育的结合研究已经成为教育研究中的一部分，引起了学界的重视。

从人类学的角度出发研究乡村教育，实际上就是研究乡村"人及文化"的再生产过程。在人类学早期关于乡村研究的经典作品中，教育并不是研究关注的重点问题，只是一个完整研究中所需要的章节而已。但近几年来，用人类学的方法来研究乡村教育问题，已经成为学者们的一种新选择。

李书磊的《村落中的"国家"——文化变迁中的乡村学校》是中国大陆第一本教育民族志，在学术界影响广泛，是研究乡村学校的典范之作。这本书以河北省丰宁县胡麻营乡的一所乡村希望小学为调查对象，通过对学校及教师们日常生活的描写，从社会学的角度对乡村中的学校进行了审视。从中可以看出学校与乡村生活的隔绝、课堂中文化传承与村落生活的割裂、乡村教师的生

---

① 钱理群、刘铁芳编《乡土中国与乡村教育》，福建教育出版社，2008。

活困境与村落之间的隔膜、国家教育意图与村民生活实际需要的格格不入等，这所乡村小学处处散发着国家行政色彩，是深入村落中的国家机构，是村落中的"国家"。①

王铭铭的《教育空间的现代性与民间观念——闽台三村初等教育的历史轨迹》是国内较早以人类学的视角来阐释初等教育的作品。他在考察闽台三个村落中初等教育的历史轨迹时发现，村落中有的学校可以将历史渊源追溯到明代的社学，但其社会功能只是将原来局限于上层的文化在地方社会加以普及，将正统的政治——伦理秩序合法化，而新式学校对地方社会的渗透能力大大提高了，它通过传授实用的普遍知识体系培养现代公民意识，为新政权服务。②

彭虹斌、刘剑玲的《流变与博弈：一个农村小镇30年的教育变迁》采用人类学的研究方法，对江汉平原上的一个小镇三十年间的教育变迁进行了解剖，折射出我国农村教育从计划经济迈向市场体制、从乡土化走向城镇化、从传统步入现代的真实历程及其变革缩影。③

司洪昌的《嵌入村庄的学校——仁村教育的历史人类学探究》采用人类学的田野调查和口述史的方法，以华北南部一个村庄的教育变迁为对象，描述了乡村学校和教育在近一百多年来发生的变化，探讨作为一种外来社会组织的学校，在嵌入村落社区的过程中，如何与村落中的民间传统力量进行博弈和互动，村落学校的历史如何在国家、地方、村庄等主体之间的互动中展开。④

张济洲的《文化视野下的村落、学校与国家——一个地方社区基础教育变迁的历史人类学考察》同样选取了华北的一个典型县作为考察乡村教育历史演变的切入点，从社会生态、区域文化、人口流动与教育变迁的互动入手，通过民间文献资料的收集和口述史、人种志等多种研究方法的运用，呈现了20世纪以来伴随民族国家兴起，国家政权逐步介入乡村，国民教疗体系建构

---

① 李书磊：《村落中的"国家"——文化变迁中的乡村学校》，浙江人民出版社，1999。

② 王铭铭：《教育空间的现代性与民间观念——闽台三村初等教育的历史轨迹》，《社会学研究》1999年第6期。

③ 彭虹斌、刘剑玲：《流变与博弈——一个农村小镇30年的教育变迁》，重庆大学出版社，2009。

④ 司洪昌：《嵌入乡村的学校：仁村教育的历史人类学探究》，教育科学出版社，2009。

与村落文化、地方性知识冲突的生动场面，揭示了乡村教育的复杂性，并对城乡教育差异做了深入思考。①

五 我国乡村教师性别结构与女教师的研究

就乡村地区的教师结构问题，我国学者做了比较充分的研究。如田慧生从学历和身份结构方面进行了论述，庞丽娟从数量、质量、结构上分析了当前乡村教师存在的问题，袁桂林特别指出，农村教师教育质量的好坏直接决定我国农村教师队伍和农村教育质量。另外，有些学者还从学历结构、学科结构、教师来源结构、教师社会身份结构等若干方面对我国乡村教师进行了系统而全面的研究。但目前对乡村教师的性别结构方面的研究相比较起来稍显薄弱。

大陆地区对于乡村女教师的研究起步于 20 世纪 80 年代。改革开放初期的乡村教师还处在一个非常恶劣的生存环境下，这段时间正是人民对教师重新认识、旧态度转变、教师整体社会地位提高的阶段，研究和关注的重点放在如何增加教师人数、规范和建设教师队伍，对于教师生存和发展的研究是从乡村教师的整体层面进行探讨的，极少有性别上的区分，也没有对女性角色进行重点关注。即使有对女教师的描述也多停留在歌颂她们如何克服困难、一心一意工作、无私奉献不求回报的个人感性经验故事上，以此来反映女教师当下的生存状况是何等艰辛、改善其生存条件是何等迫切。这个阶段的文献集中于地方性新政策、新消息和教师故事。②

---

① 张济洲：《文化视野下的村落、学校与国家——一个地方社区基础教育变迁的历史人类学考察》，教育科学出版社，2011。

② 如罗明瑞（1983）讲述了一位有 30 年教龄的乡村女教师不畏艰苦的乡村条件，拖着病痛身躯，不顾年事已高，拒绝返回城市过优越生活，坚持留在山村，全身心投入教育事业的故事。同类文章还有向旭（1985）的《一步也不离开孩子们——记全国优秀班主任戴焕明》，饶小鹏（1985）的《修水县三位女教师受到晋级奖励》，刘万一（1986）的《熠熠的烛光——记邻水县石永中学张荣遂老师》等。在这些文章中，不难看出此时乡村教师的稀缺，以及在改革开放初期各地还残留着打压教师的不良现象，特别是乡村女教师在自身权益受到侵害时无处申诉。基于此，学者们提出尊重女教师，提高女教师待遇，如包浩然（1984）与育龙（1985）相继在《人民教育》上发表的《教育改革要与经济发展、社会进步相适应》和《多渠道解决教师待遇问题》，两篇文章都涉及教师工资水平、工作环境、社会地位、家庭及婚姻状况等多方面内容，多角度揭示了此时乡村教师生存条件的艰苦。

中国乡村教师性别结构的变迁

20 世纪 90 年代以来，随着改革开放带来的经济水平的提高，以及打开国门后多元文化的渗透，农村教育在国家关注和扶持下得以稳步发展。自 1989 年"希望工程"启动以来，经过近十年的努力，贫困地区的教育建设得到了社会各界的支持，这不仅使乡村的孩子可以安心读书，乡村教师的工作和生活环境也有了一定改善。与此同时，乡村妇女在男性劳动力越来越集中涌向城市后，成为土地的守护者和乡村的建设者。随之，对乡村教师的研究有了全面、细致的发展，对乡村女性生活、劳动的探讨也有了性别的视角和观点。特别是 1996 年以后，越来越多的反映乡村女教师教学、生活以及婚姻状态的文章和影视作品问世，掀起了对乡村女教师这个群体的关注高潮。这个阶段研究成果大多通过叙事的方式来呈现。①

进入新世纪后，我国经济文化迅速发展，社会变革迅速，随着城镇化速度加快，大量农民涌入城市，农村发展的大环境发生了翻天覆地的变化，农民的价值观和文化的变迁从各个角度影响着乡村女教师的工作和生活。同时，在建设新农村的进程中，女性角色的重要性也越来越凸显，女性主义关于平等、维权、自主发展的概念逐渐渗透进农村社会，这使得对乡村女教师的研究有了崭新的视角和理论基础。这个阶段的研究在教师队伍建设、专业发展、教师生活待遇及幸福感等问题上都开始有性别化的关照，这些新的研究视角、方法都被运用于反映乡村女教师生存与发展的文章中，其研究环境正稳步走向系统化和专业化。

在这一时期，我国学者的研究也逐渐走出乡村女教师生存状态的小圈子，开始关注其职业生存和发展状况。对乡村女教师职业发展的研究涉及女教师的工作环境、结构分布及女教师专业发展的若干方面。史静寰的研究表明，工作负担重、缺少进修机会、家庭生活困难是农村中小学教师普遍反映在职业生涯上的主要难题，而对女教师来说，在学历、工作状态、进取心等方面乡村女教

---

① 如杨志业（1990）的《勇于奋进乐于追求——记石嘴山钢铁厂小学教师李云霞》，程远等（1992）的《捧着一颗心来——记全国优秀教师张晓恩》，刘建始等（1995）的《紫绢花——记津南区西泥沽中学女教师林兆芹》等。除此之外，也有一些实地调查的文章开始进入研究者们的视野，如徐春赋等（1991）的《农村青年教师婚姻问题的调查》，田宗友（1995）的《关于乡村女童主动弃学问题的思考》等。

师并不输于男教师，但在升职、进修、承担重要工作岗位等方面仍处于弱势。① 张莉莉、郑新蓉、郭歆②在我国西部偏远少数民族地区的调查显示，女性很少有机会参与学校管理，在她们调查的 27 个县 356 位填答问卷的小学校长中，共有 11 位是女校长，而 87 位中学校长中只有一位女校长，且完全没有女校长的县也不在少数。在女教师人际关系和工作满意度方面，李瑾瑜等在《西部农村小学女教师的生存与发展状态——基于 60 名农村小学女教师的调查和思考》一文中指出，70% 的女教师认为自己与校长沟通不如男教师容易，63.3% 的女教师认为自己在工作中处理事情没有男教师大胆果断，40% 的女教师认为自己处理同事关系不如男教师强。乡村女教师普遍认为与校长沟通机会少，参与学校管理工作的作用发挥不够。③ 李莉萍等的研究发现乡村女教师对人际关系和工作氛围的满意度较低。④

从研究视角上看，近年来对乡村女教师的研究视角不断丰富，特别是社会学视角下的研究开始增多，如李长娟、于伟运用社会角色理论对乡村女教师主体性缺失与重构进行了论述。⑤ 受女性主义思潮的影响，以女性主义为视角的研究也较为充实，如强海燕、张旭从社会性别的角度深入探讨了女大学生和女教师的发展问题。⑥ 李长娟的博士论文《社会性别视角下的乡村女教师生涯发展研究》探讨了社会性别对乡村女教师生涯发展的影响。⑦ 此外，这个时期对少数民族地区女教师的研究也开始起步。如李艳红的博士论文《东乡族女教师生涯发展研究》探讨了甘肃省东乡族女教师的专业发展情况。⑧ 韦仲明研究

---

① 史静寰、延建林：《农村女教师：撑起中国农村基础教育的半边天》，《妇女研究论丛》2005 年第 Z1 期。

② 张莉莉、郑新蓉、郭歆：《西部偏远少数民族地区女性领导力提升策略研究——以中英西南基础教育项目为例》，《山西师大学报》（社会科学版）2011 年第 4 期。

③ 李瑾瑜等：《西部农村小学女教师的生存与发展状态——基于 60 名农村小学女教师的调查和思考》，《中国教师》2007 年第 8 期。

④ 李莉萍、黄巧香：《教师工作满意度与教师激励》，《湖南师范大学教育科学学报》2004 年第 4 期。

⑤ 李长娟、于伟：《乡村女教师主体性的缺失与重构》，《兰州学刊》2010 年第 9 期。

⑥ 强海燕、张旭：《从社会性别角度探讨女大学生和女教师的发展——中加"妇女与少数民族教育"项目部分内容介绍》，《妇女研究论丛》2001 年第 5 期。

⑦ 李长娟：《社会性别视角下乡村女教师生涯发展研究——基于三兴中学五位女教师的个人生活史考察》，东北师范大学博士学位论文，2010。

⑧ 李艳红：《东乡族女教师生涯发展研究》，西北师范大学博士学位论文，2007。

了少数民族农村贫困地区女教师的角色定位问题。① 徐莉研究了民族村寨女教师的文化困境问题，指出这些民族村寨的女教师经历着局内与局外的尴尬，在人类共同的文化场中体验着传统与现代的冲击。②

总之，进入 21 世纪以来，关于乡村女教师的研究已有所发展，研究视角更为丰富，研究方法更为多样，研究所涉及的主题也更为广泛，这一变化与社会变迁下新的文化、经济和政策的发展密切相关。就目前研究的成果而言，大多以点与线的形式展开，并没有交织成一个完整而密集的网络体系，缺乏宏观视野和整体把握，而且对问题的提出总是点到为止，既没有深入的理论剖析，也没有提供解决对策。特别地，对于乡村教师队伍性别结构的变化研究，目前学界的研究可谓凤毛麟角。

《国家教育督导报告2008：关注义务教育教师》指出，2007 年，全国普通小学、初中专任女教师共计 477.4 万人，占义务教育阶段专任教师总量的 52.6%。小学、初中女教师分别为 312.8 万人和 164.6 万人。专任教师总量 907.414 万人。分区域看，女教师比例东部高于中部、中部高于西部。分城乡看，女教师比例城市高于农村。一些学者认为，不只是义务教育阶段，近年来高校女教师也在增多，原因是男教师转职从事其他更有吸引力的工作，而教师工作性质总体上的稳定性和时间安排上的灵活性等对女性更有吸引力。③

郑新蓉等学者在对我国 11 个省共 24 个县（区）进行"特岗计划"的调研发现，乡村教师性别分化已初见端倪，女教师已经成为乡村教师的主力军。以特岗教师为例，女性教师占全体特岗教师总数的六成以上，在个别地区，女特岗教师的数量是男特岗教师的数倍。④

王安全在其博士论文《一个西部县农村教师结构五十年的变迁》里，从教师结构出发梳理了该县五十年教育的脉络，其中有一部分是专门研究整体教师队伍的性别结构变迁，详细描述了自 20 世纪 40 年代以来，M 县小

---

① 韦仲明：《少数民族农村贫困地区女教师角色新定位浅议》，《基础教育研究》2008 年第 2 期。
② 徐莉：《民族村寨女教师的文化困境及其突破》，《广西师范大学学报》（哲学社会科学版）2011 年第 1 期。
③ 史静寰：《教育、赋权与发展：'95 世妇会以来中国妇女教育研究回顾》，《妇女研究论丛》2007 年第 1 期。
④ 郑新蓉等：《中国特岗教师蓝皮书》，教育科学出版社，2012。

学、初中、高中教师队伍性别数量特征，并在此基础上探讨了变迁的原因，最后，提出乡村教师队伍性别结构变迁的价值、合理性问题以及对策与建议。这是目前学界比较系统、整体地从县域出发，对乡村教师性别结构变迁关注的一个重要研究。但性别作为论文中的一个部分，笔墨和关注度又不够充分。①

通过阅读文献，已有研究成果对本书的启发首先体现在选题的价值。乡村学校女教师越来越多已经成为一个不可忽视的事实，无论从学理层面还是实践层面，它都是一个亟待研究和解决的议题。其次，从已有文献中也可以看出对该议题有支持和反对两种声音。支持者们强调心灵的沟通与道德的培养对教育的重要性，并且反对知识，否认教育的复杂性，认为女性由于天性的母亲情结更适于教育孩童，对于国家发展基础教育而言，女性出任教师对保障充足的教育经费是有利的；而反对者则从若干方面进行批判，看到了这种女性化趋势不仅加剧了事实意义上的男女不平等，对教育也产生了负面影响。再次，在对女性教师的研究中，不少学者敏锐地察觉到了培养教师的基地——师范院校的女性化趋势，已试图从"源头"上探讨该现象产生的深刻原因。最后，在研究方法和方法论上，已有研究既有量的方法，也有质的方法和比较研究的方法。在量化方法中，国外研究者采用因素分析、聚类分析、相关分析等方法，并较好地分析和验证了若干理论模型。而近些年来，越来越多的研究者采用质的研究，如访谈法、观察法、口述史、生活史、叙事研究等方法，回归具体教育时空中研究女教师的生存与发展。这些已有研究所取得的成果对笔者而言都是非常好的尝试和积累。

已有研究的不足，亦是本书得以扩展的空间，主要表现如下：首先，我国特殊国情和新中国成立后对教师职业的不重视，甚至贬低，使得早期学者的研究集中关注乡村教师的处境，尤其是乡村女教师生存状态的艰辛与不易，并以此来反衬出其人格和师德的高尚。进入新世纪后，随着国外研究成果的涌入，我国学者对乡村女教师的关注也开始由家庭向其职业发展转变，但此时的研究主要停留在翻译介绍国外已有的研究进展和关注国内优秀教师的教学经验上，仍缺少对其性别差异的关注。其次，在研究教师群体的女性化问题上，已有研

---

① 王安全：《一个西部县农村教师结构五十年的变迁》，陕西师范大学博士学位论文，2012。

究较少考虑其生命发展的时间坐标，即对不同代际、不同年龄、不同生命阶段女教师遭遇的问题缺乏考察和分析，"化"本身就是一个包含着历时因素在内的动态性字眼。而对整体的乡村女教师的关注欠缺时间性考察，就无法把其作为一个群体置于宏观且深层次的历史和社会中，更缺乏社会变迁的视角。再次，已有研究比较多地关注了教师性别失衡的影响，而没有深入探讨其形成的原因，也没有提出教师性别结构的标准和合理解决教师性别结构失衡的措施，在实践层面上无法为相关行政机构和政府部门提供政策制定的依据。最后，在分析这种教师群体性别结构女性化的影响结果时，没有考虑到我国乡村地区的特殊性，比如乡村偏远地区地广人稀，为确保女教师人身安全，当地教育部门一般较少将女教师分配到乡下尤其是村小教学点去，从而导致男女教师性别比例失衡等。而且以往的教师性别结构研究过多关注城市教师性别结构失衡特别是城市中小学女教师多的问题，较少看到乡村教师性别结构的失衡，没有看到这一现象的区域差异性和复杂性，不能从根本上为农村教师性别比例失调提供解决方案。

第二节　概念梳理与界定

一　乡村

城市、城镇、农村、乡村等概念都是表述我国社会区域的基本概念。目前学界对这些概念的理解和把握不一致。在使用"乡村"与"农村"两词时，多数不做区分，但近年来也有学者对这两个概念做了辨析。

王洁钢认为，从区域社会学上看，"农村"地域界限模糊不确定，人口规模不具体，因而难以划定人们活动的空间，难以形成完善的制度和管理机制，也难以形成人们在这一范围内的归属感。"乡村"是指行政区划的乡镇所辖的地域实体，它的外延是以乡（镇）政府所在的圩镇为中心，包括其所管辖的所有村庄的地域范围。从行政管理的社区化上看，乡（镇）作为地方行政区划名称始于周朝，有着较长历史。新中国成立后，县以下的基层组织其地域范围没有太大调整，相对稳定，村民从事各种活动主要在乡（镇）范围内，在各种社会活动的基础上形成家庭、邻里、党团、村委会等社群。乡村是一个完整的社区，不仅能满足村民的物质需求，也能满足其精神需求。从对社区的定义和特征，即明确的地域范围和社会共同体两方面来看，"乡村"是比较符合的，因此，将"乡村"作为核心概念是比较准确的。另外，从城市化这个角度看，"城市化"的过程是以乡村为前提的，因为"乡村"这一个概念是动态的，隐含着变迁的意蕴，而"农村"是静态的。再者，农村是以农业生产为主的地域划分，非农业生产则被排除在外，这与现实亦不符。在"乡村"的概念中，它既包含农业也包含非农产业，多种产业的发展促进人们观念和行为的变化，孕育了变迁的因素。①

笔者对王洁钢"农村"和"乡村"两个概念的区分表示赞同。在研究中采用"乡村"这个概念，首先是基于地域的确切性、产业的发展和行政管理的社区化特征；其次是城市化进程中乡村的独特变迁足迹；② 最后是"乡村"的概念更能体现其诗意的文化性，即乡土性。③

二 乡村教师

对于乡村教师的概念，目前也有不少学者做了专门界定。例如，唐松林称："乡村教师是以乡村人口为教育对象并为乡村经济社会发展服务的教育工作者。"④ 黄白认为，乡村教师是指那些"履行农村中小学教育教学职责的专

---

① 王洁钢：《农村、乡村概念比较的社会学意义》，《学术论坛》2001 年第 2 期。
② 乡村城市化过程有如下前提：①乡村农业的发展。农业发展的结果是乡村剩余劳动力从农业中分离出来，进城从事第二、三产业，完成乡村人口的城市化；另一部分则滞留在乡村区域内的乡镇企业，成为乡村非农产业的劳动者。②第二、三产业的发展。乡镇企业第二、三产业的边际劳动生产率较高，产生剩余劳动力的集聚效应使从事该产业的劳动力增多。乡村中发展经济软、硬条件较好的圩镇或村庄，则因从事第二、三产业劳动力的集聚，逐渐地形成以非农产业为主业的小城镇。③乡村地域的确定性。乡村地域的确定性决定着在这一区域内的社会变迁是具体的，具体变迁的过程由量变到质变而产生新的区域实体，也就完成了以农业为主转化为以非农产业为主，即实现其区域内的城市化。
③ 费孝通在《乡土中国》中阐释了"乡土"的内涵：首先，乡土社会是礼俗社会，礼俗即是规矩，规矩不是法律，规矩是"习"出来的礼俗；其次，乡土社会是面对面的文盲社会，有话可以当面说，不必求助于文字；再次，乡土社会人际关系的结合与维持是基于差序格局，社会关系是逐渐从一个一个人推出去的，是私人联系的增加，社会范围是一根根私人联系构成的网络，因此，我们传统社会里所有的社会道德也只在私人联系中发生意义；最后，在治理和矛盾关系的处理上，乡土社会是无为而治的无讼社会。今天的乡村已发生不小变化，但这种阐释仍有借鉴意义。
④ 唐松林：《中国农村教师发展研究》，浙江大学出版社，2005。

业人员"。① 周险峰等则认为："乡村教师是指在广大乡镇和农村地区从事教育事业的专职教师。"②

三种概念都有道理，也都有一定片面性。唐松林的界定只看到了乡村教师的工作对象，未看到乡村教师在培养人才的同时也在为城市的建设服务。黄白只强调乡村教师的职责，但未论述职责之外的特点，且表述不够完整。周险峰等只从地域上给予了区分，且地域界限还比较模糊。

笔者认为乡村教师应有广义和狭义两种区分。广义的乡村教师是指在乡村，以一切农业人口为教育对象的教师；狭义的乡村教师是指在县域内从事基础教育工作的中小学教师。本书所指的乡村教师更倾向于广义的概念，即在乡村（县城及以下的乡镇和村小教学点）任职的、以农业人口为教育对象的专业人员。

三　教师性别结构与"女性化"

本书中对教师性别结构的界定，不仅仅是数量上的男女构成及其比例关系，还包括不同性别的教师在身份上的差异，及其在教师群体中所处的地位、所发挥的作用和影响力。

所谓教师群体的"女性化"，笔者认为它既是一个静态的概念，也是一个动态的概念。所谓静态的"女性化"是用来描述教师群体中女性所占的比例超过半数，即女教师数占全体教师总数的50%以上；而动态的"女性化"则表征了一种趋势，即根据当下男女教师性别构成的变化曲线图，女教师比例不断增高、男教师比例不断下降的过程。

---

① 黄白：《农村教师问题研究——教师专业化视角》，山西教育出版社，2009。
② 周险峰等：《农村教师研究 30 年：回顾与反思》，华中科技大学出版社，2011。

第三章
研究设计

第一节　理论基础

　　"教育并非一个价值中立的事业。就教育制度的本质而言，无论教育工作者是否意识到，他（她）们都已经卷入了一项政治活动。"①

——迈克尔·W. 阿普尔（Apple）

　　"妇女站在生产和生育、经济活动和人类关怀的十字路口上，因而也是站在经济增长和人类发展的交叉点上。……然而，两个领域出现分歧时，她们将最受伤害。"②

——吉达·森（Gita Sen）

一　国家政权建设理论

　　国家政权建设（State-Making）理论最初是西方学者在研究欧洲历史早期民族国家形成过程中所使用的一个理论框架。"国家政权建设"指的是分散的、多中心的、割据性质的体系，后来逐渐演变为一个以现代国家组织为核心

---

① 〔美〕迈克尔·W. 阿普尔：《意识形态与课程》，黄忠敬译，华东师范大学出版社，2001。
② 〔加〕娜拉·卡比尔：《实现消除贫困和千年发展目标中的社会性别主流化》，陈澜燕译，天津人民出版社，2011。

的结构，这个结构的标志之一是确立了一个新的政治单位，即国家建制，它成为新的权威中心，使原来分割式的权威结构发生了转变，① 即一个中央集权国家的形成。

美国社会学家 Charls Tilly 指出，所谓"国家"，是指在一片边界明确的领土上控制着主要的强制手段，在某些方面享有凌驾于同一片领土上运行的其他组织的优先权的独特组织。② 而国家政权建设的主要表现是国家政权的科层性与合理化，对下层控制力的增强和扩张，从而打破原有地方权威结构，将原属于地方权力结构控制下的民众建构成为中央权威统治者统治下的国民。

国家政权建设的另一个理论源头是英国著名社会学家 Anthony Giddens，在他的分析框架中，现代民族国家的一个重要特征就是国家权力对日常生活的全面渗透，对人的全面监控。③ Charls Tilly 与 Anthony Giddens 的观点有相似之处，都强调"强制"和"资本"的集中，只是后者更强调工业化生产对全社会的影响。

从理论源头上看，国家政权建设理论主要是用以分析西欧国家 1500 年以来民族国家建成的过程。由于这一理论本身的强大解释力和魅力，很多学者尤其是早年一些海外研究者将这一理论框架用以分析中国国家转型与乡村社会之间的关系。

张静教授认为 Charls Tilly 等人的国家政权建设理论实质上包含了两个层面：第一，民族国家的形成；第二，国家公共治理规则的形成。张静认为，新中国成立至今，国家政权建设的任务仍未完成。④ 有着相似结论的徐勇教授将国家政权建设称作"现代国家建构"，更加明确地，他将现代国家建构划分为两个阶段：第一是"民族－国家"的建构，也即是现代国家组织体系的建成；第二是"民主－国家"的建构，也即是现代国家制度体系的完善。⑤

笔者对这种综合性考察是比较赞同的，一般地，一个国家的政权建设首先要完成的是民族国家的建构，之后再在其基础之上实现民主国家的建成。中国

---

① 张静：《国家政权建设与乡村自治单位——问题与回顾》，《开放时代》2001 年第 9 期。
② 〔美〕查尔斯·蒂利：《强制、资本和欧洲国家（公元 990～1992 年）》，魏洪钟译，上海世纪出版集团，2007。
③ 〔英〕安东尼·吉登斯：《民族—国家与暴力》，胡宗泽等译，生活·读书·新知三联书店，1998。
④ 张静：《基层政权：乡村制度诸问题》，上海人民出版社，2007。
⑤ 徐勇：《"回归国家"与现代国家的建构》，《东南学术》2006 年第 4 期。

真正意义上的民族国家建构和民主国家的建设也就走了一百多年的时间，尽管自秦汉以来，中央集权在大部分朝代内都不存在问题，但是，封建时代的王朝权威向下的渗透就仅仅止于县政，即所谓的"皇权不下县"，在县以下的基层社会主要是依靠传统士绅等中坚力量在代为控制统治。

就教育来说，近代中国兴起的学校教育，毫无疑问属于国家政权建设的一部分，现代意义上的教育最为标志性的事件就是近代学制的形成。对于政府，最重要的事是通过兴办学校为新兴政权培养更多人才，以及通过教育来灌输统治阶级的意识形态，从而构建其合法性。在清末之后的时代，教育都是整个中国迈向现代国家的必备制度构建之一。而女性进入现代教育系统，无论是兴办女学、促进女子教育，还是女性登上职业舞台、走进教师岗位，都只是这宏观历史事实之下的一个部分。因此，当我们谈论近代以来女性教育以及女性成为教师的若干重要议题也就无法与这一宏大历史相分割。

在我国近代教育的发展历程中，现代民族国家扮演着极其重要的角色，它是国民教育体系建立的重要推动力，即现代教育制度是在国家强力推动之下建立起来的，同时也是国家对学校监管的实施过程。但是，我国现代社会建立之初还充满了现代化与民族主义的交割，因此，学校教育体系和民族国家之间又存在一种互动关系。国家实施对学校的监控，通过学校这个场域使国家政权延伸至社会下层意识形态之中；同时，学校在传播现代思想和精神及技术时，也推动着国家政权的建设。在这种互动关系中，现代学校逐步找到自己的"合法性"。①

本书将这一理论作为研究工具，考察我国女性肇始于现代教育体系，并逐步走向专业教师岗位的历程，在这一历史脉络里，将卑微的底层乡村女性的命运与民族国家政权建设勾连在了一起。

二 现代化理论

对于现代化理论的起点是如何解释"现代""现代性"等一系列词汇的含义。罗荣渠认为，尽管理解有多种，但从历史发展的角度讲，"现代"一词至

---

① 胡金平：《学术与政治之间的角色困顿——大学教师的社会学研究》，南京师范大学出版社，2005。

少有两层意思：一是作为时间的尺度，它指从中世纪结束至今的长时程；二是作为价值的尺度，它指区别于中世纪的崭新时代精神。但在现代化理论的早期形态中，现代化基本上等于"西化"和"西方工业化"。①

我国的社会学者在20世纪八九十年代之后开始对中国的社会现代化进程做较为深入的研究，温铁军教授的"经济危机着陆理论"分析了新中国成立以来城乡之间的内部依附关系。他认为中国自1960年那一次危机（"大跃进"导致的农村经济问题）之后，每当城市爆发危机，便会向乡村转嫁，在乡村实施"软着陆"。城乡二元结构下的乡村承载着城市的资本危机，客观上为中国工业化完成原始资本积累奠定了基础。新中国的发展过程是非均衡发展的结果，在传统的发展模式下，对妇女、贫困群体和不发达地区利益的刻意忽略被视为发展的必需。②

20世纪80年代改革开放以来，中国社会进入快速转型期，社会主义各项事业蒸蒸日上，社会现代化步伐日益加快，从传统农业文明的文化模式迅速向现代工业文明的文化模式转变，变迁的触角延伸到社会的每一个角落，中国乡村在这样一个以改革为主题的时代必然不能置身事外，它已经朝向"现代化"迈进。

中国的国家政权建设是回应西方现代化挑战的重要步骤，其核心包括建立一个现代的上层官僚系统和为现代目的向下渗透的基层组织体系。而真正实现这一目标是在新中国成立之后。另外，中国传统社会中，农民经济分化不是很大且存在各种各样的适应社会分化的文化网络，传统社会一定程度上存在Scott所说的农民的道义经济，存在村庄共同体，尤其是中国南方乡村。③ 然而，新中国成立后阶级斗争话语的建构及其展开，十分有效地破坏了传统村庄与宗族内部的认同，从而使村民从社区中解放出来，转而认同新中国的国家政权。④

改革开放以后，以市场经济为导向的发展战略，农村人口的自由流动，消费文化的普及，使老规矩难以发挥作用，人们对未来的预期变得不稳定，人生"兑现"压力加大，农村社会逐渐地由一个熟人社会转变为半熟人社会，传统的

---

① 罗荣渠：《现代化新论——世界与中国的现代化进程》，商务印书馆，2004。
② 温铁军：《八次危机：中国的真实经验》，东方出版社，2013。
③ 贺雪峰：《中国农村社会转型及其困境》，《东岳论丛》2006年第2期。
④ 吴毅：《村治变迁中的权威与秩序》，中国社会科学出版社，2002。

价值观被金钱诱惑力所打碎，人际联系迅速理性化，① 地方性的传统和文化被一个扩展的市场导向和消费导向的大文化所取代。以市场经济为主导地位的确立，实质上从国家政权层面预设了现代化与现代性成为中国社会发展的奋斗目标的合法性，与此同时，西方国家高度发达的现代化科技也为中国提供了合理性依据。然而，对现代化与现代性的这种合法合理性的肯定并没有带来中国乡村现代化的理性发展，并且随着现代化的深入，带来了乡村社会矛盾日益加深，传统乡土社会结构的分化和新结构秩序的整合，推动了整个农民生活模式的急剧改变。

80 年代后，"现代化"这个近代中国历史的主题终于被大多数中国人意识到了，90 年代之后，农村的现代化进入一个新阶段，党中央和国务院做出了对农业和农村经济结构进行战略性调整的重大决策，提出要把增加农民收入作为中心任务和基本目标，摆在经济工作的突出位置。与此同时，颁布了若干关于乡村教育的政策与措施，极力凸显社会服务功能。② 这些乡村教育政策共同

---

① 杨善华等学者称之为"差序格局的理性化"，见杨善华、侯红蕊《血缘、姻缘、亲情与利益——现阶段中国农村社会中"差序格局"的"理性化"趋势》，《宁夏社会科学》1996 年第 6 期；贺雪峰教授在这里做了修正，将其称之为"人际理性化"，见贺雪峰《乡村治理的社会基础——转型期乡村社会性质研究》，中国社会科学出版社，2003。

② 如 2005 年《中共中央国务院关于推进社会主义新农村建设的若干意见》提出，农村教育的主要任务在于服务农村、培养推进社会主义新农村建设的新型农民。1983 年中共中央、国务院颁发《关于加强和改革农村学校教育若干问题的通知》，指出农村学校的任务，主要是提高新一代和广大农村劳动者的科学文化水平，促进农村社会主义建设。各类小学的教学内容，都要注意联系农业生产、生活的实际，考虑学生的接受能力和多数教师经过努力所能达到的水平，进行必要的调整和修改。高年级应适当增加农业应用知识和技能的内容。1987 年 1 月 3 日《国务院办公厅转发国家教育委员会等部门关于全国职业技术教育工作会议情况报告的通知》提出，农村的教育应该从办学单纯为了升学转到主要为本地区两个文明建设服务，并适当兼顾向高一级输送新生的方向上来。1989 年 5 月 23 日《国家教委关于在全国建立"百县农村教育综合改革实验区"的通知》进一步提出农村教育综合改革的目的、任务及方法。指出农村教育综合改革实验要围绕为当地培养合格劳动者这一主要任务，要使农村教育转到主要为当地经济建设和社会发展服务的轨道上来。1999 年 6 月《中共中央国务院关于深化教育改革，全面推进素质教育的决定》指出，要增强农村特别是贫困地区义务教育的课程、教材与当地经济社会发展的适应性，推进农科教结合，全面推进农村教育综合改革，促进农村普通教育、成人教育和职业教育的统筹协调发展，使农村教育切实转变到主要为农村经济和社会发展服务上来。2001 年《国务院关于基础教育改革与发展的决定》指出，农村中学的课程设置要根据现代农业发展和农村产业结构调整的需要，深化"农科教相结合"和基础教育、职业教育、成人教育的"三教统筹"等项改革，试行"绿色证书"教育，并与农业科技推广等结合。2003 年温家宝总理《在全国农村教育工作会议上的讲话》指出："农村教育改革必须全面贯彻党的教育方针，更新教育思想，坚持为'三农'服务的方向。"

中国乡村教师性别结构的变迁

将乡村教育定义为"为乡村经济和社会发展服务"，从中我们很难看到乡村教育本身要达到的目标，即对于实现人的现代化发展所要努力的方向。教育所培养的只是为实现现代民族国家存在的经济助力。这似乎与此前时期的乡村教育存在某些天然的契合，但所不同的是，社会转型期对于经济利益追求的最大化将人从政治工具转而变成经济工具。这种工具性在中国整个乡村教育中广泛存在，只是农民对于这种工具性意识难以察觉。

农民对教育的态度存在两种截然相反的价值取向：一方面表现为对"读书万能论"的信奉。在农民潜意识里，仍旧持有"万般皆下品、唯有读书高"的神圣情结。所谓的"神圣"是源自对"学而优则仕"的期盼，农民希冀通过教育改变命运，走出农村；另一方面表现为近年来乡村"读书无用论"的盛行。由于市场经济的神话，加上高校不断扩招，农村籍大学毕业生就业形势十分惨淡，"不上学等着穷，上了学马上穷"成为当下乡村一句十分流行的话，而很多大学毕业生工资远低于农民工的现象也已不再是新鲜事，这让不少农民对教育失去了信心。以上两种看似对立的教育价值观却是农民"实用理性"的真实写照，他们对教育的"重用"与"无用"直观地建立在功用的基础之上，而且是以跳出"农门"来权衡有用与否。对农民来说，这是无可奈何之举，也是无可厚非之举。但是，这就陷入了一个悖论，政府对乡村教育的工具性目标与农民自身对教育功能性期盼并未契合在一起，反而是背道而驰，一方努力制定乡村教育"为农"的政策措施，另一方朝着"离农"的方向竭尽全力。悖论的背后更是见证了农村教育"无人"的事实，从农村教育的当事人到农村教育的管理者，无不以工具性价值衡量农村教育的成败，功利得失淹没了对人性的追求，目标的偏差导致农村教育现代化走向歧路。①

转型期中国现代化的另一个主题就是"城市化"，城市化主导着当今乡村教育的现代化进程。乡村教育表现出对于城市中心的趋同，正如 Gandhi 的描述，现代的教育不能使年轻人学到任何在生活中发挥作用的东西。那些将自己的孩子送到现代学校里去的人绝大多数都是农业专家……然而，毫无疑问的是，当年轻人从学校回到生养自己的地方以后，对农业却一无所知。不仅如

① 陈艳红：《社会转型期农村教育现代化的困境与出路——一个文化的视角》，湖南师范大学硕士学位论文，2011。

此，他们还从心底里蔑视自己父亲的职业……现代学校的一切事情，从教科书到毕业典礼，从来不会使一个学生对自己的生活环境感到自豪。他受到的教育程度越高，就越远离自己的故乡。教育的整个目的就是使他和他的生活环境格格不入，就是使他不断地疏远这种环境。村庄的一切对他来说都是陌生的。自己祖祖辈辈所创造的文明在他的眼里被看成是愚蠢的、原始的和毫无用途的。他自己所受的教育就是要使他与他的传统文化决裂。① 但问题在于，乡村既然是以城市化为核心建构现代化，城市的文化价值自然会形成对乡土文化的解构。这样来看，消除城乡差异似乎就意味着要消灭农村，快速的现代化似乎就是加快城市化，这显然不是乡村教育自身所能选择的，因此，面对乡土文化的弱化和城市化的必然，乡村教育再次陷入两难。

费孝通先生曾提出中国乡村治理中的两条政策轨道，即"自上而下"和"自下而上"。② 这两种方式同样也概括了乡村教育变革的发生方式，只是"自下而上"的通道几乎处于闲置的状态，中国乡村教育的发展长期沿着自上而下的路径进行改革，依附于权力体系和行政制度的运行，始终未能摆脱意识形态上的"被现代化"。首先，社会转型期，"流动"成为乡村的关键词，大批农村人口往城市外迁，庞大的数字背后是一个令人触目惊心的事实——乡村"空心化"，留守在乡村的是"三八六一九九部队"，许多乡村孩子的父母双双在外打工，孩子由老人照看，缺乏对孩子教育的关注成为必然。其次，"以县为主"的乡村教育治理实际上变成"无人做主"。在"以县为主"的体制下，事实上只是中央政府将乡村教育责任由乡镇向县一级上移，自身责任虚化，这就导致对乡村教育责任层层下推，县乡教育主管部门在这种"自上而下"的单向负责性的体制下只是充当着上传下达的传声筒，以官者自居，有权无责，指令性管理多，指导性管理少，压制了农村教育的自主性和创新性。且"分级管理"往往使这些教育管理部门只对上级的命令负责，履行职责时依样画葫芦，用"他者"的眼光看待乡村教育，根本不能以主人翁的精神谋求乡村教育现代化的发展。最后，流失的乡村教师难以成为教育改革中的主力和推动力。随着社会的急速变迁，乡村教师流

---

① Prakash, M. S., "Gandhi's Postmodern Education: Ecology, Peace and Multiculturalism Relinked," *Journal of Holistic Education*, 1993 (3): 11.

② 费孝通：《乡土中国与乡土重建》，风云时代出版公司，1993。

失非常严重。这种流失分为显性和隐性两种。显性流失主要表现在 20 世纪 90 年代前后在商品经济的冲击下，许多乡村教师，特别是男教师纷纷选择"下海"、"跳槽"或"孔雀东南飞"，直接导致乡村教师数量不足，性别结构不合理。隐性流失主要表现在，很多乡村教师，尤其是男教师，只把部分心思放在"正业"（学校的教育教学工作）上应付工作，而部分甚至大部分心思（包括时间、精力、热情）放在副业（为个人利益的兼职、经商、炒股、有偿补习或家教）或打牌、打麻将上，表面看来人还在学校从事工作，而心却早已远离了乡村教育。① 优秀的教师"进不来，留不住"，留下来的大多又是毫无出路的女教师，她们普遍自我认同感不高，难以主导乡村教育改革。

在一切以经济建设为中心的现代中国社会，人的解放的现代性被湮没在对技术和科学的狂热追求中，教育发展也被裹挟进来，正如日本学者池田大作所描述的："在现代技术文明的社会中，不能不令人感到教育已成了实利的下贱婢女，成了追逐欲望的工具……现代教育陷入了功利主义，这是可悲的事情。"② 现代性使乡村教育陷入集体无意识的主体性失语，在国家政权建设层面上，"为本地经济服务"的目标也指明了乡村教育现代化的方向，乡村教育异化为市场经济的工具，它对乡村教师队伍的性别结构变迁产生了巨大影响。

三 社会性别理论

社会性别（gender）理论形成于 20 世纪 60 年代，很多人对社会性别的概念并不清楚，这是因为社会性别实际上起源于西方女权运动，它是针对生物决定论而言的，认为性别的分工、规范和权力关系是社会历史的产物，也随社会环境的改变而发生变化。社会学家用"社会性别"一词来描述一个特定社会中所形成的男性或者女性，他们的群体特征、行为表现等。在传统的人类学研究中，涉及社会性别，它的研究是以人类生理学为基础，即对男性与女性的生理特征为研究对象，还包括婚姻家庭、亲属制度、性别角色等。

Moser 认为社会性别是特定社会环境中所建构起来的男性与女性以及二者

---

① 李季：《中国教育病》，四川教育出版社，1999。
② 〔英〕A. J. 汤因比、〔日〕池田大作：《展望二十一世纪——汤因比与池田大作对话录》，荀春生等译，国际文化出版公司，1985。

之间的关系，并反映了男人和女人在社会中的角色、社会责任、可利用的资源、制约（限制）、机会、需求、认知能力和观点等的不同。因此，社会性别并不是"妇女"的同义词，而是针对男人和女人两性间相互依附的关系研究。① 在 Moser 给出的社会性别定义基础上，Ellis 把社会性别的定义从以下几个方面进行了归纳：首先，社会性别是由社会建构的男性和女性，通常指的是人们在所给定的社会中所有的由社会赋予人们的属性（特性）、充当的角色、行动方式和其所应负的责任等。其次，男性和女性在不同的社会和生活中，其经历是截然不同的。再次，在一定的规则和社会规范中，作为男性和女性群体特征的界定是以周围人们对其认知程度、被期待的思想和行为方式加以判定，这是由当地的规范和习俗（规则）来决定的。最后，社会性别指的是人们在社会中由于权力关系所形成的等级制度和不平等地位。②

经过几十年的发展，社会性别已成为学术界重要的常识性概念之一。它就像阶级、阶层、种族等概念一样，被当作一种方法和工具来分析社会现象。社会性别不只用来对妇女状况进行分析，还对男性和女性的社会属性及其相互关系与作用进行分析。因此，分析过程涉及社会生活中的男性与女性共同建构的社会、政治、经济以及文化的总体。

运用社会性别理论对乡村妇女研究也由来已久。早在1993年，Moser 就提出乡村妇女"三重角色"的概念，即作为家庭主妇，她们不仅要从事再生产工作，包括做家务、照看孩子、照顾家人和生育子女等，也要从事生产工作，成为增加家庭经济收入的第二个挣钱人，还要从事必要的农业劳动。③ 在中国传统的家庭社会分工中，将男性放在公共（Public）地位（社会中），而将女性放在私人（Private）的空间（家庭中），也就是人们常说的"男主外，女主内"的传统社会性别分工。多数低收入或无收入的妇女扮演着生产者、再生产者和社区活动管理者的角色；男性的角色却是生产者、社会的政治活动角

① Moser, C., *Gender Planning and Development Theory, Practice and Training*, Routhledge, London, 1993.
② Ellis, F., "A Framework for Livelihoods Analysis ," in: *Rural Livelihoods and Diversity in Development Countries*, Oxford University Press, UK and New York, 2000.
③ Moser, C., *Gender Planning and Development Theory, Practice and Training*, Routhledge, London, 1993.

色。男性和女性同样从事生产工作，但工作的内容是不同的。在乡村，生产分为生产自己使用的消费品和用于交换的商品，后者是能够带来经济利益的产品。妇女从事的生产多是在自家地里进行的用于自己家庭消费的农产品，其报酬是较低的。当土地所带来的经济收益在家庭中所占的收益率变低时，男性就会转向经济收益较高的非农业性工作，如外出打工或跑运输等。因而在通常情况下，男性从事的工作是可以获得较高收入回报的工作，女性所从事的则是收入较低的工作。如果同样都是进行非农业生产劳动，男性和女性所处的工作岗位和收入也不相同，男性愿意从事那些重要岗位、经济回报率高的工作，而女性则不得不守在一些耗时的、技术含量低的、收入相对较低的岗位。由于乡村女性与自然的密切联系，以及市场经济所带来的中国乡村劳动模式的剧变，社会角色理论就成为分析乡村教师职业性别结构变迁的重要工具之一。

第二节　方法论基础

方法论是研究者对研究采用的方法体系与研究对象（内容）之间的适切性检视、反思的过程。叶澜教授认为："方法论是以人类认识活动中不同层次的对象与方法的关系作为研究对象，着力阐释已有方法体系的理论基础、核心构成与研究对象的矛盾，从而构建解决这一矛盾的新的理论基础与概念体系，并且发展相应的方法体系，以推动人类认知水平的飞跃与社会实践的发展。"[1]她还称："方法论研究的是方法与客观对象本身的关系，方法理论对应的是方法体系，方法体系的构成与人类认识与实践活动有关，与对象性质有关，也与所使用的研究工具有关。"[2]

研究乡村教师，特别是乡村教师性别结构的历史变迁状况，在方法和方法论上需要注意三点：第一，研究以县最为适宜。村落之间是以乡镇为中心展开政治、经济和文化的联系，不同的乡镇构成了不同区域特征的县域文化。而且，从乡村社会文化学的视角来看，县也是一个具有完整意义的社会文化单

---

① 叶澜：《教育研究方法论初探》，上海教育出版社，1999。
② 叶澜：《教育研究方法论初探》，上海教育出版社，1999。

元。自清朝末年"废科举、兴新学"举措以来，县一级政府从来都是乡村现代学校最重要的基层管理机构。从我国的社会组织构成看，县是一个最合宜的单位，它包含了一个系统而完整的乡村基础教育体系，即小学、初中、高中三阶段。因此，作为一个独立的文化单位和行政辖区，以县为起点考察乡村教育变迁的特征，既可从个体家庭、村镇和县乡微观层面来研究，也可将其置于民族和全球化的视野之下研究，从而实现"小地域"与"大社会"相呼应。一个县域的教育变迁，"犹如在显微镜下看到了整个中国的缩影"。① 第二，对于乡村女教师研究的一个很重要方面就是对这些乡村妇女的重新观察并获得她们生活的第一手经验，这是认识妇女过去与现在经历的很好补充。妇女经验在这里成为一个明确的研究对象，为了防止这些经验被一些彼此独立的学科搞得支离破碎，在方法论上就需要采用跨学科的途径加以实现。② 第三，对妇女的研究必然不能撇开男性，而现实社会的性别体系也不能够跨越历史，持久不变，在不同的历史时期应以特定的变量进行研究。鉴于不同历史与社会境况赋予性别的特定意义，因而对男女两性间关系的研究也应以更为广泛的社会为背景。

人文社会科学研究方法体系大致分为量的研究与质的研究两类。量的研究是一种对事物可以量化的部分进行测量和分析，以验视研究者对理论假设的一种研究方法。它有一套完备的操作技术，包括抽样方法、资料收集方法、数字统计方法等。③ "质的研究是以研究者本人作为研究工具，在自然的情境下，采用多种资料收集方法（访谈、观察、实物分析），对研究对象进行深入整体性研究，从原始资料中形成结论和理论，通过与研究对象互动，对其行为和意义获得解释性理解的一种活动。"④ 两种方法比照起来，量的研究对数据的质量、代表性、结构性等具有较高的要求，而对研究情境不强调；质的研究更像"一把大伞"，收集资料的方式相对宽泛，但对研究情境、研究者本身以及社会文化环境的重视使其研究结论往往具有独特性、差异性和历史性等特点。

本书的研究对象是社会历史时空中的乡村女教师，研究内容包括乡村社会

---

① 费孝通：《江村经济——中国农民的生活》，商务印书馆，2001。
② 刘霓：《西方女性学：起源、内涵与发展》，社会科学文献出版社，2001。
③ 陈向明：《质的研究方法与社会科学研究》，教育科学出版社，2000。
④ 陈向明：《质的研究方法与社会科学研究》，教育科学出版社，2000。

中国乡村教师性别结构的变迁

与学校的发展变迁，以及其他事件对不同历史时期乡村女教师的影响。一般而言，从数量上考察不同时期乡村女教师的来源和走势，并通过严格的量化分析加以证实，不是一种较好的选择，事实上，本书已收集了较多的数据资料，然而，标准的量化研究对于笔者难以实现，一个无法克服的困难是，收集从新中国成立后至今 60 多年的具有统计学意义的乡村女教师数据是不可能的。由于战乱、社会政治运动和管理主体的变化，以及国内对史料保存不完备、欠佳的传统，数据资料尤其是分性别的统计数据基本没有或遗失严重；另外，在中国基层治理主体由于受到压力型行政管制，其上传的数据可信度是较低的，这也是管理者和研究者们都不言自明的事实。因此，本书将试图突破量化研究的技术困境，采用人类学田野研究和历史文献分析相结合的方法。

乡土社会是一个无文字的社会。田野研究，可拓宽史料的来源，发掘那些被忽略的事实，从官方记载的资料之外的民间轶事、地方风尚之中寻找乡土社会、乡村教育变迁的历程。20 世纪 30 年代，费孝通先生倡导"社区生活史"的研究方法，强调对社区内部进行个案研究（Case Study），并从"内部结构"研究社会生活，从社会底层和社区内部发掘历史。这种"自下而上"的研究视角可以使研究者个人的中心意识得以摆脱，获得研究的现场感。

口述方法也是极为有效的，它打破了以史学家一家之言、以文字为唯一资料的史学传统，让事件本身及其参与者直接与历史对话，以此来弥补文献资料的不足，并使历史展现出立体的"人"的特征。同时，通过口述史所呈现的资料相对完整，能够展现个人与社会之间的复杂联系，也是个体与社会环境相呼应的产物。

另外，必须要加以论证和反思的是，由于本书的对象是乡村女性，这是一个被边缘化了的群体，她们的经历尚未进入主流的知识范畴与体系，加上以社会性别视角来解析问题的努力仍旧在起步阶段，学术界量化研究中一味强调"普遍性"、"代表性"的性别偏见和盲点是值得质疑的。从方法论和认识论的角度上看，普遍性不等于必然性和合理性，即一个普遍存在的社会现象不表示该现象一定有它客观存在的必然性与合理性。① 对于被主流知识界所忽略的妇女群体，也许就只有她这一个"个案"才足以显示出社会结构的问题，即女

---

① 熊秉纯：《质性研究方法刍议：来自社会性别视角的探索》，《社会学研究》2001 年第 5 期。

性个体在这个社会结构中的挣扎和困境，而这种论述是比"普遍性"、"代表性"更具意义的。

综上所述，本书所采用的研究方法体系从总体上说是质性的，将县域教育的历时性叙述框架引入共时性分析，再借鉴口述史方法对具体场景进行"深描"。

第三节 研究方法与过程

一 分析框架

如何在既有的研究成果之上，借助有效的理论工具，深化乡村教师群体中男性逐渐退出与女性进入的历程，展示在此过程中乡村女教师独特的生命经历，是本书的重要任务。如何借助民族国家政权建构理论、现代化理论共同搭建起本书的理论框架，同时借鉴社会性别的理论视角进行分析与解释，是本书的难点之一。我国学者万琼华对20世纪初"周南女校"的研究给了笔者较大的启发。她称，在20世纪初，几乎所有有关女性的言论均围绕着"人权"与"国权"之间的矛盾展开，呈现出女权主义与民族主义两种话语的碰撞。[1] 如果说20世纪初对于该议题的研究是"民族主义"和"女权主义"在教育领域中的碰撞互构，那么，到了近代，民族、国家、政权等仍占据主流和显性话语权；改革开放以来，伴随国家经济社会关系的变革，国家对乡村建设与乡村教育的政策也相应发生了变化，势必会影响乡村教师的性别结构和生存样态。从新中国成立至今这60余年的急剧变革中，乡村女教师从无到有，从主体的形成到消解几乎是同时发生的。对历史恰切的把握和对现实特别是社会主义经济如何接轨全球资本主义经济，如何把握国家、乡土社会、乡村教育之间的关系，以及在这个大背景之下对"乡村教师"本身的理解，将成为本书的另一个难点。

基于此，本书的研究思路和分析框架如图3-1所示。

---

[1] 万琼华：《近代女子教育思潮与女性主体身份建构——以周南女校为个案的考察（1905~1938）》，湖南大学博士学位论文，2007。

中国乡村教师性别结构的变迁

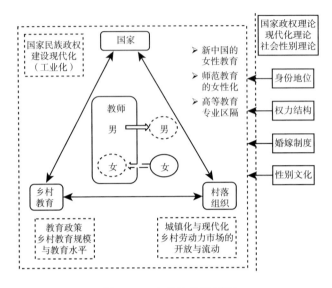

图 3 – 1　本书的分析框架

　　具体而言，本书的分析逻辑将围绕"国家 – 乡村"和性别身份两条线索展开。国家与乡村关系及国家与乡村的发展变迁是本书的一条重要线索，因为它与中国乡村教育的发展密切相关。传统的乡村一直是封建性质很浓厚的自在联合体，独立于国家与城市之外运行，它们自行生产粮食、提供教育、完成灌溉等公共服务，有自己的帮扶组织、族群文化和内部族长秩序。而新中国成立之后，乡村逐渐被纳入民族国家建设的体制，国家借助诸如"人民公社"这种政社合一的模式来管理乡村和乡民，并收回包括教育在内的乡村公共产品。改革开放之后，国家在县域内逐步形成县乡治理机制，并在村落推行"村民委员会"这种看似自治的管理体系，通过各层级负责制，并结合国家主导的市场力量，对乡村实行多样化和高强度的控制。因此，这种国家与乡村的关系及二者60余年的变迁历程，为本书提供了大背景。

　　另外，对于乡村女教师，社会性别成为分析的另外一个重要线索。它涉及中国传统的性别文化、婚嫁制度、性别权力结构等方面。本书对乡村女教师之于"国家 – 乡村"的分析集中在第四、五、六章；第七章将从乡村女教师个人生活史看性别文化与权力间的运作。

二 田野的选取

选择研究情境是一个比较复杂的过程，既要考虑到个案的代表性、典型性与意义，又必须要方便可行。

首先，从典型性考量。河北省是国家政治中心所在省区，对中央下达各项指示的贯彻执行比照其他各省区市都要迅速及时，国家政策的变化对其影响的深度和广度也是其他各省区市难以企及的，而地方对中央精神的领会和反馈同样快速。河北省亦是一个教育大省，教师和学生总量在全国位居前列，同时，河北省又是一个农业大省，全省人口 6800 万，80% 人口在乡村。截至 2010 年末，该省城市、县镇和乡村中小学专任教师数量分别为 10.08 万人、18.95 万人和 31.98 万人，乡村教师占一半以上。据 2008 年的数据统计，河北省乡村小学女教师比例高达 62.82%，高于全国平均水平（54.79%）8.03 个百分点，中学女教师比例达 61.19%，高于全国平均水平（46.45%）14.74 个百分点，[①] 其基础教育阶段女教师总数与位次连续三年情况见表 3-1。

表 3-1 2009~2011 年河北省普通中小学女教师数（含代课教师）及排名

年份	教师类别	女教师（人）	排名	备 注
2009	普通中学专职教师	181651	4	前三名为广东（208568）、河南（205377）、山东（195313）
	普通中学代课教师	6469	1	
	小学教师	231812	3	前两名为广东（294520）、河南（286962）
	小学代课教师	10599	3	前两名为广东（30874）、山西（16055）
2010	普通中学专职教师	178644	4	前三名为广东（220566）、河南（207978）、山东（197115）
	普通中学代课教师	6384	2	第一名为山西（7796）
	小学教师	232217	3	前两名为广东（307862）、河南（292957）
	小学代课教师	12899	3	前两名为广东（15587）、山西（14346）

① 刘茗、王鑫：《农村中小学教师队伍结构需要优化——对河北省农村中小学教师队伍的调查与分析》，《红旗文稿》2008 年第 12 期。

中国乡村教师性别结构的变迁

年份	教师类别	女教师（人）	排名	备　注
2011	普通中学专职教师	188360	4	前三名为广东（268298）、河南（227945）、山东（214869）
	普通中学代课教师	6845	2	第一名为山西（10528）
	小学教师	220382	3	前两名为河南（286823）、广东（274804）
	小学代课教师	15140	2	第一名为山西（16547）

资料来源：《中国教育统计年鉴》（2009～2011），人民教育出版社，2010～2012。

其次，在进行田野考察时必须要考量选点的便利可行。有些个案可能非常具有典型性，然而却无从下手，无法进入现场，不能了解事件的"内幕"。因此，在进行田野调查时，一般需要有"内应"，即"看门人"（doorkeeper）的协助，取得一些关键人物的信任与支持之后，就较容易获得进入现场的机会。在城市的社区中进行研究，进入现场较容易，可以通过官方的渠道、友人熟人的渠道，然而在村落社区中，情况就完全不同。村落这个小型社区充满了熟悉的面孔和习以为常，任何外来陌生人的"入侵"都会被冠以"怀疑"、"监视"与"不信任"，这便是所谓的"熟人社会"的乡土关系，① 村落社区的进入会消耗研究者很多的精力与时间。

鉴于进入现场的艰难，笔者选择了河北省 Q 县作为田野现场。河北省是

---

① 费孝通在其《乡土中国》中对中国的乡土社会做过精要的论述。首先，乡土社会是礼俗社会，礼俗即是规矩，规矩不是法律，规矩是"习"出来的礼俗；其次，乡土社会是面对面的文盲社会，有话可以当面说，不必求助于文字；再次，乡土社会人际关系的结成与维持是基于差序格局的，在差序格局中，社会关系是逐渐从一个一个人推出去的，是私人联系的增加，社会范围是一根根私人联系构成的网络，因此，我们传统社会里所有的社会道德也只在私人联系中发生意义；最后，在治理和矛盾关系的处理上，乡土社会是无为而治的无讼社会。对乡村地区来说，费先生的界定是准确的。因此，在对乡村社区做田野调查时，进入现场的麻烦可能会耗费研究者很大的精力。在面对面的社区中，私人联系要远胜于外部的正式人际规则。这一点正如曹锦清描述的一样：朋友、熟人与陌生人，亲人、自己人与外人，圈内人与圈外人之间区分十分明显，总觉得有一种无形的墙。只有在亲友圈内，我们才感到无拘无束，说起来无所不说，无所顾忌；在陌生人、圈外人间，总有意无意地加以设防，或不知所措。参见曹锦清《黄河边的中国——一个学者对乡村社会的观察与思考》，上海文艺出版社，2000。

笔者的出生地。对于 Q 县，笔者可以算是半个"熟人"，该地区的语言、习俗、文化传统对笔者没有任何障碍，笔者在田野过程中经常以"老乡"自居与村民打交道，避免了作为陌生人的"入侵"和不被信任，作为"圈内人"较快地进入研究腹地。另外，笔者还得到导师项目的支持，以及"中国滋根乡村教育与发展促进会"（以下简称"滋根"）的大力协助，[①] 获得外界人很难达到的深入程度。

与此同时，笔者虽然算是这个社区内的"熟人"，但笔者是在城市出生并生活成长，在城市里接受的教育，因而，身处村落文化的外围地带，给了笔者以旁观者的身份来观察乡村文化和教育现实，对 Q 县社会和教育进行一种理解和解释。若没有这种"距离感"，则很难获得对乡村文化的认知敏感性，它也使笔者获得了一种洞见与反思的能力。

美国著名人类学家 Ralph Linton 在给杨懋春先生的著作写序时，就曾深感进入异文化的"隐蔽层面"和"情感领域"实属艰难，因而他提出"获得一种文化的切近知识的最佳途径，是而且永远是在这种文化中被养育成长"，任何切近地参与两种文化的人，都处于更加清晰地认识观察这两种文化的位置。文化的每一个不同之处，都会使原来处于无意识状态的态度和价值进入意识领域。身为一名人类学家，Ralph Linton 的经验是非常确切的，这也点明了这种"熟人"身份给予研究者一种无可比拟的资源，可以在现实和历史之间进行穿梭，在时间的回溯和对比中获得一种深刻的洞察。

作为"圈内人"或"熟人"的优势之一就是人际关系。笔者可以借助"守门员"和自己在社区内部的人脉与社会关系网络，接近研究对象。对于要考察变迁的过程与激发变迁的力量，"代际"是一个非常重要的手段。本书将从 Q 县新中国成立前的教育考察开始，通过寻找第一代乡村女教师，至不同代际，从这些个体生存与发展的状态来反观大社会、大历史的变化。因此，寻找合适的研究对象至关重要。虽然笔者并非在这个社区长大，并未接受它的社

---

① 中国滋根乡村教育与发展促进会（以下简称"滋根"）多年在 Q 县设有项目点。2013 年底，"滋根"与北京师范大学教育基本理论研究院"中国民族教育与多元文化中心"达成合作意向，笔者作为该项目的参与人员，将做项目和做学术研究结合了起来。

会规范熏陶，但是借助于关键人——"滋根"的一些专职人员，[1] 他们熟知村落规范和隐性知识，并在当地有着相当的好评。这有助于笔者和村民的认识与交往，为研究的顺利进行奠定了基础。笔者总是作为"滋根"的一名工作人员被村民接纳和认同，而作为研究者的角色被无意间"掩饰"了起来，村民很自然地把笔者当成"滋根"的一分子，甚至是"自己人"，并没有被当作"外来者"加以防范，于是，笔者得以有很多机会与村民们访谈聊天，观察他们的生活，也被邀请参加他们的社区活动。这种较为良好的人际关系，在笔者与当地教育局、各学校打交道时也表现出来。通过"滋根"的牵线搭桥，笔者与县教育局、档案局的领导和工作人员熟悉了起来，并得到了查阅相关资料的许可。

三 进入现场与研究过程

（一）研究现场描述

河北省 Q 县位于河北省的东北边缘，燕山山脉东段，明长城北侧，属秦皇岛管辖。东和东北与辽宁省绥中县、建昌县、凌源县接壤；西和西北与河北省宽城满族自治县毗邻；南隔长城与河北省抚宁县、卢龙县、迁安县、迁西县相接。该县政府驻地为 QL 镇。Q 县西南距首都北京市 225 公里，距省会石家庄市 480 公里，东南距秦皇岛市 150 公里。总面积 3510 平方公里。1990 年全县设 9 个区、6 个镇（其中 1 个区级镇）、36 个乡、1 个街道办事处、3 个居民委员会、419 个村民委员会（行政村），2209 个自然村。总户数 129343 户，总人口 518549 人。Q 县亦是一个革命老区县。因其地理位置特殊，为内侵外御之要径，历代战火频繁。从清末一直到民国，该县农民除遭受官署的横征暴敛、封建地主恶霸的盘剥压榨，还饱尝战乱、兵灾和匪祸之苦。民国 22 年

---

[1] "滋根"的专职工作人员常年扎根农村和农民工社区从事项目的调研、跟踪和监督。河北 Q 县是"滋根"最早的项目点之一，1990 年国家教委大力倡导"农科教结合"时，"滋根"跟随进入 Q 县，目前主要覆盖有官场、隔河头、土门子、草碾、青龙镇、七道河等乡镇。其中一次性项目几乎覆盖全县所有乡镇，学校方面有直接项目的数量是 42 个以上。Q 县也是"滋根"目前专职工作人员最多的一个项目点。"滋根"对 Q 县发展和教育给予了持续的关注和资助，深受当地政府和村民们的好评。在此地工作的 7 名"滋根"会员均熟悉该县的县情和教育情况，特别是李光对老师、张海燕、张焕、高阳及当地人常福林老师给予了笔者非常大的支持和帮助。

（1933），日本侵略军占领 Q 县，废都山设治局建 Q 县。此后的 13 年间，全县有 6214 人被检举、被逮捕关押。其中，被屠杀和在监狱中折磨致死者有 1106 人，死于劳役者 468 人。日本侵略军侵占时期，制造无人区，使 2/3 的农户失去了耕地和房屋，过着无衣无食的生活。仅民国 32～34 年（1943～1945）被冻饿和瘟疫折磨致死的人就达 2 万多人。民国 30 年（1941）12 月，中共冀东地委为开辟热南抗日根据地，救人民于水火，首先在 Q 县西部和迁安西北部沿长城一带建立迁青平联合县，是年，开始发展共产党员，建立中国共产党的基层组织和抗日武装组织。民国 34 年（1945）8 月，Q 县解放，成立 Q 县临时行政委员会。次年（1946）1 月，成立 Q 县政府。

Q 县是少数民族自治县。全县有满、汉、苗、回、壮、侗、朝鲜、蒙古、藏、土家 10 个民族，其中满族 322454 人，占全县总人口的 62.2%。1986 年 12 月，经国务院批准，建立 Q 满族自治县。1987 年 5 月，实行民族区域自治。由于该地区地处山区，且历史上为少数民族游牧区，少有人居住，经百余年的繁衍生息，人口才逐渐增多。

Q 县为山区、老区、少数民族区，加之特殊的自然环境以及建县较晚等因素，致使在新中国成立以前很长一段时间，境内经济、文化和社会各项事业没有得到发展，特别是经济很不发达。新中国成立以后，才逐渐改变贫穷落后的面貌。Q 县山多地少，土质贫瘠，水利条件差，农业比较落后。"边关收，吃一秋"概括了新中国成立前该县的农业生产状况，新中国成立后，特别是实行联产承包责任制之后，在"以林果为重点，农林牧结合，多种经营，全面发展"方针的指导下，林果畜牧业有了长足发展。该县的苹果、核桃、栗子、杏仁等是其特色产品，林业是优势之一。值得一提的是，Q 县矿产资源丰富，尤以内生金属矿产丰富为特征，可以说遍布全县。现已发现有用矿产 32 种，其中金属矿产 11 种，非金属矿产 18 种，地下水 2 种，其他矿产 1 种。现已开发利用的有金、铁、锰、石英、煤、水泥灰岩、花岗岩、地热等 14 处。全县有矿产地 279 处，其中金属矿产 228 处，大型 2 处，中型 5 处，小型 135 处，矿点 86 处（见图 3-2）。

全县有国办黄金采选企业 6 家，乡镇村集体矿山 158 家，从业人员 6253 人。特别是到 80 年代中后期，由于乡镇集体开采矿山的发展加快，90 年代以后县开放搞活，招商引资，私人资本和市场运作涌入。迄今为止，县域内大型

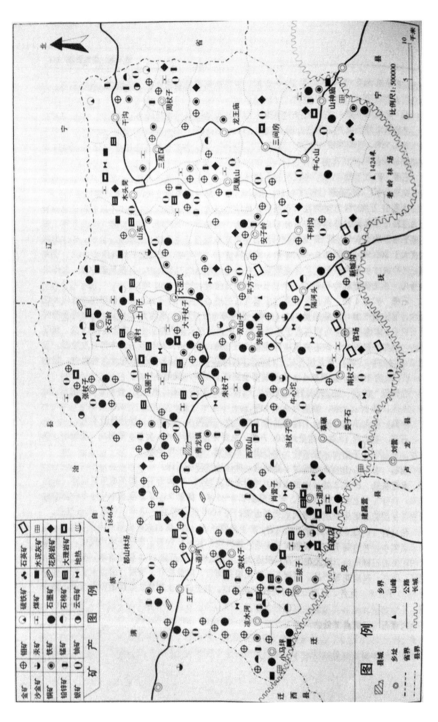

图 3-2　Q县矿产资源分布

矿业集团已有不少是外国资本和台资企业、港资企业。大量土地被贩卖、征用，以开矿增加政府收入，不少村民也从中看到了一夜暴富的"好处"，纷纷加入弃田卖地的行列。

由于运输的需要，至 1990 年，境内公路已四通八达，有青秦、京建、平青 3 条主干线公路，通往省内外，境内长 196 公里；5 条县级公路，全长 125.7 公里；22 条乡级公路，全长 421.4 公里；2 条林区公路，全长 87.7 公里。至 1990 年底，全县拥有货运车 558 辆，年货运周转量 7110 万吨。笔者在 2013 年底去 Q 县做预调查时，一路上发现，从村到镇，哪里有矿山，哪里便开山修路，一路通到山外的世界。①几乎是同时，村里外出打工或在矿山挖矿的男性劳动力日益增多，甚至有些年轻健硕又敢于冒险的男性教师相继辞职，放弃教师职业而到外地务工。Q 县外出打工的人在 2000 年之后快速增长，主要打工流向地除了本县的工矿企业之外，还有秦皇岛、唐山、保定、北京和天津等地。很多走出乡村进城的打工者和一夜暴富的卖地人开始重新看待自己在乡村中的位阶，正是乡村社会变迁引发的诸多"事件"改变了村民对于"读书即出路"的看法，也因此改变了乡村学校的样态和教师在村落中的社会地位。

对 Q 县做人类学考察，还包括对该地区性别文化的描述。一种文化的存在有深层次原因，与它的历史密切相关，也有它的变化和承传。Q 县的性别文化有些是具有普适性特征的，也有它独特的方面，从而影响着该县数代人民的性别观念和行为方式。Q 县的人口构成主要以满族、汉族为主，起伏变化比较大。清初，为满族居住地域，满族人口占绝大多数。据清光绪十六年（1890）抚宁县人口调查，口外哑叭庄、双山子、杨树窝铺、大部落四堡总人口 12400 人，其中旗人 5570 人，占总人口的 45%。由此可见，此间 Q 县满族、汉族人口构成基本持平。民国以后，基于政治、历史等多种因素，满族人口急剧下降。1959 年，全县人口 312073 人，其中汉族 252610 人，占总人口的 80.95%，满族人口 59418 人，占总人口的 19.04%。1982 年，全国第三次人口普查，全

---

① 在笔者 2013 年 12 月去 Q 县做调研时，发现这座小小的县城公路上往来的全部都是超大型卡车，这种车辆往往外挂起两个甚至三到四个翻斗，几乎每辆大型翻斗卡车都满满被装载，不仅是县城，在乡镇并不宽敞的路上，笔者所经过的地方也随处可见这种沉重奔跑着的大车。

县人口总数 455797 人，其中汉族 375681 人，占总人口的 82.42%，满族 79878 人，占总人口的 17.52%。1985 年，为贯彻落实民族政策，一些迫于民族歧视而改变族属的满族，恢复了本来的民族成分。截至 1990 年，Q 县总人口 518549 人，满族 323545 人，占总人口的 62.40%。在 Q 县境内，除了满族还有朝鲜族、苗族、蒙古族、回族、壮族、侗族和藏族，但在少数民族人口中，满族人口占到 99.73%。

　　由于受到人口构成的影响，该县性别文化也呈现满汉相交织的特征。从汉文化下的家族关系来看，Q 县家族以父系血缘为基础，按五服内外分亲疏。五服之内为近族，有抚养、教育赡养和继承等关系。在近族内也有亲疏之差，男孩继承财产，传宗接代，在长辈面前多得偏爱。女孩因最终要出嫁，地位低于男孩，但在父母眼里又亲于媳妇。媳妇在婆家的等级地位高低，取决于是否生育或是否生男孩。家庭由家长管理，有"家有百口，主事一人"之说，家长在家庭中拥有最高权力和地位，家庭中的经济往来、家务处理往往由家长"一锤定音"。一般家庭的家长由家庭辈分最高的男性或长门长子担任。家庭财产一般为共同创造、共同拥有。在旧时，该县和其他地区一样，家长辞世后，财产由长门长子继承，无长子者，由长孙继承，女儿无继承权。分家时，由同族长辈、舅父作中证人。新中国成立之后，女儿虽然依法有权分得财产，但在 Q 县很多乡村地区多数女性享受不到这个权利。

　　另据笔者深入考察满族历史发现，满族的性别文化又从源头上与汉族有一定差异。首先，来自宗教的影响。萨满教作为满族的原始宗教，女神崇拜是其重要表征，在早期萨满教意识中，萨满均由女性担任。原始宗教与神话同时产生于人类童年时期的原始文化。正如拉法格（Paul Lafargue）所说，"神话是保存关于过去的回忆的宝库"[①]。在进入文明时代后，萨满教的女神崇拜并没有迅速消亡，其文化传统依然存在。其次，早期满族社会中母系氏族特征的遗存。满族社会中有重视女系亲属的传统，女性的地位相对而言还是比较高的，且女性富有反抗精神。根据笔者所查《女真国俗》等书籍的记载发现，早期满族社会中与氏族相联系的可能是某种程度的"母权"，社会

[①] 〔法〕拉法格：《宗教和资本》，王子野译，生活·读书·新知三联书店，1963。

的继嗣也可能是以"母系"为原则而展开。满族有句古老的谚语："即使母系氏族的一个人带着狗皮帽子来，他也是母系氏族的客人。"直到清朝入主中原后，承袭了封建礼制，并把等级尊卑秩序带入家庭领域，家庭的政治位阶才有所改变，但很多家庭仍保持有姑娘受宠爱、尊待的民俗传统。最后，满族先民生活在白山黑水之间，主要从事采集、渔猎等活动，相对于以农耕为主的汉族来说，满族女性参与各种社会活动的程度相对较高。满族的民族性格粗犷豪迈，崇尚勇武，"以武功定天下"，以精骑射著称。所以，满族妇女幼年时同男孩一样学习骑射，这一性别观念特征也是构成满族文化系统的重要因素。

满族进入 Q 县，初时按圈地分界，形成大分散、小聚居情况。其中，青龙河以东，南至三岔口、官场，北至大石岭、木头凳一带多为满族正蓝旗，包括庄园和功勋地；青龙河以西，西至擦岭，南至冷口、草碾，北至张杖子一带，多为内务府汉军正白旗，所圈为一般旗地。之后人口不断繁衍增加，分丁拨户，关内满人出关垦荒，使 Q 县境内遍布人烟，满族也散居全县。汉族多为沿边居住，一部分随满族人而居。

综上所述，Q 县的性别文化相对于汉族地区更具复杂性。笔者在该县做田野的过程中发现，不少村民都跟笔者表明自己的民族身份模糊，有的人称原系满族，民国后改回汉族，也有人称祖上是汉族，80 年代后改为满族。①因此，这一地区既有汉族传统"男性中心"的性别文化，也有满族性别文化的源流。

（二）研究过程

早在 2012 年底，笔者就开始在老家（河北省 Z 市）走访一些当地的老教师，并通过亲友介绍，特别是做过中学教师的母亲、曾是下乡知青并有过短暂村小执教生涯的二伯父，以及人脉广泛做生意的五叔，在附近的县乡寻找到若干已退休和目前在职的教师（见表 3－2）。作为一种预调研，与这些教师的接触和访谈对笔者后期真正的田野研究是非常有帮助的。

---

① 1986 年 12 月，经国务院批准，建立 QL 满族自治县，1987 年实行民族区域自治。据当地一些官员和村民说，当时为了申请民族自治县，达到民族人口占县总人口的规定比例，有相当一批汉族人口转为满族。

表 3 - 2 预研究样本说明

访谈时间	访谈地点	被访者（已编码）	性别	年龄	被访者简况
2012 年 11 月	Z 市区	WFL	女	62 岁	该被访者为笔者母亲，在市属中学担任初中数学教师 33 年，教务主任 7 年，共计教学生涯 40 年，现已经退休在家。
2012 年 12 月	Z 市 Z 县	MXL	女	35 岁	该被访者在 Z 县县城小学教授语文和英语学科，系笔者小学同学，初中毕业后报考中等师范学校，三年毕业后从业至今。
2012 年 12 月	Z 市区	WXY	女	31 岁	该被访者为笔者堂妹，唐山师范学院（中专）毕业后，作为代课教师在幼儿园、小学共有 8 年代课经历，2010 年转正现在该市蒙古营小学任教，教授语文学科至今。
2013 年 1 月	Z 市区	WCJ	男	64 岁	该被访者为笔者二伯父，1968 年初中毕业后上山下乡，至 Z 县海流图公社安海大队张凯年村插队 4 年，曾在张凯年村小学任教半年，现退休在家。
2013 年 2 月	Z 市 C 县	CCP	女	53 岁	该被访者由笔者五叔介绍，1978 年高中毕业后考民办教师，在 C 县石嘴子乡梁户营小学、摆察小学（其任教学校皆为村小）任教，1996 年通过考试转为公办教师。之后调入高家营镇西甸子小学任教至今。

2013 年 12 月 24 ~ 28 日，在博士论文开题之前，笔者跟随"滋根"在 Q 县的负责人老师一起第一次去 Q 县。从北京通往 Q 县的京建高速约三个小时的车程就到了县城。这一次并未真正开始田野工作，而是作为一个"初探"，笔者像一个懵懂的少年，怀揣着忐忑与羞赧第一次掀开这位"女子"的面纱，想要打探她的容貌。不足一周的走访与调研，笔者对 Q 县的教育和教师队伍有了一个大致的了解，借助"滋根"这些年在当地所搜集的资料（文字、数据和图片），对该县"滋根"所帮扶的项目校也有了比较清晰的认识。与此同时，恰巧赶上"滋根"的项目验收工作几近收尾，笔者跟随几位项目负责老师一起走访了一个乡镇（G₂ 乡）。此次与笔者同行的还有一位"滋根"驻北京总部的财务管理，因此，笔者这段时间都随她一同住在县城，这也让笔者有机会对县城两所小学（一小和二小）进行调查，并做了三位教师的访谈。

2014 年 6 月 10 ~ 20 日，笔者第二次来到 Q 县，开始为期 10 天的田野工作。在这 10 天里，笔者调研了县城和 4 个乡镇（Q 镇、G_1 乡、T 乡、C 乡）的若干总校、村小和教学点，共计走访二十余位不同代际、年龄和性别的乡村教师，以及近十位村民。笔者像一个满脑子理想主义的小学生——没有任何工作经验，甚至没有任何乡村生活的体验，也根本不明白乡村工作与生活的艰辛。笔者吃住是跟随"滋根"的工作人员，住在县城，但下乡时便就着老乡们的方便，吃住都毫无讲究。尽管笔者尽量表现出自己是来学习的，是一个"学习者"，但"城市人"、"北师大"、"博士生"这些外壳还是很难脱掉。在最初与乡村教师和村民们的接触中，这种并非故意为之的"优越感"让笔者倍感局促，他们总是在问笔者："我这么说行吗？""我这么讲对不对？"……同时，他们对笔者这个"外来人"的到来也表现出了极大的兴趣。甚至对于笔者这样一个"高学历"女性的读书、成长经历和家庭生活现状都充满了好奇，很多时候笔者的访谈都会因此而中断，但随着笔者的"自我暴露"和"打开"，也渐渐赢得了被访者的信任，并与其建立了友好的关系。笔者的很多段访谈都不是一次完成的，尤其是在结束田野工作返回学校整理资料并开始写作时，才发现诸多的"遗漏"，不得不再次通过电话的方式，对被访者进行第二次、第三次访谈以及重要信息和背景信息的核查与确认，这个工作非常烦琐，但几乎笔者所有的访谈对象都欣然接受，并为了访谈的完整性而帮助笔者收集他们所能找到的资料。记得在访谈鲍氏夫妇结束后，笔者曾向两位问及是否有当年读师范时保留的一些诸如照片、录取通知书之类的资料，两位已年过七旬的老人对视后摇头表示没有，然而次日清晨，笔者还在睡梦中鲍老师就打来电话说昨夜翻箱倒柜找了一整个晚上，找到了当年的毕业证书。笔者倏地清醒过来，未等回复，鲍老师似乎比笔者还兴奋，在电话的另一头喊道："我给你送去！"此次田野，笔者也走进了 Q 县教育局。Q 县的教育局局长曾经是北师大的一名在职硕士研究生，而且还上过导师的课，因此，笔者自以为是地把他认作"师兄"，这位官居高位的师兄为了方便笔者查资料，特地委派了一名工作人员协助，有了这个便利，在教育局核查全县学校和教师资料就方便了很多。往来次数多了，教育局的不少办公人员也跟笔者熟悉起来，甚至愿意听笔者讲论文的构想，帮忙出谋划策。

2014 年 8 月 5 ~ 30 日，笔者第三次来到 Q 县，这一次对该县的县情和教育比较熟悉了，而且经过两番对"读书"与"行路"的思考，研究问题和试图访谈的对象也更加聚焦。在这 20 天的田野中，笔者先后又走了 8 个乡镇（G₂ 乡、L 乡、N 乡、X₁ 乡、X₂ 乡、Z 乡、M 镇、S 镇），共计访谈不同年龄阶段的乡村教师和村民三十余人。在这段时间里，由于还参加了"滋根"组织对该县"种子教师"的培训项目（培训地点在县城的教师进修学校内），作为一名培训教师，对来参加培训的 4 个乡镇的 10 名男女教师进行了集中访谈。笔者的 3 位师弟师妹们给了很大的支持，在有限的时间里，他们根据访谈提纲和笔者一起访谈了 6 位种子教师。除了下乡之外，在县城的时间，笔者大部分用来"泡"县教育局的人事档案室和县档案馆。想要收集近一个世纪的具有统计学意义的乡村教师的数据是不可能的。笔者在下田野之前，雄心勃勃地绘制了若干个统计表，包括 1949～2014 年，然而，到达现场才发现自己的计划是多么不可行。由于战乱、数次社会运动、行政主体的变更及国人对历史统计资料和数据的一向不重视、不愿保存，很多珍贵的史料都已经遗失（或者根本没有记载）。另外，在中国层级治理的压力之下，从地方上传的数据水分之大、可信度之低令人咋舌。这本是基层管理者与多数研究者了然于心的事实，然而，这种"事实"却是残酷的。在研究的过程中，很多次苦于无数据来源，或者来源的不可靠。笔者在该县教育局人事股不分昼夜地翻查当地教师资料，特别是新中国成立初期、改革开放前后的教师档案和统计资料。一位人事股办公人员起先是厌烦与搪塞，但随着时间的推移和笔者的"精诚所至"，这位公务人员在某天终于语重心长地说："妹子，要不你换个题目吧！实在不行，我给你编上几组数据。反正我们每次上报数据都是'三批'。"笔者疑惑地望着他，不解这"三批"的深意。他解释道："第一批是给上级报的，第二批是给下级看的，第三批才是留给自己的。这三批数据有时候相差非常远。你看，我现在就在'编'呢！"顺着他眼神的方向，笔者看到他电脑里绘制的 Excel 表格和他手中持有的一张数据单子，的确，两张相同年份、相同项目的表格，数字却大大不同……类似这种困境在田野中，无论是在教育局还是在档案馆，笔者都遭遇过很多次。这似乎也印证了中国社会历来的"皇天后土，上有政策，下有对策"之弊政。

另一个引发笔者注意的现象是，在 Q 县教育局和档案馆这两个保留历史史料的地方查阅资料时发现，在没有便捷的电子工具之前，凡是手抄版的各种记载虽然破旧，依稀能辨，但这些数据与记录却是翔实可靠的，这在笔者无数次的田野访谈中均得以印证。对于那些较远时代的记载，笔者只需要耐下心来安静查阅和记录；反而到了现代，虽然协助记录的工具有了质的飞跃（电脑、互联网的出现），当便捷被视为轻易，甚至来得轻廉，往往这些数据的真实可靠性就大打了折扣。一次次核查与佐证这些记载的过程，让笔者陷入了"现代性"的恐慌之中。电脑上轻点一个按键就可以录入和抹去一段历史，而作为现代人在享受轻便的物化资源时，不再觉得那是一段厚重的历史，而仅是一个与自己毫无干系的数字或者字符。最初，笔者本以为时间越久远，资料越难以收集与呈现。然而，当吊诡的事实猝不及防地摆在面前，不得不让笔者重新思考：现代性所夹带的那些"真实的谎言"是从何时开始侵袭了我们的生活、我们的学问之路？[①]

　　在田野中，淳朴的乡民和教师给了笔者莫大的帮助，利用中国乡土社会"水波纹"一样一层一层推出去的人际关系网络，笔者访谈了 Q 县教育局局长与若干办公人员、Q 县村落中的数十位乡村教师和当地村民。其中，80 岁以上的教师共计 4 位（年龄最大 87 岁，最小 81 岁），70 岁以上至 80 岁的教师共计 9 位（4 位男性，其中 1 位曾是私塾先生），60 岁以上至 70 岁的教师共计 6 位（两位女性为知青教师），50 岁以上至 60 岁的教师共计 2 位，30 岁以上至 50 岁的教师共计 7 位，30 岁以下的教师共计 4 位。同时，笔者在"走村串巷"中访谈当地村民共计 14 人，访谈对象总共 48 人（含 Q 县教育局局长）。[②]

[①]　必须加以说明的是，在寻找清末民初至新中国成立、"文化大革命"前后这段历史记录时，笔者翻阅了大量史料和相关研究，该县教育局、档案馆的几乎全部可供查阅的书籍、笔记，甚至当地民俗传记，特别是对于日伪（伪满洲国）侵占该县的这段历史，经导师介绍联系到日本九州大学一名专门从事伪满时期女性教育的学者，向其请教。所获之数据全凭本人手写誊抄，多番整理。尽管艰苦，但在之后下乡调研中，很多事实、数据均被村民口述得以证实。因此，笔者才将其呈现于论文研究中。而自 90 年代至今，特别是 1996 年以后，该县教育局开始统一使用电脑等现代化办公工具与软件对该县所辖乡镇村组的数据进行统计，但在笔者核查数据时，却发现存在很大出入。另据笔者查阅其他学者、同人对 Q 县的研究和公开发表的学术与非学术文章之后发现，这些数据与记载差异之大令人瞠目结舌。因而，在后续的论文中，可以看到 90 年代以后的数据笔者并不是按照每年为限进行统计，而是进行了一定的隔断，即数据呈现是以 5~6 年为一个节点。因为本书是以描述趋势为核心，故而做如此处理。另外，本书的所有史料记载与相关数据笔者均进行了反复核查，不仅对数据本身进行了核查，笔者还在做田野过程中将村民口述以及相关文字资料进行比照、核实、佐证之后才用于论文中，这一过程异常艰辛，也使笔者深切体会到做学问不易，做真学问更难！所有记录均作为研究使用，未经笔者同意，不得转载与做其他非研究之用。

[②]　正式研究的被访者样本较大，情况较为复杂，因此，被访者样本信息在论文正文后附录二部分加以说明，这些访谈对象中包含当地教育局工作人员，详见附录二。

中国乡村教师性别结构的变迁

整理录音文字与撰写田野笔记二十余万字。在论文撰写过程中，2014 年 11 月初至 2015 年 2 月中旬，2015 年 3 月中旬至 6 月，笔者因工作需要暂离北京至珠海，为核实原始访谈数据的真实与确实性，在这段时间里，笔者通过电话对若干访谈对象进行了二次甚至三次访谈，电话访谈内容有部分做了记录。

值得一提的是，访谈对象从年近 90 岁的共和国第一代乡村女教师、女校长，到"90 后"扎根乡村的年轻女教师，她们以最大的热情和真诚拥抱了笔者，给笔者提供了很多生动鲜活的资料。特别是那些年逾八旬的老教师，访谈之初，笔者曾有若干负面预设，比如她们片段化的记忆、听力与视力的丧失、表述的零散等。事实上，当她们开口"说话"了，日复一日让她们在持续中麻木的伤痛，那些被密不透风的屏障遮掩的苦难，她们竟然如此清晰在目。① 布迪厄等学者曾专门研究过"世界的苦难"，他们就是从探访无数个普通人的日常生活开始的。通过一个个琐碎卑微的个体的言说，研究者发挥其社会学的想象力，发现了个体的遭遇与更广阔的社会结构之间的复杂关系，并试图以此来超越社会学研究中宏观与微观之间的二元对立。布迪厄等人认为，个人性也即社会性，具有个人性的也是最非个人性的。个体遭遇的困难，看似主观层面的紧张或冲突，但反映的往往是社会世界深层次的结构性矛盾。②

2014 年 10 月 26～29 日，为了再次核实 Q 县所提供的数据及文档资料的可靠性，笔者通过一位已毕业的博士师兄引荐，联系到秦皇岛教育局的杨局长，几经协商后笔者在 10 月末坐高铁抵达秦皇岛，杨局长为笔者配备了人事科科长杨女士，陪伴笔者在教育局核查资料。在翻查数据时，笔者发现从

---

① 例如，笔者在访谈 82 岁乡村女教师高 X 珍时，作为 Q 县第一代公办女教师，高老师在她 28 年的教学生涯中辗转调动 12 所学校，令笔者惊讶的是，高老师能够非常清晰地记得她所调动的每一所学校以及调动的时间。结束访谈之后，笔者试着根据当时笔记和录音整理高老师的"路线图"，竟然丝毫未差。一位 80 多岁的老人对她教书的这段历程记忆如此深刻，这本身就是值得研究的。在新中国需要吸收大量劳动力和"妇女能顶半边天"的年代，高老师扫盲教育、儿童教育"双肩挑"；在政局发生变化时，她又被下放，之后再次不停调动；极贫极恶劣的灾害年代，她独自带着孩子硬是扛了过来；在"文化大革命"混乱的乡村和教育情境下，她敢于率领学生学认字、学算术……高老师的生活社会舞台随着社会结构的变迁不断"放大"与"缩小"，她生命的意义也随着时代发生着变化。

② 〔法〕皮埃尔·布迪厄、〔美〕华康德：《实践与反思——反思社会学导引》，李猛、李康译，中央编译出版社，1998。

县级呈报到市局的有关该县教师各项统计数据是缺乏性别统计的，而且市局保留最早的数据资料也是到 70 年代末。两天多的调研，笔者收集了该市乃至河北省近年来教师队伍建设的各项政策举措，尤其是工资与福利改革的相关政策与执行情况的文本资料，但还是欠缺该县较早的历史数据。即将离别之际，杨局长反而比笔者还心急，送笔者出门后对笔者说："你把你还缺的数据列一张表，发给我和杨科长，我们去县里给你要，你这篇论文很有意义，一定要好好做下去！"满怀志忑回到珠海工作单位一周后，就收到杨科长和县人事股办事员的电子邮件，一封封打开它们时，笔者的眼睛也渐渐湿润了。

为更进一步了解 Q 县近几年新录用教师的师资来源情况，经由母亲介绍她大学时代的同学张教授，现在河北省 K 师范学院任教。2014 年 10 月 30 日一早，笔者就拜访了他，并希望他能够向笔者提供该校近五年来毕业生的性别结构以及与就业相关的内容。在张教授的大力协助之下，笔者收集到该学院从 2009 年到 2012 年毕业生的统计数据。笔者之前在与秦市教育局杨科长聊天时发现，Q 县新录用的教师不仅有来自 K 师范学院的本专科学生，还有相当一部分来自与其邻近城市 T 市的一所省属师范院校，即 T 师范学院。巧合的是笔者的堂妹 1999 年毕业于 T 师范的前身 T 师范专科学校，几经周折才联系到该学院的一位分管学生工作的赵老师，2014 年 10 月 31 日，笔者又奔赴 T 市，在赵老师的支持下，对近年 T 师范学院的毕业生情况做了较为深入的调研。

在以深度访谈和参与式观察为主的田野研究中，为了更进一步熟悉当地的经济社会状况，特别是乡村女性劳动力人口在不同时期的就业情况，笔者借鉴了各地区乡村劳动力就业方面的相关调查，根据 Q 县适龄劳动力人口的实际工作和劳作，编制了《Q 县乡村女性劳动力就业调查问卷》，在该县的 Q 镇、X 镇、M 镇和 X_1 乡、X_2 乡、Z 乡、T 乡、L 乡八个乡镇若干村，共计发放调查问卷 250 份，以配合本次的田野调研工作。[①]

香港学者潘毅曾说，对于大多数的民族志学者来说，田野是一个永远的

---

① 具体问卷见正文后附录四。

迷宫，而迷宫的吸引力往往源自其文化与空间的独特性。① 乡村文化与乡村本身对于笔者而言，正如一座巨大的"迷宫"，在此之前笔者没有任何村落生活的经验，借助导师的课题和研究项目，才得以行走在不同地区的乡村。村落的一切于笔者都是新鲜而奇特的，然而真正开始进入研究之后，笔者最初的热情渐渐冷却下来，倒不是因为进入田野有困难，而是由于受到了后现代理论对田野研究经验的批判，以及在日常生活和资料收集上遭遇的困难和艰辛。Paul Rabinow 对田野研究的后现代批判认为，根本没有所谓的"田野"，因此，即使"在那里"（out there）也不会有所谓中国社会的"真实性"等待我们去认识和理解。而且，认知主体并不是价值中立的，是可以随意创造认知对象的。对笔者来说，此次论文的田野过程，既不是"在那里"的，也不是可以根据人的意愿随意自由地建构出来；恰恰相反，它总是嵌入并存在于一定的历史、政治和社会空间中，它已经成为笔者的一本活教材。

笔者的田野工作（field work）于 2014 年 10 月底正式结束。那个时候，笔者已经在 Q 县交到了很多好朋友。2015 年 1 月，新年钟声刚刚敲响不久，笔者接到当地一个"90 后"年轻女老师的电话，除却寥寥数语互送祝福外，她告诉笔者她要辞职结婚了，因为她的未婚夫希望结婚后她能跟随他一起远赴南方打工赚钱。笔者问她是否想离开村子、离开学校？她沉默不语，但半分钟后她又好似在安慰笔者一般提高了声调说道："或许我们能在广东见到你呢！"她突如其来的兴奋唤醒了笔者对民族志实践的痛苦认识。尝试着对丰富而混乱的人类生活经验进行理解、排序以及重构，这条路永远没有尽头。因为这些经验从本质上就在抗拒着被模式化和同质化。

四 资料的搜集

对田野资料的搜集，笔者采取以下五种方法：口述史、生活史、参与式观察、深度访谈和文献研究。在研究的范式中，这些具体的方法都属于质的研究取向。但本书更愿意相信，各种研究范式并没有本质上的截然对立和不可通约，它们都是接近真实和事实的一种方式。

---

① 潘毅：《中国女工——新兴打工者主体的形成》，任焰译，九州出版社，2011。

　　口述史是本书一种再现历史现场的重要方法。历史学中的个案大多以人物为主，有关社区的个案是比较少的，而关于乡村的个案更少，这是传统历史研究的局限，它很难针对无文献地区开展个案研究。然而，口述史可对此进行弥补。在历史的行进中，由于整个权力结构就像一台巨大的录音机，它倾向于按照自己的意愿去塑造过去，从而忽略了日常的、民众的生活。借助口述史的研究方法，能够发现以往不为人所知，或不为宏观史学所关注的"沉默的大多数"。乡村女教师刚好是一个没有声音的群体，生活在现实世界中，却从未进入过任何的文本，更加没有成为被关注的对象。本书恰恰是要关注这个被忽视的群体，虽然她们是历史上的"无名小卒"，但她们的生命却深深嵌入这个世界，且与之共舞。在口述中，沉默、选择性遗忘等都具有研究意义。

　　生活史（Life History Approach）是个人与社会历史变迁互动的真实体现。Knowles 认为，教师个人的生活史叙述，包括日记、日志以及个人故事，它们绝不简单的只是一种记录，而是个人生命历程与教育历程的回溯，因为它叙述了自己成长的过程，自己受教育、成为教师的过程，它反映了教师的观念与行为是如何建构的这一过程。对于这些个人生活史的描述，笔者会着眼于个体与社会的关联、个人生活与教育经历的关联，在做生活史的访谈时，很有可能会遭遇"无事件境"① 的干扰，难以厘清事件发生的具体时间与逻辑，这是在研究过程中所遇到的难题，如果没有可以追溯的时间，历史叙事将无法进行。虽然时间可能久远模糊，但笔者认为，只要仔细鉴别仍可以确认。"无事件境"其实不仅仅是村民的问题，几乎所有人都会对过去的事件和记忆突然陷入一种无事可忆的困境，因而在研究过程中也无须夸大"无事件境"的影响。②

　　参与式观察是现代人类学研究的主要标志，也是人类学成长过程中必不可

---

① 方慧容：《"无事件境"与生活世界中的"真实"——西村农民土地改革时期社会生活的记忆》，载杨念群主编《空间·记忆·社会转型："新社会史"研究论文精选集》，上海人民出版社，2001。所谓"无事件境"，在这里指的是村民对于过去缺乏明确的时间概念和叙事逻辑，过去为混沌一团的记忆。

② 笔者在 2012 年 11 月 3 日访谈贵州西江苗寨第一位苗族女教师龙×英时，就曾遭遇此"无事件境"，由于该教师 1927 年生，已对过去发生的事件缺乏明确记忆。在对后续口述资料整理时，借其女儿的帮助才精确了她的生平和主要事件的时间与逻辑，而这种情况在乡村访谈时极其频繁，村民记录历史和事件的方式缺乏确切的时间概念，所以，做乡村生活史研究就需要通过"三角佐证"的方式来校对核实才能够获得真切的内容。

少的仪式。① 在研究教育问题时，参与式观察的方法非常重要，它要求研究者融入所研究的情境中，即研究者要成为所研究群体或社区的一部分，试图用"当事人"的眼光来发现和理解问题。它介于一个完全的旁观者和一个极端的参与者之间。一个完全的旁观者要求超越情境，避免成为其中的一员，在不改变任何自然情境下展开观察，不涉及事件的发展和结果，甚至根本不被人意识到有人正在研究他们；一个极端的参与者要求完全融入和体验情境，成为情境和事件中的一份子，人们甚至忽略了其研究者的身份。笔者在 Q 县的田野调查，采取了一种"流动的立场"，视具体情境来决定对事件和群体的参与程度，以图获取真实信息。在大森店村访谈一位女教务主任时，刚好赶上她为村子排练大型文艺演出，她跟笔者讲在排练过程中村里的几个妇女因琐事打架的故事，村干部出面也未能解决问题，村民不愿配合，并就是否在村头挂横幅、挂怎样的横幅等问题向笔者咨询，笔者在提供建议的过程中，获得了许多信息，特别是对乡村女教师获取社区评价和学校评价之间的权衡有了更深的体会，此时，笔者几乎忘却了自己"研究者"身份的存在，而成为一名该乡村社区的普通知识妇女。有时候，笔者会跟随"滋根"的工作人员一起下乡验收工作，听他们之间的谈论，又成为一名完全观察者。正是笔者采取这种"流动的立场"的研究策略，才能够获取更多有价值的信息。

深度访谈作为质的研究方法，在目前社会学中有着重要的地位。众所周知，有些问题是难以通过观察而发现的，只能通过深度访谈才能"聊"出来。所谓"深度访谈"是指半结构式的访谈，Tom Wen Graff 提出了半结构式深度访谈的两个重要特征。第一，它的问题需要事先准备，半结构式的，要在访谈过程进行中不断改进，它是访谈者与被访者双方的共同产物（joint production）；第二，要深入事实内部。深度访谈的实质是对被访者赋予自己的话语意义，以及被访者赋予访谈场景（包括被访者当时的衣着、神情、行动和居家环境）意义的探究。② 如果研究者明了这点，就能以一种积极的态度和

---

① 张济洲：《文化视野下的村落、学校与国家——一个地方社区基础教育变迁的历史人类学考察》，教育科学出版社，2011。
② 杨善华、孙飞宇：《作为意义探究的深度访谈》，《社会学研究》2005 年第 5 期。

立场面对，从这个意义上讲，深度访谈既是资料收集的过程，同时也是研究的过程。对于乡村女教师的研究，笔者把访谈设计成两个部分，即半结构式的和开放式的，分别从原生家庭、求学与从教经历，婚姻与生活经历等几个大维度出发，下设若干子问题。[①] 另外，在访谈过程中，每段访谈都有录音，笔者还采用工作单形式做了一些简单的记录，这些记录可以帮助笔者对不同访谈做初步分析，识别重要信息，还有被访者当时的行为动态与表情等。随着新信息和新见解的出现，访谈提纲和问题也不断地被修正，因此，在预调研和第一次田野之后，笔者对访谈提纲做了修正，包括一些概念和问题，以便更详尽地收集信息，与被访者形成良好的对话互动效果。

伴随田野研究，历史文献的梳理在本书中必不可少。本书的研究时间从清末民国初年至今，年代跨越大，想确定一条主干清晰又不失内容与逻辑的线索十分不易。同时，由于我国社会变迁的深刻性与乡村教育的复杂性，在笔者阅读史料和文献整理过程中，仅通过历史学擅长于事件分析的方法很难厘清头绪。因此，笔者采用结构年代学的方法，并将这种方法贯穿于文献阅读和梳理的整个过程。结构年代学（structural chronology）是一种跨越时间段并在特定时间点上将关注焦点限定在特定的思考的方法。[②] 乡村教育是乡村社会的一部分，也深受国家政权变迁和政策变革的影响，因此，本书根据相关的政策文本和国家、乡村社会变革的重大历史事件为时间点，在若干个重要节点上关注乡村教师的性别结构变化以及乡村女教师的生涯发展和生存样态。这种方法也对笔者选择不同代际的乡村女教师和田野调查本身起到了重要的指导作用。本书阅读的历史文献有：中国近现代史、中国女性教育史、中国共产党革命斗争与社会主义建设史、中国乡村建设与发展史、乡村教育史、地方县志与教育志、义务教育与师范教育史等。

五　资料的整理与分析

英国经验主义科学家 Francis Bacon 指出，对原始资料的处理分三种方法，它们可以分别与蜘蛛、蚂蚁和蜜蜂的工作状况相类比。蜘蛛只从自己肚子里吐

---

① 访谈提纲见正文后附录三。
② 〔美〕丹·克莱门特·劳蒂：《学校教师的社会学研究》，饶从满等译，人民教育出版社，2011。

丝布网，脱离外界的实际情况，不管有无证据，自己一个劲地埋头制造理论。蚂蚁只是收集资料和证据，将其堆积起来，不进行分析，也不建立理论。而蜜蜂既从花园里采集资料，又对这些资料进行消化和加工，酿出蜂蜜。因此，科学研究应采用蜜蜂的方法，即从大量的事实数据（data）中抽象出关于事物本质的知识。质的研究类似于蜜蜂，虽然不一定要进行抽象分析，但对资料的整理和分析的确是在进行加工，它是通过一定的分析方法将资料打散、浓缩、重组的过程。

在进行资料整理时，笔者重新听取录音，并记录逐字稿，再对逐字稿进行三级编码（开放编码、主轴编码、选择编码），在这个基础之上形成笔者的一个编码系统。编码原则如下：访谈的时间（精确到月）、访谈对象信息，即被访者姓名的首字母（大写）缩写、被访者数段访谈的排序号。例如，2014 年 6 月 16 日晚，笔者在 Q 县对鲍某贵老师进行访谈，他的三段访谈内容被论文引用。这三段话的编码分别为：2014 - 06 - BWG - 01；2014 - 06 - BWG - 02；2014 - 06 - BWG - 03。原始资料经过转录和编号之后，按照不同类别，统一进行资料管理。

对数据的分析开始于预调研，并贯穿于访谈（收集资料）的全过程。不少学者认为，在质性研究的数据收集过程中进行数据分析，有助于调整收集数据的焦点，或收集数据中出现的新证据和新方向。因而，在数据收集的过程中，对被访者进行访谈，以及与其进行非正式的日常讨论，对其中出现的评论、主题和方式，笔者都做了记录和备忘，并且，在整理出前几份文本之后，还跟录音进行了对比，以检查其准确性。

第四节　信效度与伦理

一　研究的信度和效度

关于质性研究的信度，很多学者都认为这不是一个必须要回答的问题。只有严谨的量化研究，才具有可重复性和可验证性。然而对于质性研究，在研究时间、地点、场景不变的前提下，研究者改变了，不同人都会做出不同的描述和解释，不同的研究视角、兴趣、策略也会导致研究结果的不同。质性研究并不是一种验证性研究，而更像是探索性研究，体现着研究者的主体性。在田野中，研究者自身的独特性和独立视角以及田野实践的时空性，都会影响研究本身，它不可能像量化研究那样保证同一现象的重复出现。但是，质性研究也讲"信度"，它的可信度要回答的最根本的问题是——研究者如何能够说服读者，让他们相信其所做的研究是值得关注的。[①]

在质性研究中可以通过许多方法提高研究的可信性。最常用的两种方法是由 Lincolon 和 Guba 两位学者提出的同行审视（Peer Debriefing）和参与者检核（Member Checking）。在同行审视中，需邀请一名未参与本书的同行或同事，就研究中未能注意到的分析和解读进行提问。本书请了同门师弟和北京师范大学珠海分校教育学院的一名教授，也是笔者工作单位的同事，请他们就研究方法、理论视角、研究过程和结论进行多次探讨。本书使用的第二种方法是参与者检核，这一过程是让研究中的被访者参与研究的分析过程。本书邀请了曾多次陪伴笔者下乡的"滋根"工作人员常老师（常老师也是本书中的一位被访者），就本文的见解和一些结论，特别是田野发现，笔者跟常老师进行了多次讨论。通过这个过程，加强了研究的整体可信性，大量数据和分析得到了验证。

此外，在研究过程中笔者还通过写反思日记（有手写和录音两种），记录了研究中出现的困惑，做出某种选择的原因，以及如何规避研究局限性的思考和措施。所有的研究都存在一定的意识形态倾向，[②] 完全价值中立和毫无偏见的研究是不存在的，其中的关键是需要研究者认识到这种偏见，并还原形成偏见的过程，若要保持研究的严谨性，整个研究过程就应该充满批判和反思验视。通过反思日记，研究者的个人立场和背景对研究的影响就可以清晰再现了。反思过程其实也是研究者在不断地变换着"局内人"和"局外人"身份的过程。将熟悉的变为陌生，把陌生的变成熟悉。这对研究本身是十分有益的。在身份反复转换过程中，研究者也是在跟自身对话，身份、立场、价值、态度、情绪都交错其中，甚至是遭遇的疑问和困扰，在反思日志中都

①　Lincoln, Y., and Guba, E., "Naturalistic Inquiry," Beverly Hill, CA, Sage Publications, Lnc., *Iowa Engineer*, 1946; "New Society Organizes," *The Iowa Engineer*, 1985, May: 222.

②　Dennis, N., and Lincoln, Y., *Handbook of Qualitative Research*, Thousand Oaks, Sage Publication, 2006.

可以体现。在笔者做调研时，录音笔和笔记本随时带在身边，哪怕瞬时的思考和质疑笔者都记录了下来，光是田野笔记，就记了三大厚本。令笔者苦恼的是，很多时候在田野，笔者几乎没有时间做笔记，由于笔者对乡村日常生活经验的缺乏，比如"认路"这种看似简单的事，笔者能花上一整天的时间来寻访一位住在大山深处的老教师。没有现代化建筑作为地标，乡间的所有小路对笔者而言完全是一样的，笔者比常人用了更多的时间来标记自己走过的山路。每个白天笔者基本都在外出，夜晚才回到县城，这耗尽了笔者大部分精力，而且但凡还有一丝余力，笔者宁可在睡前跟"滋根"一位同住的工作人员聊一会儿当天的发现。① 田野没有周末可言，笔者一般会搭乘上午9 点从县城通往各村镇的车，因此，笔者总挣扎着一大早爬起来，做记录和整理，无法全部记下重要或不应该忘记的细节也是常有的事。笔者的田野笔记有一大部分是根据记忆和录音复述写成的，这也使笔者强烈意识到，民族志学毕竟是一个被书写出来的构造，对丰富的现实世界进行记录、重组、拼接是永无止境的。

研究的效度问题是在探讨研究者在收集、分析数据过程中保持研究的真实性。Turnbull 指出，如果所做研究充分基于现实，充分验证，有严格的理论基础，同时也获得了被访者和参与者的认可，有逻辑并真实地反映了所要研究的现象，这样，从建构主义的视角来看，研究就是具有效度的。② 为了提高本书的效度，笔者试图回答 Turnbull 提出的以下问题。

第一，基于现实。本书首先来源于现实，面对现实。对于所要研究的现象，涵盖了有亲身体验的人的观点和问题。第二，多渠道获取信息，并加以验证。本书的数据来源也是多方面的，不仅仅分代际访谈了多位乡村女教师，也对男教师、村民做了大量访谈，通过"三角佐证"的方式，充分验证了数据。第三，写作研究，检验收集的数据。本书同时也获得了参与者和被访者的认可，对若干

① 为了研究的方便，在这段田野工作期间，"滋根"为我无偿提供了住宿，和我同住的"滋根"是一位在此地工作了三年的女孩张海燕，非常巧合地，她跟我是同乡，所以，我们很快便熟悉起来，她给我提供了很多帮助，并且周末一有空就陪伴我下乡，还帮我整理转录过多段访谈录音。

② Turnbull, S. , "Social Construction Research an Theory Building," *Advances in Developing Human Resources*, 2002: 317 – 334.

被访者都进行了二次、三次的访谈和持续的沟通。研究的过程有逻辑，并真实地反映了所要研究的现象。另外，在研究过程中，笔者也一直不停地追问自己：如何让研究结果以最为真实的形式展现？由于主观的臆断，笔者会犯哪些错误？笔者如何处理那些可能存在不实的信息？等等。对这些问题的追问，贯穿了笔者做田野和论文撰写的整个过程，这也是帮助本书提高其效度的一种方法。

二 研究伦理

现代社会科学研究对伦理方面的关注，肇始于1946年二战刚结束，对人体进行试验的纳粹德国医生被审判之后，制定了《纽伦堡法典》，规定了对人类研究的伦理底线，即受试者必须是绝对自愿，绝对尊重受试者的隐私，力求避免受试者的肉体、精神和尊严受到损伤。[1] 1979年，美国国会通过了《贝尔蒙特报告：保护研究中人体对象的道德伦理准则和指导方针》，更进一步确定了对人类本身的研究应遵守的伦理准则，即尊重个人、善行和公正。[2] 在借鉴医学研究伦理准则的基础上，社会科学建构了自己的伦理规范，即遵循自愿、保密、公正合理和公平回报。[3] Flinder 更是把社会科学质的研究中对伦理问题的描述丰富化，他在1992年提出了关系伦理的概念（Relational Ethics），强调研究必须对被研究者秉持依附、关怀与尊重的态度，并描绘除了自己的社会学研究的伦理框架（见表3-3）。[4]

表3-3 社会科学研究伦理框架

项目	实用主义	道义观	关系观	生态观
邀请研究对象参与 现场工作 撰写报告	1. 知情同意 2. 避免伤害 3. 保密	1. 互惠 2. 避免无礼 3. 公正性	1. 合作 2. 避免勉强 3. 肯定研究对象	1. 文化敏锐 2. 避免疏离 3. 回应式沟通

① 《纽伦堡法典》，2011年11月9日，http://ishare.iask.sina.com.cn/f/19582751.html。
② 《贝尔蒙特报告：保护研究中人体对象的道德伦理准则和指导方针》，2011年11月9日，http://wenku.baidu.com/view/4f4e381714791711cc791758.html。
③ 陈向明：《质的研究方法与社会科学研究》，教育科学出版社，2000。
④ 〔美〕马修·B.迈尔斯等：《质性资料的分析：方法与实践》，张芬芬译，重庆大学出版社，2008。

中国乡村教师性别结构的变迁

在本书中，研究者充分践行了 Flinder 的伦理框架。根据目的性抽样，在访谈每一所乡村学校时，笔者都将研究目的、内容、方式和研究可能产生的意义和价值，对校长和参与笔者研究的老师们做了简要说明，严格秉承自愿原则，特别是对那些年纪比较大的乡村教师，在他（她）们完全同意，并身体条件允许的前提下对其进行访谈。关于录音、拍照均征得了他（她）们的同意，如果他（她）们对录音提出异议，笔者就会改为笔录。有时为了避免被访者的注意力分散，笔者提前把录音调好放在口袋里，但也会与他（她）们做说明。论文中所有图片、照片均由被访者提供，也征求了他（她）们的意见，得以在书中发表。

为了严格践行保密与尊重的基本原则，本书对所在田野的具体地点、县镇、乡村、周边交通网络、地标建筑等均采用了英文字母加以替代。对被访者的姓名、家境情况、社会经营和交往信息等，也做了一些虚化处理。对于访谈和观察场所的选取，除了个别是基于"随机"和"方便"外，更多的是在被访者指定的"安全"地点展开，而且论文中没有涉及任何被访者的"隐私"问题。在接受访谈之前，被访者均知道研究结果的发布仅是笔者本人的博士论文，不会用以商业运作。

在整个田野过程中，笔者只有在 8 月份跟随导师的项目为 Q 县四个乡镇的"种子教师"提供了相关培训，而对于互惠与合作，笔者其实做得很少。在研究中，"滋根"组织，在职和已退休的教师，秦皇岛市教育局、Q 县教育局的领导和工作人员，K 师范学院和 T 师范学院协助笔者调查的老师，以及那些很多笔者都叫不上来名字的村民和孩子们，都对笔者给予了极大的帮助，这种帮助与支持越到后来，让笔者觉得似乎越沉重、越焦虑，因为它让笔者深深地感到作为一名民族志学者，从田野中带走的太多，而回报田野、回报研究对象的却太少太少……

2014 年 6 月，一个很偶然的机会让笔者在 G 村和导师一起遇见了笔者在 Q 县的第一位被访者——一位 75 岁的民办女教师张学某。张老师一生坎坷，当得知我们来访的目的后，她异常兴奋，一直拉着我们的手不肯松开，但当天导师还有其他调研安排，笔者没能完成访谈，张老师把我们送到村口，久久遥望不肯离去。几天后，笔者又再次独自来到 G 村，张老师见笔者又来探访她，极为开心，拉笔者坐在炕头上不停地讲。两个多小时的访谈，老人从读书讲到教书，从做姑娘讲到嫁作人家二房，从对民办教师遭受不公待遇的不满再讲到失望……张老师没有丝毫保留地述说着，她似乎想要把她这一生的苦难都全部讲给笔者听。最后，张老师对笔者说："你来跟我说说话，真好，我这一辈子就陷在农村了，哪儿都走不出去了，这么多年，心里没有什么愉快的地方，今天你来听我说说，我心里舒畅多了。"第二次离别，张老师仍旧是相送许久不忍离去。在返回县城的路上，笔者的头脑几乎是空洞的，这短短两个小时，张老师给笔者展示了她的一生，然而当如此鲜活的故事扑面而来的时候，笔者却不知为何由衷地产生了恐惧。在访谈之前熟记了访谈提纲，并且带着"做研究"的前设，"有知识"的身份和想要去"解读"乡村女教师的目的……这所有的一切都在框着笔者的内心。当被访者一层层"剥开"之后站在笔者的面前，笔者却因能力不足，缺乏勇气和坦诚而深感惶恐。类似这种情况，在田野中发生过很多次。后期写作，笔者一遍一遍地读着原始材料，深深地倾听，但是却又只能去"挑选"和"打捞"那些想要的"资料"（data），不得不把很多生动的生命故事舍弃。

随着研究的不断推进，这种痛楚也在慢慢地转化。作为社会底层群体——乡村女教师，她们的这种"隐藏文本"与"底层政治"本身就是一部史诗。从她们的述说中，笔者逐渐看到了她们正在自己所面临的所有结构与历史的力量之中梳理着自己的紧张和苦难；同时，笔者也看到了她们作为女性，穷其一生都在有意识和无意识之中与父权社会、男权家庭做着反抗。这无数的张力又在城乡不平等、国家民族政权、政府管制、家庭与亲属网络、生产与消费主义等之间交错进行，纵横拉锯，几乎无法被还原为某种单一的对立逻辑，它们在个体与集体（群体）、微观与宏观两个层面同时展开。然而，深陷于数重张力之中的乡村女教师又的确活出了她们自己的"主体经验"，并在与生命的抗争中呼唤出自身的主体地位。笔者摒弃自卑与恐惧，借助研究本身给予笔者的力量，下功夫坦白、真诚、踏实地做一次研究，相信本书得以认识并尝试解释这种复杂性，将是对笔者田野和那些被访者的最大回报！

第二部分

第四章
历史的视野：Q 县女教师的发轫

　　教育的理想意味着塑造人类的一项工程，这是一个作为整体的社会，尤其是它的立法者的唯一和全部的责任。教育的理想意味着国家的权利，有义务塑造国民，指导国民的行为。教育的理想意味着一个管理型社会的概念及其实路。①

　　　　　　　　　　　　　　　　——齐格蒙·鲍曼（Zygmunt Bauman）

　　"牝鸡司晨，惟家之索。"

　　　　　　　　　　　　　　　　　　　　　　　　——《尚书·牧誓》

　　中国现代教育的发轫与清末民族国家政权的建成过程有着密切的联系。19世纪中期，两次鸦片战争导致清政府的政权危机，并由此引发了包括教育在内的诸多社会危机，国家被迫开始接受平权、平等的思想，与此同时也催生了统治阶级对于社会制度的反思，反思的结果之一就是把对女性的关注纳入新国民教育的结构框架之中。"兴女学"在促进女子教育蓬勃发展的同时，也使得一批受教育的女性顺势走上教师的岗位，促成我国近代女教师的发轫。

　　作为新中国成立之后乡村女教师出场的前奏和前史，本章主要对新中国成立前河北省 Q 县社会和教育的变迁以及教师的性别情况进行了考察，并对该县近代以来各类学校中女教师的发端加以详细论述。

---

① 〔英〕齐格蒙·鲍曼：《立法者与阐释者——论现代性、后现代性与知识分子》，洪涛译，上海人民出版社，2000。

第一节　清末民初：新旧教育中的女教师

一　"始招女童"——旧式私塾兴女学

从中国近代大的历史背景和教育方面的改革来看，首先应看到 1840 年前后中国所处的景况。两次鸦片战争的失败导致清政府的政权全面陷入危机，由此引发了包括教育在内的诸多社会危机，昔日的天朝大国，如今内忧外患、千疮百孔，不堪一击，处于上层知识阶层的男性精英们呼吁"救亡图存、强国保种"，然而，何以实现这一愿望，使中华民族脱胎换骨？在检讨中日甲午战争失败并且比对敌我国情时，他们终于发现，中国战败的一个很重要的原因是接近半数的中国妇女没有接受过教育，导致国家积弱积贫，而日本女性接受教育素质极高，于是日本得以富强。

众所周知，中国隋朝始建的科举取士制度对女性一直持排斥态度，且传统儒家思想对女性的要求也以"三从四德"一以贯之，因而在讨论科举考试和日常教与学时，女子并不在其中。① 换言之，中国积弱积贫和日本富国强兵皆与两国女性有否接受教育有关。如梁启超所言："各国之以强兵为意者，亦令国中妇人，一律习体操，以为必如是，然后所生之子，肤革充盈，筋力强壮也。此亦女学堂中一大义也。""东方新兴之国，莫日本若……日本之女学，约分十三科……女学次盛者，其国次强，英、法、德、日本是也。"② 当时还有转译日本华族女校学监下田歌子论中国女学的言论，认为"中国女学不兴，不惟将一国女子尽弃为无用之物，并且累及一国男子皆归于无用之地。以如此之国民而立于今日生存竞争之世界，欲其不败，不可得也"。③

---

① 据《唐六典》卷二"尚书吏部"记载，唐代社会成员有"良民"和"贱民"之别，只有"良民"可以通过科举走上仕途，而"贱民"是不被准许参加科举考试的。唐时"贱民"主要是指官私奴婢、官户（番户）、杂户、工乐户、太常音声人、部曲、客女等处于社会底层的人群。
② 梁启超：《变法通议·论女学》，转引自朱有瓛主编《中国近代学制史料（第一辑·下）》，华东师范大学出版社，1986。
③ 天津张绪口译、湘潭杨度笔述：《日本华族女学校学监下田歌子论兴中国女学事》，载《游学译编》，1902。

　　因此，经历甲午一役后，"兴女学"被中国上层男性知识精英当作"保种"的策略提出，与此同时，以梁启超为代表的维新派人士还对女子应该系统接受教育加以更为深刻的论证。他提出女子接受教育能成为"社会生利者"，进而为富国强兵奠定经济基础。[①] 另外，女子接受教育可以促进女子的"胎教"和"母教"，随之即可孕育出"良种"，以此实现"强国保种"的目的，最终摆脱弱国地位。基于此，"广收女童"就变成了国家民族长治久安的要术，女性进入教育系统接受教育与民族国家的构建就有了合法的联结。正是由于清末民初大力"兴女学"，允许女子进入学堂，才为之后的女性走上教师岗位奠定了一定的基础。

　　综观这一时期的 Q 县，整个初等教育仍以私塾为主。1902 年，Q 县境内仅有官办初级小学堂 3 所，而私塾共 169 所，学生 1100 人，其中女生 97 人；1911 年，该县仍有私塾 100 所，学生 896 人，其中女生 54 人；1933 年，全县剩私塾 6 所，学生 300 人，其中女生 11 人（见图 4 - 1）。至 1935 年旧式私塾彻底退出 Q 县教育系统。在此期间私塾中全部由男性充任"塾师"。

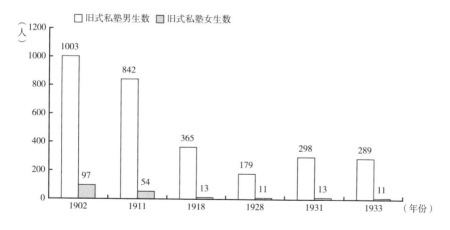

图 4 - 1　Q 县旧式私塾男女学生人数统计（1902～1933）

①　据梁启超言："女子二万万，全属分利，而无一生利者。"梁启超将男性"亦极苦"的原因归罪于女子待养，"今中国之无人不忧贫也，则以一人须养数人也。所以酿成此一人养数人之世界者，其根源非一端，而妇人无业，实为最初之起点。"见梁启超《变法通议·论女学》，转引自朱有瓛主编《中国近代学制史料（第一辑·下）》，华东师范大学出版社，1986。

中国乡村教师性别结构的变迁

　　尽管这一时期中国教育界正在进行着一场声势浩大的女子教育改革，女性开始进入学堂，但对于传统塾师这个职业，一直是由男性所把持，女性毫无机会参与。因为在旧时科举时代，塾师在乡村是一个具有高位阶的群体，人们不仅将塾师（先生）看作子女智识的启蒙者和传授者，更将其视为"道"之代表、"礼"之化身、"德"之典范。与县太爷一样，人们对其社会地位和功用的认识是高度统一且无异议的。此时，在乡村传统塾师这个职业的等级划分上，女性无疑处于最底层。女性无权参与乡村政治生活和教育生活，即使村庄中家境殷实并开明的乡绅把女童送入私塾，也只局限在教其读书认字，陶冶性情，为日后嫁为人妇更好地相夫教子。

　　在笔者调查的 Q 县 G 村杨氏（72 岁）是当地一位秀才的后裔，并在自家的私塾念书，之后也曾教书。从后人的深刻记忆看，当时考中秀才是光宗耀祖之事。正如杨懋春的描述：过去一旦中了旧式的秀才，村民便把此家称为秀才之家；中了举人，人们会在其家门口竖立一个旗杆，这家便被尊为"旗杆之家"——这些都象征着一种社会地位和荣誉。

　　对于杨秀才，其后人回忆道——

　　　　俺太爷他四书五经倒背如流，而且写文章也很好，当时考了第 16 名，光念书就用了他三十多年。他没有口才，当不了官，不得志便在家里设馆教书，建立了私塾。（2014 - 06 - YMS - 01）

　　在科举时代，秀才是最低的功名，但是考中仍不易。秀才作为一种社会功名，是具有一定社会特权的，主要体现在两个方面。第一，秀才须入府州县官学读三年，学习经史和八股，之后可参加举人考试，至会试，有中进士的机会。这便增加了他们的生活机会和社会地位。第二，清代对秀才"免其丁粮，厚以廪膳……一应杂色差徭，均例应优免"。[①] 秀才还享有免杖责、见县官不必跪拜等特权。这些社会礼遇使秀才在乡间完全不同于一般平民百姓，有着一种高高在上的特权，这种特权又会使这些乡间文化人产生自我成就感和满足感，具有一定精神激励的作用。

---

　　① 见《清会典》卷三二"礼部"。

杨氏后人描述——

> 俺太爷民国14年（1925）回家设馆当先生。做先生的资质大多是童生，俺爷是一位老秀才，因为有功名，束脩要比童生塾师多一些，学童也多，一年四节，每节致送大洋三元，若算上节礼，一个学生一年要花14块大洋呢。（2014 - 06 - YMS - 02）

笔者在村子里"走街串巷"与村民攀谈时，该村杨秀才的故事历时百余年，依然被很多年长的村民记得和提起。虽然杨秀才并没有走上仕途，真正实现向上流动，最终退回到乡野成为一名塾师，但他在乡土村落仍有很高的威望，受到乡民尊重，杨秀才在家设馆教学，建立的私塾是该村村民记忆中最早的私塾，它培育了一批批村民。

即便如此，三十余年来Q县没有停止招收女童入学，这也使该县有近200名女性走入私塾读书习字，为Q县其他各类学校的女性师资提供了可能的资源。

二 "创办新学"——女性充任教职

近代以来直至民国时期教育的变迁历程，实际上是一个新式学堂取代旧式私塾、半私塾与书院的过程。1901年，清政府废除了八股取士制度，废弃了记诵的呆板学问，代之以"策论"，1902年正式施行。此后，由于创办新式学堂总被科举功名的诱惑所阻滞，人们将批判的焦点转向了科举制度本身。1905年，在当时很多封疆大臣不断的策动和上书下，科举制终被废除，在中国绵延1300余年的仕宦之途被废弃。

科举制废除之于中国有巨大影响，旧式科举的废除，使得士绅子弟转而进入新式学堂，改变了传统生活与教育的轨迹和模式。在城市社会，新式学堂在人们心目中的地位逐渐改观，成为社会流动的主要阶梯和纽带，在广大乡村，随着国家强意识侵入乡土社会，新式学堂开始创办，并逐渐在政治上取得了合法地位。与此同时，新式学堂比私塾更加倡导女性就学，而且在新式学堂中始见女性教师。

根据笔者考察，Q县境内于清朝末年出现了现代小学校。清光绪二十八年（1902），迁安县辖区的邵庄、七道河（今沙河村）、酰杖子（今属何村无考）

3 个村始建初级小学堂，并在此时招收女生。此为该县境内第一批公立小学。宣统三年（1911），临榆县辖区的干沟、马丈子、钓鱼台（牛角沟村）、牛心山（土胡同村）4 个村建区小学堂，共计招生 242 名学生，其中女生 88 人。至民国元年（1912 年），Q 县境内仅有官办初级小学堂 8 所。民国 7 年（1918），杜汉川创立第一所高等小学即龙王庙（后改为"龙山"）。1931 年都山设治局成立后，该县现代小学校发展较快，至 1933 年底共有高级小学 5 所，初级小学 115 所，培训女生近 1400 人（见图 4 - 2）。正是有越来越多的女童接受现代教育，才为此后女性成为教师提供了可能性。

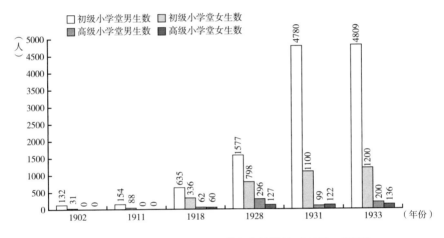

图 4 - 2　Q 县新式学堂男女学生人数统计（1902～1933）

1918 年，Q 县龙王庙高等小学堂开始聘用女性担任学校教师，之后又有几所初级小学堂里相继出现女教师，据考证，是年 Q 县全境初级小学堂和高等小学堂共有 4 名女性教师（初级小学堂共有女性教师 3 名，龙王庙高等小学招收 1 名女性教师）。这是 Q 县最早出现女教师。根据笔者挖掘史料和田野考察发现，这几名女教师均不同程度地接受过新式教育。[①] 与私塾培养大户人家

---

①　笔者在 Q 县做田野调查期间，在当地教育局和档案馆翻阅了大量史料和人物志，并在龙王庙乡调研走访了若干村民，其中一位村民所保留的家族中祖辈的一封手书，记载了家族里一位女性曾在当地小学堂担任教师，据其后人称，这位女性相继在私塾和现代小学堂中接受过教育。由于历经时间久远，笔者对 Q 县最早出现的女教师受教育经历的考察多出自其后人的口述与该县县志和人物志中一些零星的记载。

女童读书习字、陶冶情操、怡情养性，以便出嫁后相夫教子不同，新式学堂招收女童，并在学堂中聘请女学官和女教师是基于对国家强盛、国民健康、女性教育三者存在逻辑关系的普遍认同的基础。至1933年，Q县共有女教师75名，其中初级小学堂女教师数增至70名，高等小学堂女教师5名（见图4-3）。

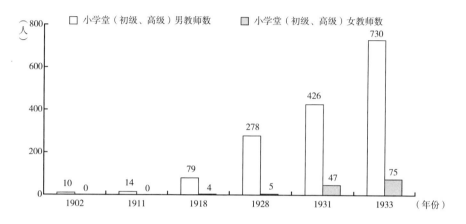

图4-3　Q县新式学堂男女教师人数统计（1902~1933）

三　"教会女学"——传教士对女学女师的关注

与鸦片战争相伴而来的是从19世纪40年代起，西方传教士涌入中国，外来者对中国女性遭遇的"次等"待遇和处境表现出了极大兴趣，这从当时一些传教士所记录的在中国的见闻寄回本国的书信，以及他们撰写的若干对中国女性和女性教育的研究成果中可以体现。① 西方侵略者此时开始对中国的女性教育产生了浓厚兴趣。他们对中国旧时的"男尊女卑"和"女子无才便是德"等陈旧思想观念进行了抨击，并对被殖民的中国女性既无教育可言又处于社会最底层的悲惨命运进行了深刻的描述，积极呼吁废除"缠足"、兴办"女学"等来为中国知识界、教育界进行女子教育理念扫盲，并同时利用教会女学殖民

---

① Jane Hunter, *The Gospel of Gentility*：*American Women Missionaries in Turn-of-Century China*, New Haven and London：Yale University, 1984.

式地培养中国女性。①

　　据笔者考察，早在 1878 年（清光绪四年），美国耶稣教以美会安排传教士达吉瑞、贺庆到毗邻 Q 县的遵化县南关西岔购地近百亩，建立耶稣教堂，三年后竣工。美国人遂以此教堂为基地，在县内各地大肆进行传教活动，并于 1885 年（清光绪十一年）在教堂内建立了汇文小学堂。当时有学生 20 余人，男女同校，主要学习西洋文化，以英语为主，入学者大多是教徒子弟，学生本人也要信奉耶稣教。

　　1900 年 8 月 15 日，八国联军攻陷北京，因遵化有美国教堂被义和团焚烧一事，农历九月十三日，八国联军数百人来遵化与地方政府进行交涉，地方筹银 16 万两，作为赔偿美国以美会教堂和教民的损失。1902～1903 年，南关教堂重建，1903 年 7 月建成可容纳 500 余人的英式礼拜堂和吉瑞堂等一些房屋。建成后教堂领辖的教习有 300 多人，其中女教习 60 多人，接着美国牧师弗克礼又捐款建造了克礼堂，作为学生教室，汇文小学堂 1903 年恢复。

　　1905 年，美国传教士又以基督教会的名义在大杖子村建立了贵贞女子小学堂，正式与汇文小学实行男女分校，即汇文小学招收男学生，贵贞小学招收女学生，是年，该女子学堂共计招收女学生 20 余名，该学校有女教习 8 名，其中美籍女教习 6 人，中国籍女教师 2 人，具体课程教学与学校管理主要由美籍女教习负责，两名中国籍女教师皆为当地教徒，扮演着辅助性角色。1922 年，汇文小学和贵贞女子小学并校，建立遵化汇文中学，此时学生已有大量非信教者，但也要按时做礼拜，其中大多数为两县内富户子弟，有男有女，学习西洋文化。至 1933 年，教会学堂共计招收女生 120 人（见图 4－4）。

　　教会女学的兴起在近代中国有着一定特殊性。一方面，侵略者设置教会女学旨在培养女教徒和男教徒妻女，进而为其侵略服务；另一方面，西方关于科学知识的介绍和新式课堂的教学手段与模式，以及"男女平等"的理念都与当时中国传统的女子教育形成了极大反差。另外，教会女学还有一个特殊性在于承担学校内部管理和教习工作的几乎都是女性，以各国女传教士为主，扮演着西方意识形态的传播者，这些女传教士大多具备女性的独立人格与文化自主

---

　　① 王晓慧：《近代中国女子教育议题论争研究：国家政权建设的视角》，南京师范大学博士学位论文，2012。

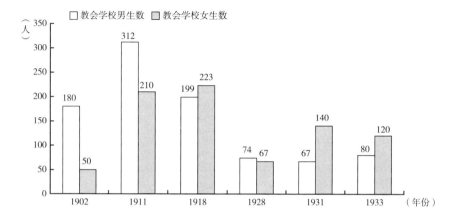

图 4 - 4　Q 县教会学校男女学生人数统计（1902～1933）

意识，在课堂教学中将其传递给学生。作为女性师资，教会女校的女传教士在这一时期的 Q 县扮演了十分重要的角色（见图 4 - 5）。

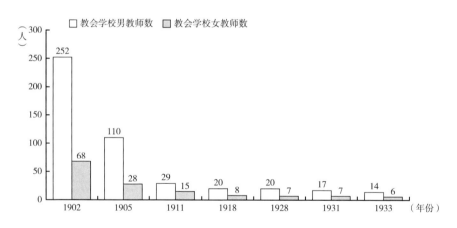

图 4 - 5　Q 县教会学校男女教师人数统计（1902～1933）

四　"母育"到"母师"——家庭教养中女性角色转换

　　女性进入新式学堂担任教师一职，除了国家强意识侵入民间乡土社会，改变了乡村教育的格局之外；不容忽视地，乡土社会本身也在现代性和新型国家政权的侵袭下发生了变化，家庭教养模式发生了根本变革，把女性推到学校教育体系中，女性实现了由私领域的教养功能到公领域的教育功能的转变。

我国乡村传统家庭教养从母系氏族到父系氏族，经三代到春秋战国时期已基本形成了相对稳定的观念和内容。汉朝董氏将孔儒定为一尊后，在中国几千年的历史发展长河中，逐渐形成了在形式上重家风传承、在内容上重家庭伦常、在手段上重榜样垂范的以男性为核心的家庭教养体系。家庭教养不仅在传统教育体系中占据和扮演着重要角色、发挥着重要职能，而且它与中国人的精神追求、村落乃至国家社会秩序的建立和稳定紧密相连，并成为传统政治领域中"以孝治国"的核心基础。晚清以后，随着西方外敌入侵，新型国家政权形式的初建，国人在两性、婚姻、家庭方面的观念亦发生了剧变，乡村家庭的教养方式、内容、手段也随之发生了根本变化。

晚清时期，由于仍旧受到传统儒家思想的影响，村落的家庭教育模式更倾向一种养生模式。在传统农业经济的条件下，村落中的家庭通常都过着日出而作、日落而息的自然生活，在分工上，也通常是男主外、女主内，如果说哪家妇女在决策和决定权上超出了自家男人，则会被认为是"牝鸡司晨"，不守妇道，而该家的男人也会被认为是个懦弱无能的人。在这种思想指导下，Q县很多村落的男性通常依四时节气，春播夏种秋收冬储，而妇女则从事着喂猪、养鸡、做饭、洗衣等工作，子女们随年纪大小而帮助家人做其相当的家务或农活。

对于"教育"，村落中的各个家庭对子女更倾向于一种自然的养育，或者教养。笔者在G村做田野时发现，这种家庭养育的内容主要有四个：第一，基本的求知为学精神。例如，G村张姓一族历来的祖训便是"读书识字，勤俭持家"，认为读书才是正道，读书出来再谋职业是让人尊重的。第二，基本强健身体的知识与能力。由于该村基本是满族户，各家族对子裔后代的身体强健都比较重视，张姓老人忆起儿时家里男性长辈会在每个日出日落在院子里习武。在老村的古戏楼前，还会有一些年轻人不时练习棍棒（见图4-6）。第三，基本的家庭伦常关系。由于多代同堂居住，其间的人际关系比较复杂，这一时期，家庭伦常教育是该村家庭教养的重要内容之一，而这又是从家庭基本的衣食住行开始的，子女很小时便在诸如称呼、吃饭落座等方面受到传统的规范。第四，基本的家务、农作能力。传统农业文明以居家劳作为基要，这一时期，G村家庭教养十分注重对子女基本生活能力与劳动能力的培养。通常而言，子女很小时就会帮助家里做一些基本家务，一方面是为了培养子女自食其力的能力，另一方面也是使其从小养成勤俭持家的品格。

在这种自然天成的村落家庭教养中，通常教养的主要承担者是父亲。尽管母亲在生活中也会潜移默化地对子女的成长产生影响，但在形式上，由于传统家庭两性地位的父权制和男权化，教养子女的责任通常都由父亲来承担和实施，所谓"子不教、父之过"。这一时期，G村在家庭养育形式上基本呈现"母育父教"的格局。母育以养护为主，以柔缓为本；父教以规训为主，以严刚为本。据该村张氏（74岁）回忆——

图4-6　Q县三岔口村古戏楼

注：据年老的男性村民讲述，儿时均有在此玩耍习武的经历。

> 小时候在私塾也念书，庙里（私塾）只管教"四书五经"，其他的就不管教了。我们弟兄四个还有一个小妹子，散了学回家参都会给我们分配活儿，娘也听俺参的，男的就跟着他下地，妹跟着娘学生火做饭。参很少管妹，顶多叫娘教她缝补、针线活，俺妹年纪小身子懒，娘会骂她长大了没人要，参就只狠狠瞪上几眼，不多话。但参对我们兄弟几个就不同了，参教我们农活，有时候比先生还厉害，做不好不给饭吃，重的就挨打。娘有时候心疼，但是插不上嘴，参生气了谁都拦不住他，娘要是护着我们，他连娘也骂。所以，我们宁可挨着（打骂）也不敢说话。他经常跟我们说：俺让先生教你们念书，当然希望你们有出息，能够考个啥的，不过，如果你们实在考不取，至少也得学会做人做事，懂得规矩，有德行。将来成家立业了，你们也得这么教你们的娃子。（2014-06-ZYL-01）
>
> 参教我们不像庙堂的先生，没那么多规矩和讲究。比如说他教我们农活，他很少讲怎么种、怎么收，哪样的种子不能下地，哪样的天气时令好……他都不讲，也讲不清楚，或许俺们爷爷也是这样教他的——只要跟着做就行

了。不像现在的书本上，一条一条地写着，现在的娃娃，你给他写了，他也不会干。俺们那会儿就跟着爹下地，看着看着，做着做着，不懂了再问，也就这样慢慢地学，啥农活都学会了。（2014 - 06 - ZYL - 02）

从传统的村落家庭教养中，不仅可以看到男、女两性在家庭的地位，也可以发现当时教育所带有的为私的特性，即它不是为政治、为经济，也并不完全为国家培养所谓精英人才，教育成为受教育者个人和家庭的一种自然的行为，而且传统的家庭和家族文化氛围浓重，因此，这种养生的教育并不需要对智育（或知育）特别关心。①

传统农业家庭，"教育"的最初开拓者一直是父家长。父亲是头，是舵手，父亲热衷于在家庭中对子女，特别是男性孩童的教育，不仅会教其做事，也会教其为人。但是，到了近代，国家成了教育的主宰，国家以新学，即公教育的形式介入进来，成为教育的主宰。"教育"成为所有谋求现代性国家的共同理想。清末以来，随着现代学校的建立，国家权力已经开始进入乡村教育，自20世纪之初就开始的国家权力的渗透和扩张，逐渐改变了传统国家与地方社会较为松散的关系，政府通过推出一系列政治、经济和文化教育改造运动，以使国家权力进入村落。

本质上讲，一种为公的教育和一种以家庭进行的私教育之间此时开始产生了冲突。国家介入了个人的成长事业，也渗透到家庭的内部。由于国家的介入，家庭这一教育单位发生了管理主体的换位。母亲替换父亲成了教育的"舵手"，但是这个舵手却表现的仅仅是对新式学校俯首听命，送孩子进学堂，让孩子通过接受新式教育取得更高成就。

此前，村落中人们对性别、长幼阶序化的严格界定逐渐被打破，它促使年轻人开始摆脱父权的控制，体现父辈与子女平等、夫妻平等为内容的家庭格局日益取代父家长的绝对支配权，继而，在所有家庭关系中，夫妻关系的重要性日益凸显。传统父子关系中"父"的地位下降与夫妻关系中"妻"的地位提升，促进了父子关系为轴心的旧式大家庭解体，向以夫妻关系为轴心的家庭关系模式转变。家庭生活中父母角色的转换，从某种意义上说，决定了教育的走向。

---

① 贺晓星：《作为方法的家庭：教育研究的新视角》，《教育学术月刊》2014年第1期。

新式教育不仅给女性提供了进入学堂的机会，也把母亲推上了家庭教育的前台。在父亲掌舵家庭教养的时代，家庭对子女的教育更有主体性和主动性。而国家接管教育后，以公教育的形式成为新一代孩童教育的主宰，如此一来，本来在教育中说了算的父亲就"失业"了。取而代之的是对新式教育顺从并助推的母亲，从父亲手中接管了子女教育的重担。

在G村张氏家做访谈时，遇到张氏小儿子张某（33岁）和媳妇陈某（31岁），以及他们第二个孩子张小某（男，12岁）。在祖孙三代谈到他们各自的教育问题时，张氏、儿子和张小某的看法存在明显差异。

> 小的时候俺爹教我们，俺们长大了就教儿子。我也是到了后半辈子才明白了俺爹的一些想法，你们别小看我们在田里干的这些事。以前俺爹都是一边做一边教，而且也会偶尔给我们讲做人做事的道理，话不多，小的时候不懂事，也不见得都能听懂，但心里是有的。好多爹说过的话现在就明白了。（2014 – 06 – ZYL – 03）
>
> 我爸在我念书时候也教我，不过教得少，都是我妈送我上学校，开家长会啥的也是我妈去。我爸念的那些老师也不教，数学自然啥的，他也不会，后来我就不爱让他教了，他都讲他那些古的（旧的知识），我们学校根本用不上。我也跟我爸下地，但比较少，学校每天都上课。我们那会儿念书就是为了不种地，所以哪儿还跟他学种地啊！我妈希望我念了书能出息了走出农村，所以我念书的事儿她比我爸上心。虽然她没识几个字，但她总爱跟着老师一块儿管我，监督我。（2014 – 08 – ZSN – 01）
>
> 我现在都是我妈妈管，我上补习班也是我妈盯着，每个星期六和星期天补数学和英语。我爸妈想我中学能到县城里去念，所以六年级这一年我妈盯得我可死了。每天晚上默写生字、检查作业都是我妈，她有时候也能教我写作业，我妈是初中毕业，她教得比我们老师还好呢。我爸平时忙跑车（跑运输），没时间管我学校的事，他也不爱管，说这是我妈的"活儿"。我们学校里的同学基本上都是妈管（家），爸只管挣钱，我爸给我开过一次家长会，他都睡着了，老师后来毛了（发火了），跟我说再别让我爸来开会了。（2014 – 08 – ZXX – 01）
>
> 我看我那儿媳妇教我孙子，挺上心的，但我有些不（认）同，全都

是跟着学校里的教，都是讲的书本上的（知识），我孙子十二三岁了，挺大一个孩子了，家里啥事也不会做，不指望他下地了，连个起码的规矩都不懂，没大没小的。唉，主要是没人教他这些，他爹不管，他娘也只会教算术背课文啥的。（2014 - 06 - ZYL - 04）

从张氏祖孙三代家庭教育中父母角色的转换可以看出，在父家长制的家庭中，"教"与"养"同等重要，这里的"养"就是除了智育（知育）之外的其他包括德行、身体与伦常礼数，这些都是家庭教育的一部分，也是旧式传统教育的精神内核。而国家从父亲手中接管了子女的教育后，新式教育更推崇母亲的辅佐。新式教育精确的作息时间和课业规划，使得子女没有机会与父亲下地劳作，如同现代教育一样，"现代母亲"的角色登场，改变了村落家庭教育的模式。母亲对现代学校抱有更深厚的感情，更加听信它能够改变自己孩子的命运，送孩子去补习，让孩子更加拼命地学现代性知识。现代教育比起父亲，似乎也更亲近于母亲。村落中传统的"养身"教育，渐次被国家所大力推行的"养知（智）"教育取代，女性在家庭教育中的角色也由"母育"逐渐变成为"母师"。

女性在家庭教育中角色的转变，由"育"的功能逐渐变成"师"的功能，为乡村女性最终走入公共教育领域奠定了伦理基础，也为女性承担现代学校教育提供了合理性。

五　伪满洲国时期的女教师

民国 21 年（1932）日本侵略军占领县境，废都山设治局，建 Q 县，驻地大杖子，属伪"满洲国"热河省辖。1934 年，全县有官办小学 120 所（其中高小 5 所），教师 717 名，其中女教师 42 名。1938 年，伪满实行新学制，初级小学改称国民学校、国民学舍，高级小学校改称国民优级学校，废止了私塾和私立小学，教会学校亦不复存在。

Q 县的中学教育也肇始于这个时期，民国 30 年（1941），当时学校名称为"Q 县农业国民高等学校"，学制为四年一贯制，具有职业教育内容和性质，共计 5 名教师，全部为男性。从数量上看，这一时期该县中小学男性教师明显占优（见表 4 - 1），女教师数量虽少但在 1941 年以后呈现出平稳上升的趋势（见图 4 - 7）。

表4-1　1934~1945年伪"满洲国"时期Q县中小学教师数

单位：人

年份	教师总数	小学			中学		
		初小	高小	其中女	初中	高中	其中女
1934	717	695	22	42	0	0	0
1935	319	299	20	16	0	0	0
1937	266	220	46	20	0	0	0
1939	323	282	41	27	0	0	0
1941	274	229	40	21	5	0	0
1943	340	290	40	28	10	0	0
1945	334	280	40	28	14	0	0

资料来源：根据Q县县志（1997年版）及Q县档案馆所查阅的相关资料整理分析得出。

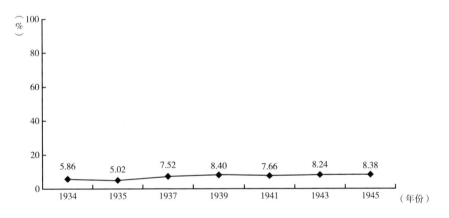

图4-7　1934~1945年Q县中小学女教师占比

　　然而，在伪"满洲国"时期，却是我国女性主体意识蒙眬显现的时期。处于新旧过渡时期的伪"满洲国"女性，对于"五四"时期批判的封建伦理道德有了一定体认，在新秩序构建过程及战乱的冲击下，民族性和个体意识逐渐萌芽。

　　为了长久侵占中国东北地区，把占领地完全变为其领土，日伪决定对"东北（'满洲国'）民众，令其遵守日本法令，施以皇民化教育"。[①] 日伪在1934年颁布了新的"省官制"，重新设置伪奉天、吉林、龙江、热河等10省。Q县隶属热河省，是日伪比较早实施"奴化教育"的区域，殖民化程度也较高。在各种

_____

①　辽宁省档案馆编《溥仪私藏伪满秘档》，档案出版社，1990。

政治势力彼此斗争、相互交织的复杂局面下，居留在伪"满洲国"占总人口近半数的妇女成为各种政治势力争夺和关注的对象。伪满当局对妇女采取控制和诱导的政策，呈现出殖民地意识形态。日伪当局既束缚妇女的思想和行为，使其变成殖民地的顺民；另一方面也诱导她们发挥对战争和经济的支持作用，为殖民地建设做出贡献。国家责任与"贤妻良母"主义的女性观相互交织，成为殖民地妇女意识形态的主要内涵。这些政策和措施在某种程度上又间接地促进了 Q 县女性比其他地区的女性更早地接受教育和获得公共职业，并且发展其独立的女性意识。

笔者在 Q 县 S 村访谈村民王氏（86 岁），他的父母（均已去世）都曾在 S 村初小任教。据王氏回忆，其母亲就是经日伪动员并培训后在当地教书，直至 50 年代初（见图 4 - 8、图 4 - 9）。

图 4 - 8　Q 县山上的"大满洲国"标志

注：该图是笔者在 Q 县调研时从村民王氏收藏的画报中翻拍下来。

图 4 - 9　日军在学校举行升旗仪式

注：经王氏同意，笔者翻拍下来。

俺们村日本鬼子来得算是比较早的，村子被占领了不多时（不久）就开始搞（整顿）学校了。村里识字的人都拉过去，男男女女，我记得那会子（那时）我八九岁，记事了。俺娘念过几年书，也被带过去，开始不知道要干啥，（娘）哭得啊，后来弄明白了是要去培训。学校每天上课前都举行朝会，先唱日语歌升日本国旗，然后升伪满国旗唱（伪满）国歌，每周还有周会教日语、满语，俺娘就被拉去训练了十来天，后来就让她教小学堂了，日本人给发钱，还是每天结的。娘那段时间可高兴了，天天跟爹一块儿去（学校上课）。虽然说起来是给日本人干活，但能补贴家里，也能给村里的娃娃们上课，像个文化人。日本人把村里半大（适龄）的娃们都轰着去他们办的小学校里，让学习，学日本话，以前村里不少女娃子家里是不让她们出门的，现在都被日本人撵着去学堂了。俺娘还教了我半年呢，她觉得可自在（自豪）了。(2014-08-WXF-01)

从清末至民国年间这段历史时期来看，以Q县为例，有四类学校即旧式私塾私学、新式学堂、教会学校和伪满洲学校在该县办学，招收女学生，这些早年受教育的女学生就为乡村出现女教师孕育了可能性。而最早的女教师出现在新式学堂中，除旧式私塾之外，其他类型的学校中也相继出现了数量极少的女教师，她们即是Q县女教师的发端。

第二节 新中国成立前：战乱中的女教师

一 抗战时期的师范教育与教师

1931年9月18日，日本在沈阳发动"九一八事变"，以武力侵占我国东北地区。次年，设置傀儡政权"伪满洲国"。直至1945年8月抗日战争胜利，日本在东北实施了14年殖民统治。

与辽宁省南部接壤的Q县于1933年遭日军袭击，3月，日军飞机轰炸双山子，4月，长城抗战开始，日本关东军攻打冷口，国民党军队抵抗，5天后冷口失陷。是年8月11日，"伪满洲国"建立Q县，县域包括都山设治局全境、临榆县长城外地区。1935年又将平泉县属的宽城等地划入，12月，"伪满洲国"公布《暂行保甲法》，在Q县内建立村、甲、牌制度，并在此地驻军。

1933年3月，伪县公署建立乡村师范学校，Q县的师范教育始于该年。9月，伪满Q县为次年兴办小学教育，特举办了为期4个月的教师讲习所，培训教员60名。1937年，伪县公署又在大杖子治城高级小学内附设简易师范，亦即乡村师范班，学制1年，毕业两届共计80人，1939年停办。1941年，在龙山国民优级学校设师道补习科，招收国民优级毕业生，学制2年，每届1个班共40人，至1945年8月，共有3届毕业生。1944年，在大杖子国民优级学校设师道训练所，培训在职教师，每期 1 个班，学期为 6 个月。

伪"满洲国"建立初期，由于日伪对东北的控制尚未稳固，不得不沿用当时东北地区原有的师范教育体制，然而，随着其对东北统治的加强，1937年 5 月伪"满洲国"颁布"新学制"①，并规定从次年（1938）起实施，增加了"师道与职业教育"两个部门，新学制把原来的师范教育改称为师道教育，并对原有的师范教育进行了较大力度的改制，将师范学校改名为师道学校，招收国民高等学校第三年修业生。师道学校内设特修科，招收国民优级学校卒业者或者是年满 14 岁以上同等学历者。

为了使沦陷区人民受制于日伪统治，日伪当局注重通过教育来强化他们对"满洲国"的认同，在奴化教育总方针指导下，也宣扬在"满洲国"、"女性和男性同为国民"的思想。②日伪政府提倡兴办女子师范教育，将原女子师范学校改名为女子国民高等师范学校，附设师道科，招收国民高等学校毕业者，修业为一年。

据笔者考察，在 Q 县，伪满政府当时并没有特别设立女子高等师范师道科，但在 1933 年兴办的"教师讲习所"和 1937 年兴办的"乡村师范班"中，均专门招收女学生和女教师进行培训，而且在笔者田野调查中，当地村民也证实日伪的宣传政策里有大力倡导妇女就学的言论。以龙山国民优级学校师道补习科为例，从 1941 年至 1945 年 8 月招收了 3 届学生共计 120人，其中女生 48 名，占全体学生的 40%。据考，新中国成立初期，Q 县中小学女教师群体中有近七成接受过日伪时期的女子师范教育和有关培训。③日本非常重视占领区妇女在侵略战争中的劳动力价值，通过在这些地区实

---

① 日伪当局"新学制"规定将学校教育分为初等、中等、高等教育三个阶段，师道与职业教育二部门。其中，初等教育修业年限为 6 年，将从前的初级小学改名为国民小学，修业年限为 4 年，高级小学改为国民优级学校，修业年限为 2 年。中等教育方面，由原来初中、高中分段的普通中学改名为国民高等学校，修业年限为 4 年。高等教育由原来的 4 年改为3 年。

② 朱湘云：《大东亚战争与妇女应有的认识》，《盛京时报·妇女周刊》1942 年 1 月 1 日。

③ 这一数据并不确切，它是由笔者在 Q 县教育局档案室翻查该县最早一批女教师的个人档案，通过推算得出。由于时间久，档案保存不完整，而且不少高龄女教师档案已经遗失或因其离世而清除，笔者通过现有记录以及官方对日据时代女子师范教育的统计资料推算，日伪当局为该县女教师师资的培养起到了一定作用。这一结论在后续笔者田野调查中也有所佐证。

施女子师范教育，培养女性师资，进而达到其对整个占领区妇女教育和改造的目的。[①]

二 恢复时期的教育与教师

1945年8月15日，日本宣布无条件投降。次日，Q县的日本军政人员撤走，Q县解放。至日本侵略军投降时，Q县有小学236所，教师334人，中学1所，教师14人。此间，教师学历最高为师道本科毕业（相当于现在的中师，职称为教谕），师道特修科毕业（相当于现在的初师，职称为教导），后期的师道补习科毕业或者高校毕业程度经过短期培训者为助理教师（职称为教辅）。如1940年，教师总数为287人，其中教谕68人，教导175人，教辅44人。

新中国成立后，人民政府立即着手恢复兴办教育，一方面选拔动员表现较好的原有教师，另一方面选拔新中国成立前后新毕业的高校毕业生，进行短期培训，分配任教。1946年，Q县建小学校256所，其中高小11所（是年年末，白枣山高小停办），教师共344人，其中女教师24人（见表4-2）。

表4-2 新中国成立前Q县小学基本情况

单位：所，人

时间	学校数	学生数	教师总数 （含初小和高小）	其中女
1945年8月	236	16947	334	28
1946年底	256	11312	344	24

---

① 笔者认为日本对沦陷区妇女的教育目的包括三点：首先，培养一批具有劳动精神、劳动体格和劳动技能的妇女，用以进行经济生产支援战争，即强调技艺、体育，以及劳作教育。由于这一时期日本在我国东北的侵略重点由建立和巩固殖民秩序向配合扩大侵华战争的经济掠夺转变，这一转变就要求殖民教育迅速做出回应。因此，除了师范教育之外，日伪政府还提出"实用主义"的口号，大力兴办农职教育。1939年春，伪满热河省在Q县始建农业学校，招收高小毕业生，学制2年，共招生2届，2个班，80人。1941年建立农业国民高等学校，学制4年，每期招生1个班，45人。至1945年，共计招生5届，毕业1届。据笔者考察，在这些农职学校中也不乏当地的妇女。其次，为了培养服务家庭的妇女，即"女子受了教育，可以帮助社会做男子所做不到的事情，就是改良家庭，她们能教授子女，为社会建一个好的基础，改良家庭就是改良社会的起点"。最后，同化殖民地妇女，通过将日语、宗教、文化、意识形态等施加于教育的内容，使其安于劳作并倾心于日本帝国主义的统治。

中国乡村教师性别结构的变迁

时间	学校数	学生数	教师总数 （含初小和高小）	其中女
1947 年底	220	14718	277	22
1948 年底	298	15860	346	26
1949 年 6 月	342	16926	400	24

资料来源：根据 Q 县县志（1997 年版）及 Q 县档案馆所查阅的相关资料整理分析得出。

1945～1949 年新中国成立前，Q 县经历了战乱、剿匪①、文化反奸运动②、土改③、以及粮荒灾荒④，很多学校被迫停课整顿，或勉强维持，但这段时间 Q 县中小学一直存在女教师。1946 年入秋以后，县政府发动农民兴办冬学，开始全县域内的成人扫盲教育。至次年 1 月，共办冬学 147 处，参加扫盲学习的农民 5929 人，扫盲教师 175 人（其中女教师 20 人）。至 1949 年新中国成立之前，Q 县分夏、冬两季办识字班，成人扫盲教育初具规模，共有男子扫盲班 350 个，妇女扫盲班 680 个，学员达 35075 人。笔者查阅当时史料发现，不少女教师同时承担了这些成人扫盲班的扫盲教师工作。

以 Q 县为例，由于正在建构的国家还不可能为女性提供稳定的经济生产职位，而女性在家庭内部从事的劳动一直被视为"私领域"劳动，不具备社

---

① 1946 年 8 月 28 日，国民党军队 53 师、160 师、161 师由东北开赴华北，途经 Q 县，是日晚，王营子村宋绍久（原为伪 Q 县警察署便衣特务，新中国成立后摇身一变，当了肖营子中心村民兵中队长）组织民兵叛变，杀害区、村干部和群众 8 人，9 月 4 日被八路军独立四团和县支队击溃。宋绍久等叛乱头目逃亡平泉，投靠了国民党军队，这次叛乱在 Q 县史称"王营子小事变"。1946 年底，为避匪患，县政府驻地迁到双山子，12 月末统计，当年歼灭土匪 5 股，慑降 270 多人，处决 5 人。

② 1947 年 8 月，全县开展"文化反奸运动"，清查国民党在解放区秘密发展的国民党人员和三青团人员。运动从教育界开始，扩展到党政部门，许多人被关押审查，除少数被处决之外，其余均戴着"国民党人员"的帽子回原学校继续工作。经过多次内查外调，这次运动纯系假案错案，1978～1979 年全部平反。

③ 1947 年 10 月，中共 Q 县县委在双山子召开全县干部会议，传达贯彻中共中央颁布的《中国土地法大纲》，部署土地改革运动；11 月，土地改革运动普遍展开。

④ 1949 年 6 月，Q 县全县大部分地区发生虫、风、雹、水灾害，出现灾民逃荒现象。7 月，白家店、汤杖子、柳树行等村连续发生疟疾、痢疾、伤寒等病。8 月初至中旬，全县连降暴雨，山洪暴发、河水横溢，冲毁房屋 13148 间，耕地 72908 亩，113 人被洪水冲走。县政府机关所在地双山子街被冲毁。9 月，政府机关陆续迁到大杖子。

会公共劳动的性质和价值，大部分的乡村女教师仍旧在"教师职业"和"贤妻良母"之间踯躅，但她们已逐渐开始背负起家国"生育、生计、生产"的三重职能，并为家国建设做出巨大贡献。

第三节　本章小结

众所周知，我国从隋朝始建的科举取士制度对女性就一直持排斥态度，在讨论科举考试和日常教育教学时，女子并不在其中，更不要提及为"师"。对于传统"塾师"这个职业，一直由男性所把持，女性毫无机会参与。如若考察女性何时、何以为师的这个历史过程，就需从近代女子开始进学堂、受教育这一事实着手。

19世纪中期，战争导致清政府的政权危机，并由此引发诸多社会危机，清政府统治者被迫接受平权、平等的思想，统治阶级乃至社会民众纷纷思考救亡图存的道路，引发了统治阶级对女子教育的关注，他们逐渐意识到以"强国保种"为目的的女子教育的紧迫性。

以河北省Q县为个案县，笔者考察了该县近代的教育，发现旧式私塾、私学、新式学堂、教会学校和伪"满洲国"时期兴办的学校，均不同程度地招收女学生，这些受过教育的女学生为Q县之后出现女教师孕育了可能性。1918年，以龙王庙高等小学堂为首的新式学堂中开始有女性教师，这是Q县最早的一批女教师。除旧式私塾之外，教会学校和伪满当局兴办的各类学校中也已聘用女性出任教师一职。

与此同时，我们要看到，女性进入新式学堂担任教师一职，乡土社会本身也在现代性和新型国家政权的侵袭下发生了变化，家庭教养模式发生了根本变革，把女性推到学校教育体系，女性实现了由私领域的教养功能到公领域的教育功能的转变。

1933年，伪满政府开始在Q县建立乡村师范学校和一些教师讲习所，培训教师。日本非常重视占领区妇女的劳动力价值，通过实施女子师范教育，培养女性师资，进而达到对整个占领区妇女教育和改造的目的。因此，在伪满政府兴办的各类师资培训学校里，女性占有相当的比例。据笔者考察，Q县在新中国成立初期，该县中小学女教师中有近七成接受过日伪当局的教育和培训。

中国乡村教师性别结构的变迁

1945 年，Q 县解放，人民政府立即着手恢复教育，重新整顿与配置教师。至 1949 年新中国成立之前，经历了战乱、剿匪、文化反奸运动、土改以及灾荒粮荒，该县学校教育受到冲击，但这段时间里女教师一直存在，她们为家国的建设做出了巨大的贡献。

第五章
Q 县教师性别结构变迁（上）

　　1949 年中华人民共和国诞生之后，在中国共产党的领导下，新中国开始了现代化进程的崭新阶段。从新中国成立到改革开放前后这段历史时期，学术界一般称之为集体主义或集体化改造时期。这一时期又分为两个阶段：第一个阶段是社会主义革命时期，也即过渡时期的社会主义改造过程，它是第一次集体化过程；第二个阶段是计划经济体制下的社会主义建设时期，它始于"大跃进"、人民公社化运动，这是第二次集体化过程。在乡村，通过土地革命、合作社、人民公社运动的深入开展，国家对农民的生产和生活方式完成了社会主义改造。①

　　新中国成立之初，国家将发展的重心逐步放在重工业上，进入工业化发展的状态极为迫切，然而面对工业基础极其薄弱的局面，国家仍需农业为工业化积累原始资本，这就导致在财政上新中国实行"中央集权为主，适当分权"的管理体制，并从 20 世纪 50 年代后期开始实施户籍管理制度，城乡二元分离，形成封闭性单位，生产要素的流动受到了严格控制。

　　在乡村教育方面，面对"穷国办大教育"的事实，国家实行了行政分权的措施，乡村办学的责任基本落在了公社和地方政府层面。大力发动群众实施教育与生产劳动密切结合是这一时期乡村教育的主要特征。

　　本章以河北省 Q 县为个案县，主要论述集体化时期（1949～1978）该县乡村教育与乡村教师性别变化的情况。

---

① 王国明：《社会变迁中的农村教师更迭研究》，北京师范大学博士学位论文，2014。

第一节　社会主义革命与改造时期的
教师性别结构变化

一　"平权平等"——性别平等的乡村教育

1949 年新中国成立之后，全国各省（自治区、直辖市）、市、县、乡人民政府相继创建。至 1951 年 9 月，中国共产党在全国基本确立了从中央到地方的一系列政权机构。在政权性质上，共产党用"人民民主专政"取代了中华苏维埃共和国时期的"无产阶级专政"，提出建立"工人阶级领导的、以工农联盟为基础的、团结各民主阶级和国内各民族的人民民主专政"的国家新政权。在全国范围内开始推行执政纲领和政治理想时，凭借政权的优势，它赋予了女性与男性同等公民的属性。正如波兰学者凯琳·托马拉在其《妇女在中国社会中的地位》一书中所言：在相当长的时间内，中国政府一直很重视妇女的状况，她们的社会地位以及她们在经济、政治生活中的角色。值得注意的是，妇女恰是 1949 年革命的最大受益人。[1] 在国家政治、经济、文化、教育体制的建设中，共产党将"妇女解放"由党纲中的政治理想上升到了法律层面，通过立法将中国妇女解放运动推进到了全新的历史阶段。

在教育事业中，毛泽东的民主化思想进一步推进了男女平等教育在基层乡村的发展。毛泽东认为，民主化的教育必须为工农大众服务，必须由工农大众自己来领导。[2] 新中国成立之初，共产党对旧的教育形式进行了社会主义改造，对旧政府遗留下的公立学校、私立学校以及其他性质的学校进行了接管、重组与改造，结束了封建贵族和资产阶级垄断学校的历史，为工农大众争取了教育权和管理、统治教育的权利。毛泽东指出，这种新民主主义的文化是大众的，因而也是民主的。它应为全民族中 90% 以上的工农劳苦民众服务，并逐渐成为他们的文化。[3] 在实践方面，大力发展工农教育运动，兴办各类工农速

---

① 沙吉才主编《当代中国妇女地位》，北京大学出版社，1995。
② 郑新蓉：《试析毛泽东的教育民主化思想》，《教育·管理·社会》1993 年第 2 期。
③ 王燕晓：《毛泽东的全面教育思想研究》，北京师范大学出版社，2011。

成学校，推动教育的平等与普及。

1949 年《中国人民政治协商会议共同纲领》指出："有计划有步骤地实施普及教育……给青年知识分子和旧知识分子以革命的政治教育。"同年 12 月下旬，教育部召开第一次全国教育工作会议提出："发展教育应以普及为主……学校应向工农开门，应以工农教育为主体，以普及成人教育为重点。"① 国家迅速在城市、工厂、部队兴办工农速成学校，在乡村展开大规模的扫盲运动。

同时，以学龄儿童为主要对象的正规小学教育也得到较快发展。1951 年，新中国发布《政务院关于改革学制的决定》，规定儿童应全面接受基础教育。在乡村，由于战乱及新中国成立初期土地改革运动，尤其是劳动工分制的实施，很多农民不愿送子女就学，而是让其在家劳动，特别是女童。党和政府采取民办公助、村办小学的方式推动乡村学龄儿童入学，并通过宣传动员等方法鼓励适龄女童上学。

笔者走访 Q 县 X 村时，很多上了年纪的老人对新中国成立初期倡导女童入学这一事件记忆犹新。一位王姓老人（男，81 岁）回忆道——

> 村里有个教育委员会，有校董，哪家的孩子到了读书年龄，不管男娃女娃都来催，催着让念书。这在以前想都不敢想。我两个姐姐都九岁十岁了才出来读，家里穷给不起钱，校董就来动员，说穷没关系啊，我们给你家女娃娃钱，让她们上学读书。我两个姐姐都念到小学四年级，她们现在说起来都还很高兴，觉得共产党好，不像旧社会把女孩子关在屋子里，我大姐后来还到生产队里当了会计。（2014 - 06 - WXZ - 01）

另一位王姓老人（女，83 岁）在学校的动员下念了五年小学，毕业后相继在本村和丈夫的村子里做了 9 年幼儿教师。她说——

> 到我念书时村里都让女孩子出来（读书）了，而且说是念了书的女娃有了文化，干啥活都干得快、干得好。我就是在这个时候出来念书的，念了书村里把我召回来让我做"榜样"，后来我当了幼儿老师。（2014 - 06 - WLZ - 01）

---

① 李水山主编《中华人民共和国农村教育史》，广西教育出版社，2007。

中国乡村教师性别结构的变迁

　　国家在鼓励女童入学的同时，也十分重视劳动妇女的价值，积极鼓励受教育的乡村女性走出家门，与男性一起参与公共事务。笔者在 Q 县 N 镇访谈到一位年近 90 岁的女教师杨某琴，她简师毕业，在 30 年代末上学，回忆起当年的从教经历，她说道——

　　我念书时我爹和哥都赞成，他们说这革命，女娃也得读点书认识字，将来才能知道往哪儿走。村里挺兴女孩子念书，共产党在我们县已经成立了临时行政委员会，开始恢复学校，不管男的女的都鼓动着让去（上学）。我念完了小学就出来教书了，教了几年，后来听说县里办简师，不用花钱，连生活费也都不用家里给，一个月还给发 5 块钱，我就又去（上简师）。上完了学，上面（教育局）就分配我们回去当老师。那个时候女的当老师可不容易，旧社会哪儿有这美差事！我回到 N 镇小学，成为他们那儿的第一个女老师！家里人替我高兴，都说我命好，赶上新社会了，女人还能当先生！我们学校每天早上老师都要站在队伍前面带早操，我一个女老师站在学生们前面可兴（骄傲）了，因为有好多乡亲们都会出来看我们做操，我脸上别提多有光了！（2014 - 12 - YJQ - 01）

　　杨老师不仅是 N 镇小学第一位女教师，也是白家店完小的第一位女校长。1949 年新中国成立后她担任该校教学主任，1951 年被提拔为主抓教学的副校长。由于年事已高，杨老师听力和记忆力均已下降，但依然能回忆起当年当选校长时的情景——

　　其实新中国成立后农村残留的封建观念还是很严重的。共产党下了不少功夫，天天做政治宣传，也有不少妇女干部组织村民们开大会，刚开始村里的女人们害羞不敢出来，都悄悄地挤在一起，后来胆子越来越大了，看见有很多共产党的女干部铺天盖地的，教我们女的念书、生产。因为我念过书，又在学校里干得挺带劲，妇女干部们就推举我当校长，管学校的教学。我记得我当选成了村里的"大事"，因为在我之前还没有哪个女人在学校当干部的，当老师教书的女人都少。村里还为我召开了大会，那场面可隆重啦，县里派干部下来专门听会给我鼓气呢。这也是我人生里的

"大事"，可光荣了，这一辈子我都记得！（2014 - 12 - YJQ - 02）

在乡村，女性接受教育并外出投入公共生产建设，必须跨越封建习俗、家庭婚姻、经济等多重障碍。这一时期国家非常注重通过教育特别是对基层妇女的教育来提高其作为劳动者和新中国建设者的女性人口的觉悟和素质，并强化女性逐渐意识到自身的"独立"与"解放"。

二　"双肩挑"——女教师扫盲与儿童教育共担

新中国男女平等的妇女理论与毛泽东平权平等的教育民主化思想，争取了工农大众对文化教育的根本领导权，也保证了工农大众受教育的基本权利。党和政府在重视乡村女童教育的同时，也十分重视对女教师的选拔和培育，认识到基层妇女的劳动力价值，特别是在新中国成立初期，这些受过教育的乡村女性对国家脱盲战略目标的实现和发展正规学校教育起到了巨大推动作用。这一时期乡村女教师的数量呈现稳步增长的趋势。

以笔者调研的 Q 县为例，1949～1958 年，Q 县小学阶段男教师总数仍占优，但女教师一直保持着相对稳定的增长。至 1958 年，全县小学阶段女教师从 1949 年底的 22 人增至 1958 年的 110 人，增幅 400%，增长速度较快（见图 5 - 1）。

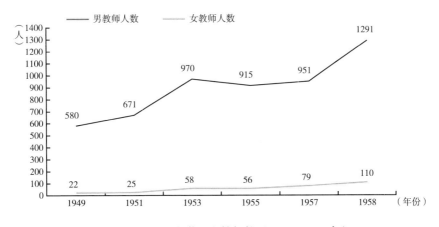

图 5 - 1　Q 县小学男女教师数（1949～1958 年）

而且这一时期国家通过简易师范教育逐步加强对教师的培训。新中国成立后，1951 年 3 月，Q 县初级中学招收了 3 个师范班，学生共 162 人。是年 10 月，县教育局响应国家号召，在校舍不健全的情况下租赁三权榆树房屋办简易师范班 1 期，招生 100 人，学期为 1 年。1952 年，初级中学分春、秋两季招收师范班 4 个，学生 210 名。1958 年，初级中学招收 2 年制简师班 4 个，4 年制师范班 6 个，1 年制幼儿班 1 个，共招生 640 人。但是，新中国成立初期教师队伍建设的应急性造成教师整体素质偏低，速成式教育使得乡村基层女教师们的政治觉悟普遍较好，在积极参与社会公共生产活动中产生了强烈的自我发展、自我提升的愿望和需求，但较低的文化知识水平也制约了她们的进一步发展（见表 5 - 1）。即便如此，在新中国成立初期这些女教师们也肩负起了成人扫盲教育和儿童教育的双重责任。

表 5 - 1　Q 县小学专任女教师学历合格情况（1949～1958 年）

年份	女教师总数（人）	初小毕业数（人）	高小毕业数（人）	小学文凭者合计（人）及占比（%）	初师初中毕业数（人）	中师高中毕业数（人）	大专本科数（人）	中学及以上文凭者合计（人）及占比（%）
1949	22	18	2	20 (90.91)	1	1	0	2 (9.09)
1951	25	21	10	31 (88.57)	3	1	0	4 (11.43)
1953	58	14	37	51 (87.93)	5	2	0	7 (12.07)
1955	56	13	16	29 (51.79)	22	5	0	27 (48.21)
1957	79	12	30	42 (53.16)	30	7	0	37 (46.84)
1958	110	13	42	55 (50.00)	45	9	1	55 (50.00)

资料来源：根据 Q 县县志（1997 年版）资料整理分析得出。

（一）成人扫盲教育中的女教师

新中国成立初期，国家面临经济上的封锁与困境，更为严峻的是新中国

"人"的素质也不乐观，其中一个基本表现就是大众识字率低。我国约有 5.5 亿人口，而文盲率高达80%。小学入学率为25%，中学入学率才3%，扫盲成为摆在新中国面前的一个亟待解决的难题。[①] 1951 年 2 月 10 日，教育部印发了《工农速成中学暂行实施办法》，在乡村开始了迅速且规模庞大的扫盲运动。以河北省为例，新中国成立后的最初五年，为扫盲、提高干部和民众文化水平而成立的学校至少有以下几种形式（见表 5 - 2）。截至 1958 年，河北省有约 670 万人参与了扫盲识字学习，约 320 万人脱盲。

表 5 - 2　新中国成立初期河北省的乡村扫盲教育形式

学校名称	对象	学习内容
农村冬学	农民青年	以文化学习为主,结合时事政策内容
农民常年夜校(农村冬学的长期形式)	农民青年,特别是文化程度较低者	以文化学习为主,结合时事政策内容
工人业余补习学校或市民补习学校	职工群众	扫盲和文化学习
工农速成中学	工农群众	扫盲和文化学习
干部文化补习学校	各级干部	扫盲、提高文化程度,达到初中以上
速成识字班	工人、农民、干部	识字

资料来源：《中国教育年鉴（地方教育：1949~1984）》，湖南教育出版社，1986。

Q县在1949年扫盲教育就已初具规模，共有男性扫盲班350个，妇女扫盲班680个，学员达35075人。1950年，贯彻全国第一次工农教育会议精神，制定全县扫盲规划，培训骨干教师，并以扫盲结业学员为对象，开办业余小学文化学习班。全县13个区共有民校133处，学员8611人；识字班515处，学员21828人。参加学习的学员占文盲总数的28.3%。1953年春，县成立扫盲委员会，在试点单位配备扫盲专职教师。据笔者考察，当年全县58名女教师无一例外地均作为专职教师被分配到各乡镇村落执行扫盲任务。1958年，农

---

① 《新中国成立初期扫盲纪实》，新华网，http：//news. xinhuanet. com/photo/2009 - 08/20/content_ 11915353. htm。

民教育掀起高潮，Q 县提出"全党办、万人教、全民学"的口号，一些民校改称"红专大学"。当年全县参加扫盲学习的有 37480 人。

在全县轰轰烈烈的扫盲运动中，乡村女教师作为受过教育的妇女，责无旁贷地承担起扫盲教育的重任，特别是在妇女扫盲班里，这些乡村女教师不仅承担着文化课程讲授和科学知识传播的责任，最重要的是她们作为一个"榜样"，在乡村妇女扫盲工作中发挥了比男性更重要的作用。

笔者在 Q 县访谈到多位女教师，她们的职业生涯中都有参加成人扫盲教育的经历，而且据这些女教师反映，成人扫盲班几乎全部都在下午或者晚上，白天正常在学校上课，晚上根据上级安排，下到不同村镇组织村里成年男女识字扫盲。乡村女教师承担了大量的基础性教学工作，对新中国成立初期国家脱盲战略目标的实现起了很关键的作用，而且这是一支稳定、价廉、积极投入、具有强榜样作用的教师队伍。87 岁的女教师杨某琴是 Q 县第一位女校长，她说道——

> 我那个时候当校长，我最清楚扫盲这个事了。先是县里办妇女扫盲班，把乡村里的女老师全都招过去，给分配任务：你负责几个村，她负责几个村。那时女老师少，我们的工作量都特别大。农村妇女文盲老多了（很多），这扫盲的任务妇女就是重点，女教师过去教，她有说服力，也有耐心，比那些男老师认真。我记得我们第一次到县里培训，说是培训，其实就是给我们做思想工作，跟我们说扫盲教育对建设新中国多么重要，而且妇女的事就需要妇女互助帮扶，男的不行。被县里这么一说，我们有了干劲，可卖力呢！（2014 - 12 - YJQ - 03）

笔者访谈的其他几位年龄均在 80 岁以上的女教师们的经历也都印证了杨老师的说法。

> 我们老爷子（丈夫）是军人，那时我们不在一块儿，没人帮我照顾家和孩子，县里安排我们去扫盲，跟我们说这是件"大事"，我们有啥说的呢，现在国家有难了，自己的那点困难算啥啊！（2014 - 06 - GXZ - 01）
> 我的文化低，小学才念了几年，说起来我自己都还是个半文盲，只不过比那些个睁眼瞎的妇女稍稍好一点。我也被调去扫盲了，给我们发的那

些扫盲教材好多我自己都看不懂，我自己先学会了再教人家。每天下了班上夜校，回来还得学习，有时候得学到半夜。（2014－06－WLZ－02）

很多妇女不愿意出来识字，要给她们做好多工作。走到妇女们家里去，你说如果是一个大老爷们，谁让你去动员人家的小媳妇小闺女儿啊！还得是女的来！我们几个女老师，也算是村里的"有文化的人"，就想办法，见缝插针，有空就学，还得鼓励家庭里夫妻共学、母女母子共学、兄弟姐妹共学等等，我们想了老多办法。我们几个女老师还自编自导了一些个活动和节目啥的，在当地演。北方冬天冷，我们还办过冬学，有的妇女因为带小孩确实不能上，我们就去家里做工作，甚至发动当地的小学生和邻居帮忙带孩子，我们还自创了小黑板下地、边学边唱边干活儿，挑担子识字，喂牲口识字，可多办法了，慢慢地，妇女们的学习热情才起来。（2014－12－YJQ－04）

80岁的女教师杨某云给笔者讲述了一个案例——

我们得备课，就跟正式教书一样的，有政治、国文，现在叫语文了，还有数学、自然、地理、历史啥的，科目可多呢！负担重，任务重，常常累得我腰都直不起来，可不比给娃娃们上课轻松。上扫盲班都是没有钱给的，义务的，男老师们都不愿意上。我们也能理解，那男老师都是一边上课一边劳动，家里有地，妇女孩子又种不了，荒了地也舍不得，不少男的就是利用下班时间去地里劳动，而且家里多少是要爷们干些体力活儿的，如果男老师的时间都拿来上夜校，他自己和家属都会有意见。我们学校就发生过一件事，（一个男教师）他下去上课了，他妻子就坐在学校，说家里的猪要下崽子了，一定要让她丈夫回家，学校领导跟她做工作说他爱人得上课，那女的不干了，哭闹了老半天，领导也没办法，召集了村里几个精壮小伙子去她家帮忙。结果那女的往后三天两头往学校跑，说地要浇粪了，猪生病了……非要闹得她男人回家。学校领导被她闹烦了，就把那个男老师召回，给他开了个先儿（后门），批准他周六周日在家。因为我跟他负责的是同一个村的扫盲班，他（负责）的班就并到我这儿来了，一个班上多的有六七十人呢。（2014－08－YSY－01）

中国乡村教师性别结构的变迁

从总体上看，全国90%以上的妇女是文盲，乡村妇女占文盲总数的95%以上，有的地方100%的女性都是文盲。因此，新中国普及教育和开展扫盲运动的关键是女性。扫盲工作开展后，男性发展动员起来比较容易，乡村妇女的发动工作就遭遇了比较大的阻力，大多数女性的封建思想还比较严重，缺乏上进心，从主观上抵制科学文化知识的学习，有的乡村妇女虽然想学、想识字，但因家务拖累，缺乏学习的信心，又担心因此耽误生产，或者家里父亲、丈夫不让出来学习等。动员女性参加扫盲学习的工作量远远大于男性。针对这种实际情况，共产党采取了加强妇女榜样和妇女帮扶的政策，在重视宣传的同时，更是采用女性教学的方式来鼓励乡村妇女脱盲。由于同性之间交流便利，乡村女教师的现身说法推动了妇女扫盲工作的顺利开展。

（二）儿童教育中的女教师

新中国成立后，在扫盲教育大力发展的同时，Q县的小学教育也持续稳定发展。1950年县政府调整县域内小学校，共撤销4个中心校区，合并77所学校；10月，兴建民办小学11所。1952年初，发展小学高级班26所；12月，在大杖子、龙山、白家店、南杖子4所完小办高小速成班。1956年，小学建立二部制校点11个，巡回小学15所，完小、初小学校达到475所，学生37456人，适龄学生入学率首次达到66.4%（见表5-3），适龄女童的入学率也一直处于上升趋势，从1949年底至1958年，Q县学龄女童入学率从4.3%提升到15.8%（见图5-2）。

表5-3　Q县小学基本情况（1949~1958年）

时间	学校数（所）		教学班数（个）		学生数（人）		适龄生入学率（%）
	计	其中高完小	计	其中复式	计	其中女	
1949年底	470	9	479	—	23257	8039	41.0
1950年11月	428	9	603	—	26704	—	49.2
1951年10月	448	12	635	503	29849	8925	—
1952年	463	13	764	—	33270	10023	—
1953年	453	84	806	548	33490	10234	51.2
1954年	450	81	800	538	29492	—	48.7
1955年	449	79	801	557	28900	10003	52.5
1956年	475	79	838	590	37456	—	66.4
1957年	479	87	852	626	34898	10981	68.2
1958年	666	—	1279	—	54083	20312	95.8

资料来源：Q县县志（1997年版）。

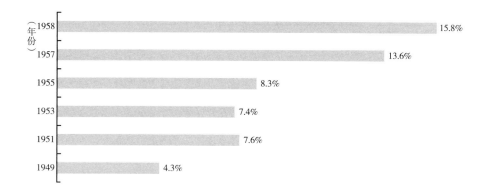

图 5 – 2　1949～1958 年 Q 县小学适龄女童入学率

这些乡村幼儿与儿童纷纷从家庭走进了学校，接受幼儿园和小学教育，相应地，乡村女教师的工作量也不断增加。随着接受教育的儿童低龄化现象越来越严重，女教师相比男教师，承担了除教育之外更多的教养工作。

另据笔者对 Q 县教师工资的调查发现，新中国成立后，在全国党政事业干部实施供给制时，教师实行米薪的实物薪金制。1951 年下半年，改为货币制的工分带金制，实行货币工资制，并加发了 9% 的物价补贴。1956 年实施工资改革，小学教师平均工资增至 44.57 元，每人平均增加 8.91 元。政策中无法体现对乡村男女教师的差别，但在实际中，男女教师在工资收入分配上还是有差异的，乡村女教师普遍比男教师的收入低，特别是在相对贫困地区，政府补贴无法到位，有的地区乡村女教师的收入只有男教师收入的一半。

笔者调研的 Q 县早期女教师中，扫盲教育和儿童教育"双肩挑"造成乡村女教师工作负荷高，其中"累"和"苦"是在所有被访女教师自述中出现频率最高的词（见表 5 – 4）。

三　"进退难"——传统性别文化的羁绊

新中国成立初期，乡村妇女的生存状态和个体素质与民族国家政权建设还有差距，新解放区的妇女解放程度偏低，有的地区乡村妇女仍然受到封建礼俗和封建婚姻的残害，尤其是封建婚姻关系在全国范围内仍然存在。据不完全统计，1951～1952 年，中南地区因婚姻不能自主或受家庭虐待而死的

表5-4　Q县第一代乡村女教师对工作、生活的自述评价

主题类别(出现频次)		开放式代码(出现频次)
主题类别1:第一代乡村女教师对工作、生活的自述评价	子类别1:工作量大(33.2%)	苦、累(72) 困、疼痛、熬夜、吃不上饭(66) 学生作业多、额外工作多、成人扫盲工作量大、两头兼顾(57)
	子类别2:收入较低(21.8%)	挣得少(66) 无其他额外收入(62)
	子类别3:家庭羁绊(23.3%)	丈夫不支持(32) 孩子没有人带(72) 其他家人的不理解(33)
	子类别4:自身能力不足(21.7%)	知识与能力缺陷(64) 教学经验不足(63)

女性达1万多人,山东省有1245人,苏北淮阴地区9个县在1950年5~8月有119名妇女因受虐待自杀或被杀。① 附着在中国乡村妇女身上的诸多枷锁中,家庭与婚姻无疑是最重的一个。在家庭中,妇女上有父母公婆的严厉管教,中间有丈夫的约束,下有子女的羁绊,还有不少旧式遗风遗俗对身体和思想的束缚,而且之前乡村妇女因长期被封闭在家庭的小圈子中,缺乏参与社会活动的经验和经济建设的技能,这些都成为乡村妇女走出家庭参与公共劳动、参与国家建设的障碍。

从性别的视角来看,在乡村文化场域中,受性别刻板印象和传统婚育文化的影响,女教师必然受到规约和束缚,甚至导致其放弃教师职业。在Q县就有这样的个案——X村的王某芝(女,83岁)在动员下念了5年小学,毕业后在本村做了4年幼儿教师,嫁入S村后在当地又做了5年幼儿教师,因婆婆和丈夫阻挠最终放弃。据王老师描述——

> 我觉得我算是个没出息的,没干几年老师。当闺女的时候(未出嫁)在家当的幼儿老师,念了几年书,村长上家来找了,就去了,干了三四年的工夫(时间),岁数到了后家里来说亲的,在邻村,我老头子(丈夫)

---

① 中华全国妇女联合会编《中国妇女运动重要文献》,人民出版社,1979。

家穷的啊，爹死得早，娘又不顶事，他是老二，老大一成亲，他就赶紧也成亲，多个女人还能照顾家。当时俺爹不同意，那媒婆子跟俺娘攀点亲，俺娘后来松口了（答应了），反正女娃娃养着都是要嫁人的，嫁过去了自己家少一张吃饭的嘴。媒婆子跑了几趟，这亲就订下来了。亲都定了一段时间我才知道，且着劲（铆着劲）地哭，没办法，那时候虽然共产党说婚姻自主自由，但还是得听爹娘的。自主的也有，不过在我们那个年代，少！我嫁过去后老一个劲地往娘家跑，因为我在这教书嘛，两个村子离得不远，我就白天一大早出去了，夜里上完夜校才回来。后来家里（婆家）有意见了，最开始是婆婆，给我脸子看（脸色看），骂我不中用。天天跟她儿子念叨。说句良心话，我们家老头子人还是挺老实的，他等我放学把我领进屋子里，劝我能不能不去娘家教书了。我年轻啊，犟得狠，不同意，后来婆婆逼得不行，还跑去我娘家告状，我爹上来就给我一嘴巴子（一巴掌），俺们村长一看这情况也不好留了。我就跟着他们回家了。回去后，婆婆让我赶紧生孩子，我没办法，生了两个小子之后，她才不说啥了。这时他们村长听说我闲在家就过来说，让我去教书，还是教幼儿班，我家老头子问我想去不，我说想！他就同意了，可能是觉得之前那件事（去娘家大闹）挺对不住我的。我在他们村里又干了几年幼儿教师，后来婆婆身子不行，得了白内障，一只眼睛还瞎了，腿脚也不好使，带不了孩子，而且我老头子也嫌我回家太晚，家里的地啊家务啥的都顾不上，我一狠心不干了，认命了啊。（2014－06－WLZ－02）

尽管新中国的妇女解放运动轰轰烈烈地开展，但受乡村传统性别文化的影响，母亲、婆婆、长辈及其他女性的言传身教规训着女性，使她们从小就接受了家庭传统的性别教养方式，形成了性别观念。这些根植于社会价值体系的观念，成为女教师们面临家庭和工作冲突时自我设限的主要因素。乡村妇女的婚嫁可以说是既受到传统习惯的影响，也受到村落文化的影响，是一种双重复杂的婚姻模式。婚姻中的关键人物和时间、事件都会对妇女产生制约，而且中国传统的婚姻模式一直是"从夫居"，这使得不少女性在出嫁之后不得不中断教职。另外，虽然妇女外出从事生产工作，但家庭内部的生育、生计任务仍压在她们身上，这"两座大山"是造成相当多的女教师中断或放弃其教学生涯的重要原因。

第二节 社会主义建设与探索时期的
教师性别结构变化

一 "大跃进"与"调整"——教师的动荡

1957 年，新中国发展国民经济的第一个五年计划（1953～1957）基本完成，教育事业也有了很大发展。至该年末，全国共有高等学校 229 所，在校学生 44.1 万人。全国共有中等学校 12474 所，在校学生 708.1 万人。全国共有小学 547300 所，在校学生 6428.3 万人。群众业余学习、扫盲工作也有了很大进展。在第一个五年计划期间，教育事业总支出占国家财政总支出的 5.59%，全国教育事业基建投资完成额占国家基建投资总完成额的 3.3%。① 但是，这种相对稳定的局面未能持续。

1958 年，中国共产党第八届中央委员会第六次会议通过的《关于人民公社若干问题的决议》指出，我国开始逐步实施人民公社制。作为政社合一的组织，人民公社奠定了党政权力在基层乡村的基本格局，也使得村落同国家之间的联系更加紧密，中央政府的任何决策都能够以最快的速度在各地乡村开展起来。

同年 5 月，中共八届二中全会提出了"鼓足干劲，力争上游，多快好省地建设社会主义"的总路线，在全国城乡掀起"大跃进"高潮的背景下，教育领域也开展了革命群众运动，为了反对保守思想，促进教育革命，中共中央于 1958 年 3 月 24 日至 4 月 8 日，分两段在北京召开第四次全国教育工作会议。会议总结了新中国成立以来的教育工作经验，围绕中共八大二次会议上提出的社会主义建设总路线和进行社会主义教育建设的问题展开了热烈的讨论。会议的目的是反对右倾保守，促进教育事业"大跃进"。与此同时，在全国统一的教育目标下，实行国家办学与厂矿、企业、农业生产合作社办学并举。是年，举国掀起了省、直辖市、自治区，厂矿、企业乃至人民公社大办学校的热潮，

---

① 中央教育科学研究所：《中华人民共和国教育大事记（1949～1982）》，教育科学出版社，1984。

这种热潮并非由群众受教育的真实需求推动，而是纯粹政治欲望推动下的教育领域的"大炼钢铁"。

以笔者调查的Q县为例，1957～1960年4年间，Q县教育全面进入"大跃进"，学校数量猛增。至1960年，小学发展到699所，学生69032人，教师增至2052人，中学发展到14所，学生5533人，教师共计349人（见表5-5）。而在此过程中，为了弥补公办教师的不足，Q县开始招收民办教师，至1960年，该县民办教师（含中、小学）由7名激增到441名。是年，该县学龄儿童入学率达88.3%，在师生比上，平均一个教师教30多名学生。笔者在G村访谈的张姓教师（男，74岁）称——

（19）58年起为办学高峰，光我们乡（10个行政村，50余个自然村）小学就将近10所，好几个村像官场、下杖子、谢杖子、温杖子都还有社中，有的村特别小也办，就一个两个班，一个老师。那几乎是队队建小学，社社办农中（农业中学），老师可缺啊，公办（教师）根本不够分的，就只好招民办、代课（教师）；男的不够，哪家有女娃子念过书的，也统统招进来（当老师），就队里给工分。（2014-06-ZYL-05）

表5-5　Q县小学与中学基本情况（1957～1960年）

年份	小学						教师数（人）	中学							教师数（人）
	学校数（所）		班级数（个）		学生数（人）			学校数（所）	班级数（个）			学生数（人）			
	总计	其中高完小	总计	其中复式	总计	其中高小			总计	初中	高中	总计	初中	高中	
1957	479	87	852	626	34898	8327	1021	7	36	36	—	1899	1899	—	116
1958	666	—	1279	—	54083	8576	1401	13	57	54	3	3271	3115	156	180
1959	637	139	1384	768	57586	10742	1553	15	80	71	9	4141	3697	444	248
1960	699	180	1748	—	69032	12803	2052	14	111	98	13	5533	5015	518	349

资料来源：Q县县志（1997年版）。

"大跃进"本身并非仅仅经济发展的竞赛，而是一场政治斗争，其典型特征是"极左"思想占绝对主导地位。在乡村，一切学校除了在自己的农场进

中国乡村教师性别结构的变迁

行劳动，还与当地农业合作社签订劳动合同，并派教师住进合作社，中小学生都由教师带领着在暑假或课余时间回到本村参加生产。据笔者访谈的一位张姓教师（女，75岁）称——

> 那个时候当老师可忒艰苦！白天上课，下午和节假日还要带着学生搞生产，勤工俭学，那时国家穷，人人都得做贡献，你是女的也不例外。我在七道河乡四道河村，大队给我们圈了一座山，学校背后的山都给我们了，每天中午吃了饭，就带着学生去割草、打芦柴、搬松塔，高年级学生就砸石头。男老师女老师都一样，都得劳动。这一天（班）上下来，累得腰都直不起来。（2014 - 06 - ZXZ - 01）

在这种过度行政化的体制下，依据错误的理论和非理性的政策进行的冒进行为对广大乡村教育产生了很多不利影响。对于女教师而言，高强度的体力劳动不仅损害了她们的身体，而且她们也并没有获得与男教师同等的收入。

> 搞劳动女老师特别吃亏，我们的体力哪儿有男人好啊，每次一评比，他不看你科学文化知识好不好，就看你砸了多少石头，拾了多少芦柴，割了多少斤稻草，女的咋都弄（干）不过男的，队里一评，我们就（被比）下去了。（2014 - 06 - ZXZ - 02）

笔者在 T 乡访谈了一位女教师杨某（75岁），她说道——

> 我们那个时候是队里给记工分。每天10分，一年3650分，给365块钱。男女是不一样的，女老师每人每天记5分，也就是男的一半。那时妇女地位低，老师地位也低，挣那点工分根本提不起来。很多男老师一边教书还一边下地，拿双倍工分，就比我们女教师强多了。其实我觉得我们也没少干啊，可队里不这么认为，人家觉得这女的干活就不如男的，我们下地也不行，带学生也不行，不给10分，我印象中最多给过我们女教师8分。我们学校一个男老师下地去参加劳动，都不来学校了！女的就老实，让干啥就干啥，啥也不敢。（2014 - 06 - YCZ - 01）

过度的生产劳动，不仅严重冲击了正常的教学秩序，用生产替代学习，使学生和教师成为最单纯的劳动力，对于生理条件弱于男性的乡村女教师，这种高强度的劳动无疑更加重了她们身体和心理上的负担。男性教师除了正常教学和参加校内劳动之外，仍有余力继续下地挣"工分"，因此，与男性教师相比，乡村女教师的收入只有其一半，甚至不足一半。

1961年1月，中共八届九中全会提出并正式通过了对国民经济实行"调整、巩固、充实、提高"的方针，我国开始进入一个调整期，逐步着手纠正偏差。以Q县为例，1961年、1962年贯彻中央调整的方针，调整校点布局，合并学校11所，压缩班级139个，精简教师529名，转吃农村口粮的438人。1962年底，划出九至十三区，另置宽城县，Q县辖区有学校469所，教学班860个，在校学生27096名。

在这次精简合并与调整过程中，杨老师所在学校被合并，因为杨老师是临时代课教师，因此在并校时其教师身份被剥夺——

> 60年代初大整顿，我们村子小，学生不多，上面（教育局）让水泉村（小）跟另个村（小）合并，队里一合计（商量）就让我回家了。回家后（我）就开始干农活，跟其他的（妇女）一样，下地干活挣工分，不干教师了，人家嫌咱不行。队里来人找我谈，说要合并小学校，村里的娃娃少。学校当时就俩老师，把我刷下来了，另外那个男的（男教师）留下，后来听说还赶上转正（民转公），他就转成了公办教师。咱是女的，不顶事，咋也轮不上咱。（2014-06-YCZ-02）

在这场运动中，与杨老师有着相似经历的女教师在Q县还有很多。从表5-6可以看出，1958～1960年的教育"大跃进"时期，Q县教师数持续上涨，男女教师人数均大幅度增加，而且女教师增幅明显要高过男教师；而在1961～1963年整顿调整时期，女教师人数迅速下降，而且下浮比例也远远高于男教师。1961年和1962年，这两年女教师的减幅都超过50%，也就是在这两年里，Q县有超过半数的女教师离开了小学教师队伍。

中国乡村教师性别结构的变迁

表 5 – 6　Q 县小学教师分性别增幅情况（1958 ~ 1963 年）

单位：人，%

项目		1958 年	1959 年	1960 年	1961 年	1962 年	1963 年
男教师	人数	1291	1300	1448	1488	1022	968
	增幅	—	0.70	11.38	2.76	– 31.32	– 5.28
女教师	人数	110	253	604	157	66	56
	增幅	—	130	138.74	– 74.01	– 57.96	– 15.15

资料来源：Q 县县志（1997 年版），经过计算得出。

1965 年 3 月 23 日，华北地区的河北省人民委员会发出《关于农村半耕半读教育的几个问题（草案）的通知》，要求全省农村积极试行半耕半读小学和农业中学，要求小学自三年级起参加适当的生产劳动，主要是回队劳动，在家计工；耕读小学全年学习 8 ~ 9 个月，教材由省统一规划组织编写；教师待遇有工分制、工分加津贴、工资制三种形式；经费来源是集体负担、学生负担、勤工俭学收入、国家必要的补助。当年，全省办起耕读小学 50295 处，在校学生 155.8 万人，占全省小学在校生总人数的 22.7%。

Q 县在 1964 年学习阳原县普及小学教育经验，[①] 大办简易小学，之后根据国家要求，统一改为耕读小学。至 1966 年，耕读小学达到 461 所，学生 2200 余人，全县小学（含耕小）达到 961 所，在校生 64471 名，适龄学生入学率达

---

① 1964 年 6 月 2 日《人民日报》刊登了河北省阳原县普及小学教育的材料，并为此发表《阳原县普及小学教育是教育战线上的一面红旗》的社论。阳原县的自然条件、经济水平、文化状况，是真正的"一穷二白"。新中国成立前，那里的许多穷乡僻壤，就文化水平来说，是很低的，这种落后的历史遗产给人民带来了许多痛苦和折磨。新中国成立后，随着农业合作化高潮特别是社会主义建设"大跃进"的到来，阳原县的文化教育革命也开始了一个崭新的历史阶段。经过长期的组织准备和思想准备，在调查研究的基础上，现在阳原县居然普及了小学教育，使学龄儿童入学率达到 90% 左右。中共阳原县委员会和县人民委员会的报告中说："普及农村小学教育，实质上是解决贫农、下中农子女学习的问题，是贫农、下中农文化大翻身的问题。"这是很对的。我们知道，新中国成立以来，农村教育事业有了巨大的发展，可是，应该承认，在这么一个幅员辽阔的国家里，要普及小学教育是有很多困难的。所以至今还有不少富庶的地区也没有达到这个目标。问题在哪里？许多调查材料表明，主要原因之一是一部分贫农、下中农的子女因为种种困难，还无法上学。可见普及小学教育的关键，在于是否能够坚持阶级路线，千方百计地便利贫农、下中农子女入学，时时处处为他们着想。哪里解决了这个问题，哪里的教育就能够普及；否则就没有希望。《人民日报》的这篇社论实际上是一种"左倾"思潮的体现。

到94%，基本实现了普及小学教育的目标。

在人民公社时期，是否开办耕读小学一般是由生产大队决定，教师也由大队自行解决，教学形式亦比较灵活。由于中央在乡村实施全日制和耕读小学"两条腿"走路的方针，民办小学进一步发展到耕读小学，乡村学校又迅速发展起来（见表5-7），原有公办教师再次出现严重紧缺的状况，大量的民办教师、临时教师又涌入乡村教师队伍，其中不乏女性。

表5-7　Q县小学基本情况（1964~1966年）

年份	学校数（所）		班级数（个）		学生数（人）		教师数（人）	耕读小学（所）
	总计	其中高完小	总计	其中复式	总计	其中高小		
1964	1002	122	1866	887	55500	6384	1909	439
1965	1081	220	2318	—	62145	7367	1803	522
1966	961	262	1766	1399	64471	8536	1928	461

资料来源：Q县县志（1997年版）。

1964年之后，Q县女教师数量再次呈现稳步增长，1964年女教师总数是前一年的近3.2倍，1966年达到最高476人，而同时期男教师数量则呈现下降趋势（见表5-8）。

表5-8　Q县小学教师分性别增幅情况（1963~1966年）

单位：人，%

项目		1963年	1964年	1965年	1966年
男教师	人数	968	1730	1595	1452
	增幅	-5.28	78.72	-7.80	-8.97
女教师	人数	56	179	208	476
	增幅	-15.15	219.64	16.20	128.85

资料来源：Q县县志（1997年版），经过计算得出。

二　"末等公民"——民办女教师的归宿

新中国成立后，由于"一穷二白"的帽子并没有摘掉，如何组织师资筹集经费发展穷国的大教育，是中国决策者们亟待解决的问题——民办教师应运而生。早在 1951 年 8 月，教育部召开第一次全国初等教育和师范教育会议，针对小学教育会议提出，从 1952 年到 1957 年，争取全国平均有 80% 的学龄儿童入学；从 1952 年开始争取 10 年内基本上普及小学教育。为实现这一目标，会议提出要"发动群众出钱出力办学"。① 在上述方针指导下，新中国最早在农村由群众出钱出力兴办了一批民办学校，民办教师也开始出现，并在短期内得到了迅速发展。

1957～1966 年，是我国民办教育跌宕发展时期。这一时期又分为三个阶段：头三年是快速发展，中间三年是调整压缩，后三年是再度起飞。民办教育和民办教师的发展与当时国家经济和政治运动密切相关。

1957 年是我国民办教育发展的一个转折点。由于 1956 年小学教育迅速扩大，教育经费与师资问题陡然紧张，国家重新号召群众办学。1958 年在"大跃进"热潮中，教育也开始盲目追求高指标。9 月 19 日，《中共中央、国务院关于教育工作的指示》中提出，全国应在 3～5 年的时间里，基本完成扫除文盲、普及小学教育，农业合作社社社有中学和使学龄儿童大多数都能入托儿所和幼儿园的任务。② 在这种热潮的催发下，全国多个省、自治区、直辖市喊出"人人学文化、村村有初小、社社有完小、乡乡办初中、县县办大学"的口号。伴随着学校的膨胀，民办教师也急速增长，在 1957～1960 年短短三年时间，小学民办教师从 14.1 万人增加到 68.1 万人，中学民办教师从 1.7 万人增加到 2.9 万人。③

1961 年 1 月，中央提出"调整、巩固、充实、提高"的方针。2 月，中共中央批转中央文教小组《关于 1961 年和今后一个时期文化教育工作安排的报告》，提出在今后三到五年内，农村 16 岁以上的在校生占农村全部劳动力的比例应该控制在 2% 左右。继续处理小学和初中的超龄生，中学和农业中学的在校人数应该加以控制。④ 教育部根据这个方针，对民办学校进行了调整。小学民办教师由 1960 年的 68.1 万人下降到 40.3 万人，中学民办教师从 2.9 万人

① 中央教育科学研究所：《中华人民共和国教育大事记（1949～1982）》，教育科学出版社，1984。
② 靳希斌、劳凯声主编《中国民办教师问题研究》，北京师范大学出版社，2004。
③ 刘英杰主编《中国教育大事典（1949～1990）》，浙江教育出版社，1993。
④ 何东昌主编《中华人民共和国重要教育文献（1949～1975）》，海南出版社，1998。

下降到 0.8 万人。① 到 1962 年，全国小学在校学生比 1958 年减少 19.7%，学龄儿童入学率下降 24.2%。民办小学在校学生的比重下降到 21.4%。小学民办教师 50.6 万人，占小学教师总数的 20.2%；中学民办教师 2.3 万人，占中学教师总数的 5.7%。②

到 20 世纪 60 年代中期，我国中小学教育又出现了急速发展的势头，群众办学的热情再度掀起。1965 年，全国小学在校学生增长到 11620.9 万人，比 1962 年增长了 67.8%；学龄儿童入学率达到 84.7%，上升了 28.6%。民办小学在校生发展到 4752 万人，占小学在校生总数的 40.9%。③ 在这种形势下，师资短缺问题再次凸显。1964 年 1 月，教育部《关于中小学教育和职业教育七年（1964～1970）规划要点（初步草案）》中提出解决对策：目前全国公办和民办中小学和职业学校共有教师 300 万人左右，今后七年需要补充小学教师 77 万人。中等师范学校在今后七年内约有毕业生共 40 万人，所需小学教师尚不足 37 万人，可以吸收中学毕业生加以短期训练，予以补充。④ 随着中小学的快速发展，民办教师队伍再度扩大起来。

以河北省的一则材料为例，1964 年 9 月 10 日，教育部批转河北省教育厅《关于农村中小学教育问题的报告》中指出，据 6 月份统计，全省农村小学在校学生已由 375 万人增至 454 万人，其中简易小学学生 50 万人。全省农村学龄儿童入学率已由 59% 上升为 71%。目前民办简易小学教师一般是从本村知识青年中由群众就地聘请，他们不完全脱离生产，往往一边劳动一边教书，半耕半读。⑤

笔者调研的 Q 县，整个 50 年代，民办教师并不是很多，针对该县教师文化素质偏低的情况，输送高小毕业生到承德师范、平泉师范学校学习。50 年代初，QL 中学附设师范班，培养小学教师。中学教师一部分是从承德、平泉、凌源中学借调的，另一部分是从本县高小教师中选拔的。另外，选派高小教师由承德师专代为培养。1958 年，教育大发展，为解决师资不足，录用了民办

---

①　何东昌主编《中华人民共和国重要教育文献（1949～1975）》，海南出版社，1998。
②　刘英杰主编《中国教育大事典（1949～1990）》，浙江教育出版社，1993。
③　刘英杰主编《中国教育大事典（1949～1990）》，浙江教育出版社，1993。
④　何东昌主编《中华人民共和国重要教育文献（1949～1975）》，海南出版社，1998。
⑤　何东昌主编《中华人民共和国重要教育文献（1949～1975）》，海南出版社，1998。

中国乡村教师性别结构的变迁

教师 498 名，占教师总数的 31.50%。1961 年，贯彻中央调整方针，民办教师减至 244 名。1964 年，大办耕读小学和耕读中学，民办教师由上一年的 187 名猛增至 1088 名，占当年教师总数的 52.82%（见表 5-9）。

表 5-9　Q 县中小学教师基本情况（1957~1966 年）

单位：人

年份	小学教师数	中学教师数	教师总数	教师总数中民办教师数	民办教师中女教师数
1957	1021	116	1137	7	0
1958	1401	180	1581	498	11
1959	1553	248	1801	507	65
1960	2052	349	2401	441	162
1961	1645	300	1945	244	57
1962	1088	219	1307	242	31
1963	1024	155	1179	187	27
1964	1909	151	2060	1088	301
1965	1803	157	1960	981	217
1966	1928	156	2084	1062	346

资料来源：Q 县县志（1997 年版）。

1958 年以后，Q 县民办教师队伍中开始出现女教师，从表 5-9 中可以看出，1958~1966 年，民办教师中的女性教师数量并非呈现平稳的递增态势，而是增减震荡较大，并且其增幅与减幅都高于同一年度的男教师，也就是说，在这一时期民办女教师进出教师队伍相当频繁和随意。由于民办"教师"身份的临时性，造成民办和公办两类教师待遇差异较大。正如当地农民所言：公办教师是吃皇粮的，是国家干部，端的是"铁饭碗"；民办教师收入没有保障，一切听天由命。公办教师的米缸在粮所，民办教师的米缸在田地。在民办教师群体中，女教师的地位更低一层，这也与我国特有的户籍制度密切相关。

20 世纪 50 年代后期起，由于计划经济体制的确立，户籍分为城市户籍和农村户籍，城乡二元体制形成，城乡被割裂开来，农村社会逐渐形成具有自我管理的相对封闭的社会体系。以政社合一为特点的人民公社将个体化的农民纳入国家集体管理的轨道，同时，1958 年国家发布《户口登记条例》以及 1960 年开始普遍实施的粮票证制基本上将农村人固定在土地上，户籍制度的本质是对"合法的"城市户口规模加以有计划的控制，所谓"合法的"是指经过国家机关认可的身份标志。① 城乡二元体制的建立在新中国成立初期对我国计划经济的存在和延续起着重要的作用。它限制了城乡生产要素的流动，意味着把广大乡民束缚在土地上，禁锢在乡村中，只有这样，计划经济体制才能够稳固，才能够得以维持正常运转。

然而，这种城乡二元分割的户籍制度却成了乡村民办女教师心头的"痛"，不仅使得其社会地位远远不及公办教师，甚至不如一些其他公办单位（或者公社、大队）的办事人员。户籍制成为女教师"民转公"道路上的一个巨大障碍，使她们在进入体制内、获得合法的教师身份的进程中举步维艰。

笔者在Q县教育局访谈了一位退休职工常某（男，57岁），他道出了民办女教师在当时处于教师中"末等公民"的深层次原因——

> 那个时代乡村教师有两种来源：一种是国家分配的公办教师，一种是民办教师。公办教师又叫国办，是由国家供养，工资由国家财政统一拨款发放，户籍属于非农业户口，给口粮，也给补助。那时国家城乡分了户口，我们都是农业户口，就羡慕城里人，羡慕那些非农（户口）的人，城里多好，发展得快，村里就不一样，咋也跟不上。这非农（业）户口不光是自己有用，你家里的姑娘小子（女儿儿子）也跟着沾光！你要是非农（业户口），你子女高中毕了业就给分配工作，他们也就成了公家人，后来多少乡村的孩子念书都没别的要求，只要户口能变了就行！换户口本时，女的比男的重要，男的换户口本就是他自己，女的换户口本就连带着孩子一起走，全是非农业。正是这种情况，民办老师在转公（办）的时候，男老师就容易一些，这女的特别难，那时候没有计划生育，一家里至少都有四五个娃，她一带就一大串（指孩子），国家没有那么多公办教师指标，所以男老师在转公（办）的时候比女的好办得多。（2014－06－CFL－01）

---

① 陆益龙：《户籍制度——控制与社会差别》，商务印书馆，2003。

三 极贫与饥饿的记忆——教师下放

我国第一次城市教师下放农村发生在 1958～1962 年，其原因很复杂。温铁军认为，1958～1960 年，我国发生了工业化进程中的周期性危机。其主要原因有：苏联中断对中国第二个五年计划的援助，迫使中共中央发动地方政府开展自主工业化；1958 年的"大跃进"和"大炼钢铁"运动，导致大量青壮年劳动力离开农业生产投入炼钢炼铁的运动中；1959～1961 年是三年困难时期。同时，城市就业岗位从 1960 年的 1.3 亿个下降到 1962 年的 4537 万个。因此，1961 年后，政府不得不实行休养生息政策，动员上千万城市人口到农村去生产自救，以缓解城市失业的巨大压力。①

关于全国层面下放教师的统计资料笔者无从查阅，只能以个案来说明。以浙江桐乡市为例，1962 年春，经济崩溃导致的各方面表现已经十分显著，桐乡市政府传达贯彻了《中共中央、国务院关于进一步精简职工和减少城镇人口的决定》，由此普遍开展了六二、六三下放运动。教育系统闻风而动，提出贯彻八字方针，以"调整"为中心，缩减中小学设置布局和规模，精简机构和人员。至 1962 年 9 月，全市共精简下放教职工 527 人。至当年年底，全市共有公立初小 229 个班转为生产大队民办，将全市 67% 的公立初小让农村去挑担子，其中人员下放、户粮下放、工资下放（俗称"三转"）的有 149 名原国家公办教师，另有 80 人转粮转钱但不转人，也就是在城镇工作，去农村领粮食、领工资。

笔者所调查的 Q 县，1961 年、1962 年贯彻中央"调整"八字方针，调整校点布局，合并学校 11 处，压缩班级 139 个，精简教师 529 名，转吃农村口粮的有 438 人。桐乡和 Q 县的情况说明这一时期的教师和干部下放有支援农业的目的，但学校下放以及教师转粮、转钱但不转人的现象也说明国家将学校和教师供养的责任转嫁给了乡村。

既往的研究便到此为止，并未深究这些被下放的教师是谁，更没有从性别的视角来对此进行详细的统计与分析。在笔者所调研的 Q 县，笔者通过县志、当地教育局人事档案科的史料，以及县档案馆提供的资料，厘清了这一时期下

---

① 温铁军等：《八次危机：中国的真实经验》，东方出版社，2013。

放教师的性别分布（见表5-10）。在此基础上，笔者还对两位曾有下放经历的公办女教师进行了访谈。

表5-10　Q县1961～1962年下放教师分性别统计

单位：人

年份	下放教师		其中转粮教师		其中转钱教师	
	总数	女教师	总数	女教师	总数	女教师
1961	228	88	179	76	49	12
1962	301	27	200	20	101	7
总计	529	115	379	96	150	19

资料来源：Q县县志、县教育局档案科、县档案馆以及当地老师的回忆提供的资料。

从表5-10可以看出，在公办教师下放"三转"中，女教师虽然在绝对数上少于男教师，但是比照之前Q县1961年、1962年连续两年的教师数据可知，1961年该县小学教师1645人，女教师157人，其中公办女教师100人，民办女教师57人；1962年该县小学教师1088人，女教师66人，其中公办女教师35人、民办女教师31人。根据两年下放教师的人数看，1961年，公办女教师下放88人，剩余12人；1962年公办女教师下放27人，剩余8人，该县两年共计下放公办女教师115人，也就是说，1962年底1963年初，Q县公办女教师只有20人。从这些数据中不难发现，当国家遭遇重大转折时，最先也是最直接受到冲击的就是女性。笔者访谈的一位公办女教师蒋某荣（76岁）说道——

（19）58年"低指标"，国家进入困难时期，县里实行"教师归本队"的政策，把我派回娄子石，在那儿待了10个月，也不教书，天天搞"阶级会议"。那时候女老师回去的特别多，男老师都是当领导、当干部，人家咋能回去呢！国家穷，养不起这么多人（教师），这女的回去了吃的少，队里负担轻，男的回去就需要队里给口粮，肯定比女的给得多，所以回去的大多是女老师。（2014-06-JGR-01）

另一位曾经被下放转粮的女教师孙某（71岁）也证实了这一点——

土门子（19）59年开始搞食堂，低指标，那时人多，生活困难，女老师都下放回队了。我是1960年底回来的。自然灾害村里没粮食，学生们饿得嗷嗷叫，队里就让老师带着孩子们上后山挖草根子、挖野菜，能吃的都下锅煮。回队来的老师基本都是女的，男的也有，就是年纪大的，青壮年都不乐意转粮，谁都清楚回来压根儿就没粮食，留下还能吃公家饭，给工资，多好。（2014 - 12 - SXR - 01）

通过两位曾经被下放的公办女教师的经历不难看出，1958～1962年中国社会发生了工业化进程中的周期性危机，加上之前盲目跃进的政策，导致中国经济陷入全面崩溃局面。温铁军从经济危机与"农村作为城市就业问题的缓冲地带"的角度，解释政府实施休养政策并动员千万城市户籍人口到农村去生产自救。可以明确的是，这一时期国家面临着重大危机和挑战，再加上从1959年到1961年三年困难时期，自然和人为因素共同作用使广大乡村承受前后三年多严重的自然灾害——旱灾、水灾、冰雹、霜冻、病虫害等，并造成全国性的粮食短缺和饥荒。在这样的状况下，乡村女教师做出了巨大的牺牲，下放回乡回队，回农村领粮食、领工资，与共和国一同承担灾难命运。

笔者对这一时期Q县女教师进行了访谈，发现在她们口中，出现频率最高的就是"饥饿"与"贫困"（见表5-11）。这种对"饥饿感"的回忆是经历了灾荒年代的人们所共有的，大时代与大历史影响了一代人，对于生活在这个极贫饥饿年间的乡村女教师而言，饥饿已经不仅仅是一种纯粹的生理现象，在国家积贫积弱的年代更是由于资源的匮乏和男女两性的不平等待遇而造成的苦难，这也成为历史潮流中曾经影响一个时代的乡村女性的幽魂。

表5-11　Q县第二代乡村女教师对工作、生活的自述评价

主题类别（出现频次）		开放式代码（出现频次）
主题类别2：第二代乡村女教师对工作、生活的自述评价	子类别1：饥饿（38.4%）	没有粮食吃(70) 回队、转粮、集体食堂、低指标(68) 挖野菜、扒树皮、挖草根、收苞米、烧苞谷、喝稀粥、吃白薯(62)
	子类别2：贫困（23.2%）	穷、没钱(70) 衣不蔽体、冻得直哭、勤工俭学、自筹资金购置文具(51)

续表

主题类别（出现频次）		开放式代码（出现频次）
主题类别2：第二代乡村女教师对工作、生活的自述评价	子类别3：户籍与家庭羁绊（21.1%）	农村户籍（48） 孩子多没人带（48） 丈夫和其他家人的不理解（13）
	子类别4：工作能力缺乏（17.3%）	缺乏自信、能力不及男教师（47） 知识与技能缺乏（21） 教学经验不足（22）

第三节　"文化大革命"时期的教师性别结构变化

一　混乱的乡村与教育

由于"以阶级斗争为纲"的思想根基未能消除，1966～1976年，中国经历了被称为"十年浩劫"的"文化大革命"，教育事业也在混乱中遭到了严重的破坏，"读书无用论"的不良风气蔓延，学校教学完全停止或秩序混乱，教育发展水平大幅下降。据估计，"从1966年至1976年至少为国家少培养100万名合格的大专毕业生和200万名以上的中专毕业生，造成各行各业人才匮乏，青黄不接，青壮年文盲占总人口的21%"。[①]

到1970年末，全国共有高等学校434所，在校学生48000人。1966～1970年的五年内，高等学校招收学生42000人，毕业学生66.6万人，未培养研究生，未派出留学生。全国共有中等学校106041所（其中中等专业学校1087所，普通中学104954所），在校学生2648.3万人（其中中等专业学校在校学生6.4万人，普通中学在校学生2641.9万人）。全国共有小学96.11万所，在校学生10528万人。据统计，第三个五年计划期间（1966～1970），全国教育事业经费支出占全国财政总支出的5.93%，全国教育基建

---

① 中华人民共和国教育部编《共和国教育50年（1949～1999）》，北京师范大学出版社，1999。

投资完成额占国家基建投资完成总额的 0.44%。①

河北省普通中小学的破坏情况也很严重。1968 年 11 月,《人民日报》刊登了山东省嘉祥县马集公社两名小学教师的来信,建议公办小学下放到大队来办,即"侯王建议"。② 河北省革命委员会指示在全省推广,将公办小学强行下放到大队办。当年冬天,几十万名小学国办教师被迫回到原大队工作,不发工资改记工分,本人及其子女吊销非农业户口改为农业户口,停止供应商品粮改吃队口粮。这次下放人数之多,范围之广,影响之大,实为空前,经多年培养的教师队伍被肢解溃散,小学教育元气大伤。1970 年前后,全省城乡学校陆续被"工宣队进驻"或"贫下中农管理"后,不顾客观条件,提出了"上小学不出队,上中学不出片,上高中不出社"的口号,盲目发展中学,多数小学附设了初中班,原有的农中、职中和半工(农)半读技术学校几乎都变成了普通中学,各公社都办起了高中。到 1977 年,全省中学发展到 18791 所,是 1965 年的 18 倍。中学成倍增长,大批小学骨干教师抽调到中学任教,小学教育质量急剧下降。1973 年,"四人帮"大搞所谓"反回潮",河北省威县驻辛店大队学校的贫下中农管委会总结了所谓的"经验材料"。这个材料强调贫下中农要"占领和改造教育阵地,要把学校办得不像个学校"。2 月,国务院教科组向全国转发辛店"经验材料"。6 月,河北省革命委员会教育局在威县召开了现场会。这样,"四人帮"极"左"路线产生的所谓"贫下中农管理学校经验"流毒全省,殃及全国。

笔者所调查的 Q 县位于河北省东北部,距离北京只有 225 公里,距离省会

① 中央教育科学研究所:《中华人民共和国教育大事记(1949~1982)》,教育科学出版社,1984。

② 1968 年 11 月 14 日,《人民日报》发表了山东省嘉祥县马集公社马集小学教师侯振民(公社教育组组长)、王庆余(公社教育组成员)的一封信,该信"建议所有(农村)公办小学下放到大队来办,国家不再投资或少投资小学教育经费,对于教师国家不再发工资,改为大队记工分","教师都回本大队工作"。侯振民、王庆余认为,这样做有五点好处:①"从根本上改变了那种县文教局领导中心校、中心校领导高完小、高完小领导各小学的修正主义教育路线,使小学直接在大队党支部的领导下进行工作";②"有利于对知识分子的再教育";③真正落实了毛主席的最新指示"在农村,则应由工人阶级的最可靠的同盟军——贫下中农管理学校";④"教师都回本大队工作,一些被清出的地、富、反、坏、右分子就可回本大队监督劳动改造。地富子女回本大队教学,也便于接受群众的监督";⑤"可以减轻国家负担"。

石家庄480公里，"文化大革命"期间教育受到的影响和冲击都是非常显著的。笔者翻阅Q县县志科教篇，在描述这段时间该县中小学教育时，县志首先用一句话概括了当时情景："全县中小学工作处于瘫痪。"① 而在描写该县教师队伍现状时，县志也只有唯一一句话："文化大革命期间，无人过问教师队伍建设。"②

1966年，教材断档，全县小学以学"毛泽东语录"和开展大批判来维持教学。中学在校应届毕业生不得毕业，要求留校"闹革命"，同时停止招收新生，学校所有工作陷于瘫痪。1968年，实行贫下中农管理学校；年底，响应"侯王建议"，Q县第二次下放教师，566名公办教师回本大队任教，挣工分，吃农村口粮。有96所乡村小学因无回队教师而被迫停课，适龄学生入学率降至69.9%。是年年底，全县开始大办中学，"社社办高中，队队建初中"。学生一律送回本社中学就读。当年共建立中学学校89所。小学附设初中班280个，初中学生达13701人（见表5-12、表5-13）。

到1971年，落实"五·七指示"，县教育局制定"中小学教学计划和要求"，各学校整顿纪律，逐步开始恢复教学秩序。当年在校学生达65136人，适龄学生入学率恢复到86.3%。1973年起，该县连续开展"反回潮"、批"师道尊严"、"批林批孔"、"评法批儒"，学朝阳农学院"开门办学"等运动，教育秩序又重新陷入混乱。

表5-12　Q县小学基本情况（1967~1975年）

年份	学校（所）	班级数（个）	学生数（人）	备考
1967	741	1563	53483	附设初中班153个
1968	645	1510	55992	附设初中班280个
1969	694	1580	51109	
1970	699	1712	58264	七年一贯制学校74所
1971	722	1859	65136	
1972	765	2039	62774	
1973	729	2189	75477	
1974	755	2288	76509	
1975	744	2227	74485	附设初中学校71所

资料来源：Q县县志（1997年版）。

---

① Q县县志（1997年版）。

② Q县县志（1997年版）。

表 5 – 13　Q 县普通中学基本情况（1967～1975 年）

年份	学校数（所）	班级数		学生数		招生数（人）	毕业数（人）
		初中（个）	其中小学附设初中班（个）	初中（人）	小学附设初中班学生（个）		
1967	6	30	153	1140	2949	—	—
1968	89	183	280	6028	7673	3435	142
1969	61	20	—	7599	—	5500	2194
1970	65	293	74	10066	6154	5552	4210
1971	80	399	253	5644	—	6479	4198
1972	93	405	86	12756	—	6073	5374
1973	89	292	34	12225	—	5923	6053
1974	80	321	48	13855	—	7520	5708
1975	92	387	69	17975	—	10482	6056

资料来源：Q 县县志（1997 年版）。

二　"臭老九"——乡村教师的宿命

1971 年 4 月至 7 月底，国务院在北京召开全国教育工作会议。会议一开始就抛出了"黑线专政论"，污蔑"文化大革命"前十七年党领导下的学校"是叛徒、特务、走资派把持领导权"，"是培养资产阶级知识分子的场所"，教育战线"资产阶级专了无产阶级的政"，把广大教师和十七年培养出来的学生都说成是"资产阶级知识分子"（以下简称"两个估计"）。8 月 13 日，中共中央批转了这个纪要。其一，"文化大革命"前，十七年在教育战线上"资产阶级专了无产阶级的政"，"疯狂推行反革命修正路线"，教育制度是"封、资、修"的混合物，为复辟资本主义服务，是"黑线专政"。其二，原有教师的大多数，"世界观基本上是资产阶级的"，是资产阶级知识分子，必须继续抓紧对原有教师的再教育。纪要还将"全民教育""天才教育""智育第一""洋奴哲学""知识私有""个人奋斗"等称为十七年资产阶级统治学校的精神支柱。

1971 年 8～11 月，各省、自治区、直辖市先后召开教育工作会议，传达和贯彻全国教育工作会议和纪要的精神，加快了"教育革命"走向歧途的过程。在这个过程中，"两个估计"把广大知识分子作为革命和改造的对象，将教育部门的干部、学校的教职工与"地、富、反、坏、右、叛徒、特务、走资派"放在一起，贬为"臭老九"。此后，"臭老九"成为广大教育工作者的思想桎梏，教师地位迅速下降。

笔者在 Q 县 QL 镇 M 村做田野时，访谈到三位乡村教师。他们均是在"文革"前后开始的教师生涯，对这段时间混乱的乡村和教育的历史他们印象深刻。

> 当时村里流传着一句话，"家有三斗粮，不做孩子王"，只要能填饱肚子，就不爱干老师！这古代还有个"师道尊严"，现在有啥啊？啥都没有了，学生敢打老师了！一个大男人，有点力气都去干农活，不愿受这气。"文化大革命"那会儿我们村男老师都快跑光了，公办的也不干了，都嫌憋屈得慌，还不如下地呢！（2014－08－MCF－01）

> 俺以前觉得当"老师"就跟过去的"先生"是一样的，后来革老师的命了，不中了，把老师都打倒了。有的学校那学生把老师打的，以前哪儿敢啊！老师们都没地位了，学生也笑话，村民们也笑话，我们都不爱干了。我脾气不好，学生要是敢惹我，我一棒子就上去了。（2014－08－MCH－01）

另一位李老师却有不同看法——

> 女老师在"文革"的时候被学生气哭是常事儿，你说我们能咋办呢，力气没男老师大，你又不能打（学生）只好忍着，忍忍就过去了。这一天啊，如果安安分分地过去就阿弥陀佛了！（2014－08－LGR－01）

以 Q 县为例，"文化大革命"中，教师被诬为"臭老九"，很多教师被扣上"资产阶级知识分子"的帽子，109 名教师和校长被揪斗和专政，其中 4 名被迫害致死、5 名致残。特别是在 1967～1969 年，政治运动最激烈的三年里，该县教师总数出现回落，在这几年不少男性教师都离开了教师岗位。然而，这三年的女教师增幅却远远高于其他年份（见表 5－14）。

表 5 – 14　Q 县中小学教师数分性别统计（1966 ~ 1976 年）

单位：人

年份	教师总数	其中女教师数	小学教师数	中学教师数	教师总数中民办教师数
1966	2084	486	1928	156	1062
1967	1857	753	1701	156	866
1968	1779	832	1526	253	910
1969	2016	878	1646	370	1111
1970	2445	902	1902	543	1423
1971	2583	913	2057	526	1940
1972	3563	1008	2517	1046	2238
1973	3563	1021	2640	923	2190
1974	3603	1056	2633	970	2261
1975	3659	1071	2518	1141	2294
1976	4020	1467	2386	1634	—

资料来源：Q 县县志（1997 年版）。

从 Q 县小学情况看，1966 ~ 1968 年这段时间男教师数量急剧卜降，女教师数量增多，1968 年这一年 Q 县小学男女教师第一次出现数量上的持平（见图 5 – 3）。

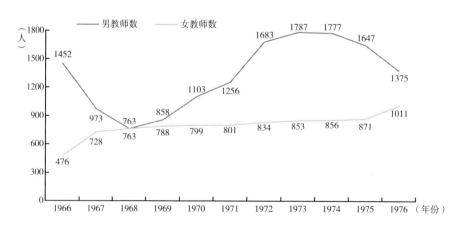

图 5 – 3　Q 县小学男女教师数（1966 ~ 1976 年）

在这一时期，由于男性退出乡村教师的岗位，而乡村教育需求又甚，只有通过女性尤其是民办女教师来弥补乡村学校的师资不足。由此也充分验证了一方面，女性在乡村择业的机会与范围都非常有限，另一方面，女性在乡村就业层次也远低于男性。乡村教师，这个曾经在村落有着较高地位的职业原本都是由男性所把持，直到"文化大革命"的逆流，造成人人把教师视为"臭老九"，使不少男性逃离教师岗位。而由于乡村女性自身对封建传统观念的认同、接纳，她们对教师职业的定位也比男性更倾向于奉献，甚至"逆来顺受"。正如在"文化大革命"中很多男性教师对于师生地位的颠倒和错位十分不满，更倾向于采取一种积极的应对措施，比如跟学生打斗："我脾气不好，学生要是敢惹我，我一棒子就上去了。"（2014－08－MCH－01）或是干脆不干："'文化大革命'那会儿我们村男老师都快跑光了。"（2014－08－MCF－01）而笔者访谈的女教师所采取的应对措施却是完全不同的，更愿意"忍"下这口气"忍忍就过去了"（2014－08－LGR－01），以保留这份工作。有西方学者认为，女性在一个行业的优势得到公认并且其更加广泛地加入该行业中以后，这一行业的地位也渐渐呈下降趋势，这一行业的待遇也不如男性操作时那样优越了。①

三　城市文明与福音的传播者——知青女教师

1966年4月6日，高等学校招生工作座谈会召开。座谈会明确指出，要采用新的办法，高等学校取消考试，采取推荐与选拔相结合的方式。6月13日，中共中央、国务院发出通知："鉴于目前大专院校和高中的'文化大革命'正在兴起，要把这一运动搞深搞透，没有一定的时间是不行的"，而且高等学校招生考试办法"基本上没有跳出资产阶级考试制度的框架"，因此"必须彻底改革"。通知说，为了使高等学校和高中有足够的时间彻底搞好"文化大革命"，以使实行新的招生办法有充分的时间做好一切准备，中共中央和国务院决定1966年高等学校招收新生的工作推迟半年进行。通过高考选拔人才的教育模式被定性为"培养了资产阶级的接班人"之后，废止高考，千百万青年"上山下乡"，大学教师也被"下放"到"五七干校"，一些大学生干脆

---

① 熊杰：《教师女性化趋势对妇女地位的影响——西安市教师女性化趋势现状分析》，《现代教育管理》1996年第4期。

迁到偏僻的乡村，同时将大学转变为"培养社会主义接班人"的政治运动也开始了。从 1966 年 6 月 27 日开始，高等教育部连发通知，暂停研究生招生工作和选拔派遣留学生工作。

"文化大革命"开始后，知识青年"上山下乡"进入高潮，"文化大革命"期间，全国上山下乡的知识青年有 1600 多万。1968 年 12 月 22 日，《人民日报》报道，甘肃会宁县城城镇居民到农村安家落户，并在"编者按"中引述了毛泽东的指示："知识青年到农村去，接受贫下中农的再教育，很有必要，要说服城里干部和其他人，把自己初中、高中、大学毕业的子女，送到乡下去，来一个动员。各地农村的同志应当欢迎他们去。"从此，全国各地城镇出现了知识青年上山下乡的高潮。"文化大革命"开始以来的初、高中毕业生，除已回乡、下乡和分配工作之外，纷纷去农村、边疆落户。有的地区因初中毕业生全部上山下乡，停办了高中；一些地方，大批在校的初、高中一、二年级学生，也随毕业生到农村去劳动锻炼。①

很多学者在评论这一政策时，认为它是以减轻城市就业压力为直接动因，也是具体地将城市发展的压力阈转移至乡村，将国家计划配置负担原城市居民的生活资源转嫁给农民的性质。② 但对于广大乡村教育而言，因为相当一部分从城市中下放的知识青年在乡村担任教师，对于乡村学校各个学科，特别是音体美等紧缺学科，下放教师与知青教师的到来绝对是有利无害的。

笔者在 Q 县做田野时，"文化大革命"期间在阶级斗争中受到影响被下放的城市大学毕业生和知识青年成为该县一个非常有益的教师来源，从某种程度上说，他们可谓是第一批城市文明与福音的传播者。

笔者"走街串巷"访谈当地村民，很多老人都说，那一段时间从上海、北京都来过知青教师，华东师范大学、北京师范大学的毕业生也有。笔者走了几个乡镇，试图追访一些知青教师，但所到之处已难以找到。Q 县的知青多数来自北京，也有个别来自上海，"文化大革命"结束后都相继返回，很多人已去世。经过多方找寻，又经人介绍，找到在该县下乡的两对教师夫妇，一对来

---

① 中央教育科学研究所：《中华人民共和国教育大事记（1949～1982）》，教育科学出版社，1984。
② 陈映芳：《城市中国的逻辑》，生活·读书·新知三联书店，2012。

自北京，王健某和孙林某夫妇；另一对来自上海，张大某和李素某夫妇。王老师夫妇都毕业于北京大学，王老师因病辞世，二人同时下放Q县G₁乡，其妻孙老师擅长吹笛子，在G₁中心学校教数学和音乐；张老师夫妇皆毕业于华东师范大学，二人下放到N乡，张老师教数学，李老师曾教过语文、英语和美术，笔者访谈两位时，丈夫张老师不在国内，由李老师做了讲述。① 由于对两对知青夫妇的访谈时间较短，为了证实其所述，笔者还通过访谈中间人（这其中有两对夫妇的学生和同事）证实了一些情况。

　　1968年7月底，工宣队进驻北大制止武斗，要求我们回校。8月初回燕园，武斗已经停止，但残余的"战场"还是给我们留下了很深的印象。秋天，我们就跟着那些毕业分配的学生一块儿去"上山下乡"了。我和老王（孙老师爱人）被分到一个村，在县招待所等了几天，人都差不多集齐了，就找了一辆大卡车把我们拉到G大队，告知我们到G大队当农民，取消城市户口和商品粮供应，像农民一样，记工分加补贴，每月只发34元。在下乡的三年里，实际上国家规定大学生城市户口、商品粮、取暖费待遇统统都取消了。由于吃粮数量方面按照知青的待遇，一年528斤毛粮，比当地社员稍强一些，能吃饱肚子。社员们年年秋天分得的粮食都只够吃到春节前后，一开春家家户户都没粮食了，要向队里借粮度日，要变稠为稀，以稀汤寡水烂腌菜来维持超强的体力劳动。去了没多长时间，

① 访谈两对知青教师夫妇非常不易。首先在联系上就颇费周折。不过也验证了费孝通先生所言乡村的差序格局，人与人之间的关系非常紧密。笔者在寻访找人时，一般问及不超过三代便能够把各种各样的联系搭建起来，通过若干（不超过三人）中间人，在乡村找人要远比城市方便得多。两对知青夫妇的联系都是通过"人找人"的方式达成。王氏夫妇现居北京，笔者本想入户走访，但其家住得比较远（昌平），而且王老师一年前因肝癌去世，其妻孙老师身体欠佳，不便造访，故只有通过电话做了半个小时的访谈，其间孙老师已几次因咳嗽停止，笔者也不便打扰，访谈只进行了一次。对上海的张氏夫妇访谈也是通过电话完成，张老师在美国儿子家度假，李老师因女儿生病延误去美国，照顾女儿，往返家与医院，十分操劳。李老师原本不想接受访谈，在笔者恳求下才答应，而且李老师是上海人，口音较重，笔者需要不断追问完全理解其所述含义，这也是影响此次访谈结果的因素之一。笔者对李老师的访谈进行了一次，时长为25分钟，之后不久李老师便去了美国。笔者只能根据两位女教师的讲述拼出当年这些知青女教师之于乡村、之于教育、之于学生的意义。笔者试图向两对夫妇索要若干照片和文本资料，但都被婉言回绝。

队里把女的抽调去小学、中学当老师，男的都下地干农活。我爱做老师。我们住老乡家，早晨就跟着孩子一起去学校。我教初中班数学和全校的音乐课，我会吹笛子，偶尔还教他们外文。乡下的孩子很朴实，天天缠着我给他们吹曲子、唱歌。我来之前学校音乐老师、美术老师都没有，我和马文钰、潘晓勤把课都给他们开齐了，马文钰教画画，潘晓勤教朗诵。城里的学校已经乱了，乡下学校也跟着搞运动，乱七八糟的，课本教参啥的都没有，教室贴满了大字报，我们还在庙里上过（课）呢。每年大队要搞文艺演出，都是知青唱主角。老乡们对我们挺好的。秋粮收了到冬天没农活了，就去老乡家，他们教我们做针线活儿，我们讲城里的故事，教他们认字，还传授一些卫生知识。（2014 - 11 - SLQ - 01）

知青做教师，在规模庞大的知识青年"上山下乡"运动中只是非常小的一部分，大多数知青最终被放置到了农业生产而不是农村学校，只有少部分知青女教师成为暂时的乡村教师。在政治运动的既有规定下，因为缺乏其他出路，知青女教师更快地融入了当地的教育，融入了当地的生活。而对知识分子缺乏的乡村学校而言，这些年轻的知青女教师无疑是一股"清流"，注入了乡村学校和乡村学生们的心中，不仅解决了乡村学校音体美等课程师资缺乏的现状，最关键的是她们在某种程度上已经成为城市文明和福音的传播者，进入乡村，打破这宁静古老的村落，使现代城市精神连同市民生活第一次在乡村展现，为乡村学童们开启了一个崭新的世界。

笔者在 2014 年 11 月底追访到曾经接管孙老师的农家——G 村张氏家。张某①（男，56 岁）是家中一学童，当时只有 10 岁，是孙老师的学生，也是张家第一位"走出去"的大学生。从河北某大专毕业后现在秦皇岛一事业部门担任要职。张某对孙老师的印象十分深刻——

---

① 笔者能够追访到张某是非常巧合的。多年来张某一直和孙老师保持着联系，逢年过节张某都会打电话慰问孙老师。因丈夫王老师的去世，孙老师身体健康状况下滑，在最初接受笔者访谈时孙老师原本是不乐意的，而且也不愿意再多回忆这段敏感历史，故孙老师把张某介绍给笔者，希望张某能够代替孙老师对笔者所提出的问题和若干历史事件进行回溯。笔者联系张某时比较顺利，张某现在秦皇岛市园林局担任要职，公务繁忙，但笔者通过电话说明来意之后，张某还是非常热情地做了回复，并约定了访谈时间。笔者对张某的访谈也是通过电话完成，时长 18 分钟。

　　我记得是1968年秋，村里来了第一批知青，都是北京的。我十来岁，跟着大人们敲锣打鼓，个个都拿着《毛主席语录》，用马车把他们从大队拉回村。总共六个人，三男三女，王老师和孙老师就是其中两个，还有一对兄妹姓潘，另外两个人，男的叫曹侃，女的叫马文钰，都被分配到农户家吃住，男的大部分住在光棍家，轮着在各家吃饭。当时正赶上秋收大忙时节，他们也跟着劳动。孙老师住在我们家，马老师住隔壁我婶子家。自从家里多了两个城里的女老师，我们可稀罕了，让我们长见识，好多上了年纪的老人就是从知青那里学会了刷牙洗脚。这两个年轻的女老师每天都笑嘻嘻的，又干净又漂亮，能写会画。孙老师笛子吹得好，那个马文钰年纪更小，也就是十六七（岁），爱唱爱跳，带着我们学唱毛主席诗词，还有城里面的儿歌，她还特别会画画，给我们村里画宣传画。孙老师是个大学生，爱坐在太阳地里看书，我后来翻她带来的书，有《烈火金刚》《卓娅与舒拉的故事》啥的，那是我第一次看这些小说，还有外国文的书，我当时看不懂。后来，1969年春，又来了四个北京的知青，村里就给他们三间房，算是个宿舍吧，我们这些小孩子没事就跑去玩儿，每天就跟个小狗子似的，跟在他们屁股后面，稀罕（喜欢）得不行啊！我最尊敬的就是孙老师，孙老师有学问，啥都懂，是孙老师教我的英文，她还给我起了个外国名字叫Joe，我到现在还没忘呢！说句实话，乡下孩子第一次开眼，就是他们。我们那时年纪小，不懂得啥运动，但他们一来，村里前所未有过的热闹，老老小小都爱听他们讲城里的事，从来都没听过没见过的，啥小汽车啊，啥黑匣子（收音机），还有外国事儿……好多乡下孩子在他们走后都立志要好好读书，也想进城里看一看，过一过城里的生活。这种影响，我是一辈子都忘不了的。（2014－11－ZNF－01）

笔者在访谈另一位上海知青女教师李老师时，她主要回忆了一些当年在N乡执教的情形——

　　我们当时一大批知青，主要是女的，成了当地的民办教师。不是每个知青都能进学校的，大队干部要选，而且优先女的，大概是我们城市女孩子也不太会干农活吧。另外，也是我们女青年更积极一些，因为比起辛苦地下地参加生产队的劳动，做老师算是令人羡慕的好事了！况且我们女知青更愿意安分守己工作，在那个动荡的年代，唯一的希望就是自己表现好一点，盼着大队里给指标，或推荐能考出去。我们一批知青在当地学校做老师，的确是提高了他们的教育质量，而且我觉得对村里的女孩子可能影响会更大一些。我是（19）71年到的，在牛心坨小学教过英语、语文和美术。那时还经常去老乡家动员不读书的女孩子上学校，给她们讲城里的故事，那些个小姑娘爱听，爱跟着我们走，我们就教她们唱歌跳舞，还教她们说英文，教她们朗诵演话剧，好多老乡们也在茶余饭后跑到学校操场看我们表演。（2014 - 11 - LSH - 01）

通过李老师的访谈不难看出，在女知青中，当教师是一件值得羡慕的事。六七十年代，国家在号召知青下乡时，只有前面几届给了一定的安置费用，但由于经费不足，国家在其后对知青的安排上主要采取插队的形式，国家给予的补助相当少。在如此政策之下，知青在下乡时实际上是面临着巨大的经济压力，与此同时，乡村生活与知青之前所在城市生活截然不同。著名作家叶辛在《蹉跎岁月》中曾做过较多的描述，知青的乡下日子与此前的家庭生活处于完全不同的状态。[①] 特别是对于女知青，充当乡村教师，不仅可以在粮食供应上得到优先保障，而且还有一笔现金收入，同时又可以免去或者减少参加乡村繁重的体力劳动，因此，做教师便成为这些来自城市的女学生的首选。实际上，正如李老师所说，女知青比男知青在乡村更加"安分守己"，较容易受到大队领导和当地村民的认可，成为教师的机会也比男性多一些。六七十年代，在国家政局动荡的岁月里，类似孙老师、李老师这样的女知青在当地做教师的情况是较多的，她们为乡村的教育做出了重大贡献，传播着城市的文明与福音，为无数乡村学生打开了另一扇大门。

---

① 叶辛：《蹉跎岁月》，人民文学出版社，2009。

第四节　本章小结

现代国家使命主导教育实践。教师，原本是乡村文化和家庭地位相对优越的男性所从事的职业，然而，民族国家政权建设之初，政权并不十分稳定，需要巩固和稳定政权，妇女成为重要因素。这一时期，对基层妇女进行思想政治教育以提高其作为劳动者和新中国建设者的女性人口的觉悟和素质，成为稳固政权的要旨之一。通过民族国家含义的强化使女性意识到自身"独立"与"解放"与国家建构密不可分。此时，执政党一方面利用普及教育的方式提高乡村学龄女童入学率，减少与消除新女性文盲；另一方面也积极促进成年女性入学，并通过鼓励乡村知识女性走向教师甚至干部岗位，以起"榜样示范"作用，这一时期的乡村女教师速成而且身份多样。政权建立之初，面临经济上的封锁与困境，乡村女教师不仅承担了乡村儿童的教育，还肩负着成人扫盲教育的重任，对国家脱盲战略目标的实现起到了关键作用，是一支稳定、廉价、积极投入的乡村教师队伍。

50年代末到60年代初，国家不顾经济社会发展规律实施"大跃进"，导致了乡村办学的热潮，公办教师严重不足，民办教师登上历史舞台，乡村学校"大跃进"，民办女教师的增幅明显高于男性。在国家政权纠偏整顿时期，民办女教师的人数又迅速下滑，下浮比例也远高于男教师。这说明，乡村女教师身份的获得和剥夺均易于男性。

"文化大革命"的到来使得乡村教育事业面临前所未有的混乱和破坏，"读书无用论"的不良风气蔓延，乡村教师成为"臭老九"，至此，乡村知识男性开始思考自己的前途与命运，相继逃离"教师"这一岗位。女教师渐次补进，造成新中国成立后第一次教师队伍男女性别比的趋同趋势。与此同时，大批知识青年下乡，其中部分女青年也补充到乡村教师的岗位上，在政治运动的既有规定下，因为缺乏其他出路，知青女教师更快地融入了当地的教育，融入了当地的生活，给村民和学生带来了城市的文明和福音。

笔者通过图表勾勒出集体化时期（1949~1976年）国家、乡村和教师之间的互动关系，并试图绘制出乡村女教师进退教师队伍的图谱（见图5-4）。

中国乡村教师性别结构的变迁

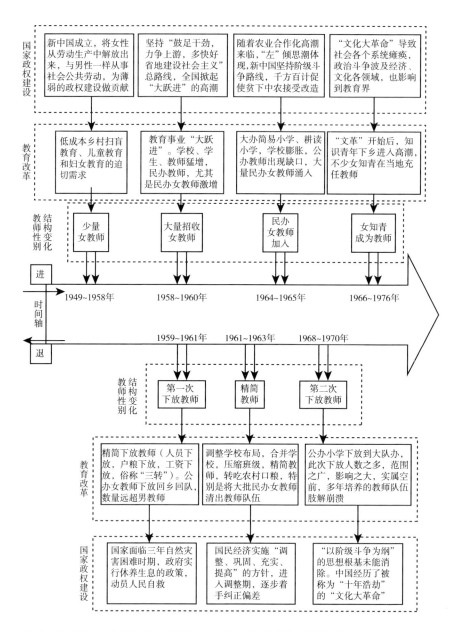

图 5 - 4　国家、乡村和教师的互动关系与乡村女教师进退图谱（1949～1976 年）

第六章
Q县教师性别结构变迁（下）

党的十一届三中全会以后，随着国家对乡村土地及治理政策的改变，家庭联产承包责任制落实，乡村经济发展较快，广大农民在实践中认识到，要使经济更快地发展，一要靠政策，二要靠科学。1984年10月，中共十二届三中全会通过《中共中央关于经济体制改革的决定》。同年，中央将科技、教育改革提上议事日程。1985年5月，中共中央颁布《中共中央关于教育体制改革的决定》，决定从体制入手，打破"一统二包"、包得过多、统得过死的体制，实行简政放权；调整教育结构，相应改革劳动人事制度；增加教育投入，使中央和地方政府教育拨款的增长高于财政经常性收入的增长；将实施九年义务教育的责任和管理权限下放给地方，实行"地方负责、分级管理"等。由此，拉开了中国教育体制改革的序幕。

2000年以后，我国乡村经历了90年代以来市场经济的渗透，再一次发生巨变。2001年开始乡村税费改革，至2006年取消农业税，国家与农民的关系发生了质的变化；90年代以来市场经济的不断侵入，使农民的流动性加强，尤其是大规模的务工经商，乡村男性纷纷出走，离开村庄寻找收入更高的工作机会，村庄原有封闭的边界大开，构成乡村内生秩序基础的结构性力量快速发生变化；农民价值体系和意义系统在现代性的全方位冲击下被当下的现实利益所取代。新世纪之交的乡村教育与教师性别结构变迁就是在这样的大背景下发生的。

本章的叙述首先从时间概念上将承接上一章，继续对个案县——Q县乡村教师队伍性别结构变迁，自改革开放前后至今这段历史时期（1978年至今）进行详细阐释。

第一节 改革开放二十年 Q 县教师性别结构变化

一 普及教育进一步推进男女平等

1984 年，我国进入了全面经济体制改革的探索阶段，是年颁发《中共中央关于经济体制改革的决定》被邓小平认为"最重要"的第九条提出，"进行社会主义现代化建设必须尊重知识、尊重人才"，"科学和教育对国民经济的发展有极其重要的作用。随着经济体制的改革，科技和教育体制改革成为迫切要解决的战略任务"。[①]

1985 年 5 月 27 日，《中共中央关于教育体制改革的决定》正式颁布实施，提出实行九年义务教育的论题。1986 年 4 月，六届全国人大四次会议通过《中华人民共和国义务教育法》（以下简称《义务教育法》），国家实行九年义务教育，义务教育事业在国务院领导下，实行地方负责，分级管理。《义务教育法》是我国历史上第一部普及教育的法律。

"义务教育"之所以是"男女平等"的教育，首要原因在于它的免费性。虽然从政策本身来看并没有明显的性别指向，然而政策在执行过程中却成为一项对乡村女童就学的利好性政策，特别是对于偏远贫困地区女童入学产生了积极影响。在我国广大乡村地区，尤其是一些贫困落后地区，家庭经济困难或者需要辅助性劳动时，家中女孩受教育的权利首先受损，"重男轻女"的传统性别观念在乡村地区是比较普遍的，儿子就是家庭的"社会保障"，在家庭条件允许下，男孩在受教育问题上具有无可争辩的优先权，即便是家庭相对贫困、只能供养一个孩子读书时，也必定是家中的男童；多数乡村家庭认为对于女孩的教育投资，没有任何回报，"嫁出去的女儿泼出去的水"，女孩早晚出嫁，上学读书与否并不重要，这类思想观念左右着乡村家长，并在评估是否为女孩投资上学一事上往往倾向于放弃，况且，当家庭经济条件无法承担多个子女接受教育时，女孩的就学机会首先就会遭到剥夺。

[①] 《中共中央关于经济体制改革的决定》，转引自《教育改革重要文件选编》，人民教育出版社，1986。

以小学为例，新中国成立初期（1951），适龄女童的入学率仅为 28.0%，乡村地区适龄女童入学率不足 15.0%，至 1980 年，全国适龄女童入学率为 44.6%，偏远贫困地区女童入学率仍不足 30.0%。实施九年义务教育免收学费，是一个没有强调性别的普适性政策，更是一个"兜底性"政策，它能为乡村贫困家庭上不起学的学生"兜底"。经过分析不难看出，在这些因贫困失学的学生中，女童的比例要远高于男童，义务教育一旦政府兜底保底，女童将成为最大的政策受益者，它使得很多贫困地区女童有机会接受教育，进一步推动了教育领域中的性别平等。

笔者调查的 Q 县，在 1980~1998 年，中小学阶段适龄女童入学率均有大幅度提高（见表 6-1、表 6-2）。

表 6-1　Q 县小学基本情况（1980~1998 年）

年份	学校数（所）	学生数（人）	其中女生（人）	适龄学生入学率(%)	适龄女童入学率(%)
1980	665	64237	12242	80.1	27.8
1984	426	46197	13757	84.9	34.9
1988	415	51292	20126	86.8	42.3
1990	415	54889	21223	88.5	44.7
1994	420	58332	23769	93.1	47.0
1998	454	62313	28975	96.5	67.6

资料来源：来自 Q 县县志（1997 年版）。

表 6-2　Q 县中学基本情况（1980~1998 年）

年份	学校数（所）	学生数（人）	其中女生（人）	适龄学生入学率(%)	适龄女童入学率(%)
1980	90	28853	8753	74.7	20.1
1984	61	15375	5109	78.8	28.9
1988	54	12546	4328	83.8	37.9
1990	58	16301	7864	86.9	44.5
1994	60	19875	8999	90.8	56.8
1998	66	22135	9005	94.3	66.3

资料来源：来自 Q 县县志（1997 年版）。

普及义务教育是"男女平等"的教育，乡村女童入学率大幅度提升。80 年代之后，乡村女教师数量持续增长与这一时期乡村女童入学机会的增加密切相关。从 Q 县的数据上看，这一时期女教师比例逐年升高，至 1998 年，男女

中国乡村教师性别结构的变迁

教师两组数据趋向接近，这表明到 20 世纪 90 年代 Q 县小学阶段男女教师数量基本持平（见图 6-1）。

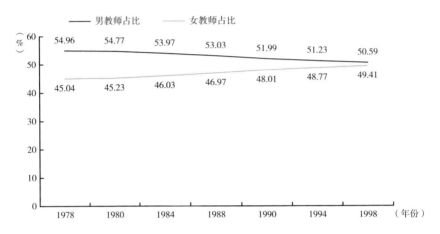

图 6-1　Q 县小学男女教师数量占比（1978~1998）

在中学阶段，这一时期男教师在数量上仍旧占优，但从发展趋势上看，男教师比例呈下降趋势，而女教师比例则不断上升，从 1978 年的 29.73%，上升到 1998 年的 37.92%（见图 6-2）。

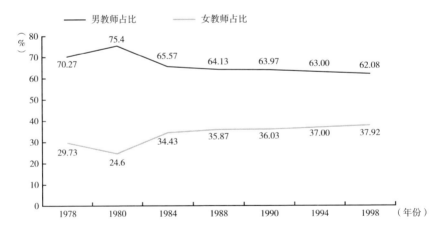

图 6-2　Q 县中学男女教师数量占比（1978~1998）

比较中小学同性别教师数量发现，小学阶段的女性教师数明显高于中学阶段，也就是说，随着学校层级的升高，女教师数量呈现下降趋势，但是比较这两个阶段的增幅情况发现，中学阶段的女教师增幅明显高于小学阶段，这表明在这一时期，虽然高一层级的学校女教师总数不占优，但随着男教师比例的下降，女教师仍是弥补中学师资不足的关键因素（见表6-3）。

表6-3　Q县中小学女教师人数及增幅情况（1978~1998）

单位：人，%

项目		1978年	1980年	1984年	1988年	1990年	1994年	1998年
小学	人数	1021	1004	939	983	1026	1029	998
	增幅	—	-1.67	-6.47	4.69	4.37	0.29	-3.01
中学	人数	578	537	420	434	534	662	722
	增幅	—	-7.09	-21.79	3.33	23.04	23.97	9.06

资料来源：来自Q县县志（1997年版），经过计算得出。

而且这一时期Q县专任中小学女教师的学历合格程度也呈现逐渐升高的趋势，即低学历层次的女教师逐渐减少，高学历层次的女教师不断增加（见图6-3、图6-4）。以小学为例，中等师范毕业的女教师数由1978年的20人，增加到1998年的541人，二十年间增长26倍；高中毕业的女教师也由

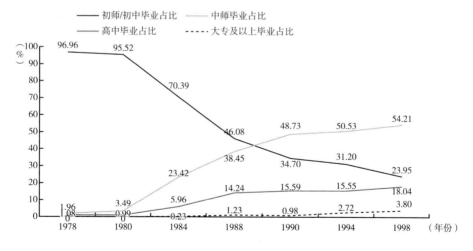

图6-3　1978~1998年Q县小学专任女教师学历情况

1978 年的 11 人，增加到 1998 年的 180 人；值得一提的是，至 1998 年，该县小学阶段已经有 38 名大专及以上学历的女教师。这一时期 Q 县中学阶段专任女教师的学历层次发展也较快，中师/高中学历合格率从 1978 年的 34.60%，增长到 1998 年的 45.15%；大专及以上学历合格率由 1978 年的 7.79%，上升到 1998 年的 51.66%。

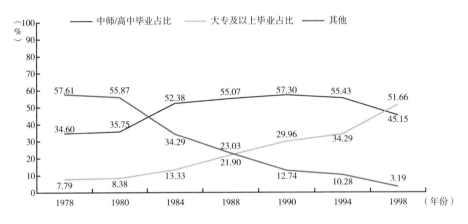

图 6 - 4　1978 ~ 1998 年 Q 县中学专任女教师学历情况

二　"男退女进"——乡村教师性别比变化

（一）市场经济与乡村劳动力分化

自党的十一届三中全会以来，国家对农业进行了全面的调整与改革，制定了一系列有利于保护和发展农民家庭经济的政策，家庭联产承包责任制极大地鼓舞了农民，长期被压抑的农业潜力爆发出来，乡村农户在生产和经营中有了更大的发展空间，也有了更多的消费富余。

Q 县在 20 世纪 80 年代初实施家庭联产承包责任制，解放了生产力，调动了农民的积极性，大幅度提高了农业水平，Q 县林果和畜牧业有了长足发展；另外，个体工业的发展也起步于 80 年代初，至 1990 年，Q 县工业生产形成全民、集体、私营、个体多种经营成分和以矿业、纺织、食品饮料加工、化工、建材、印制、机械制造等七个行业为主的工业体系。全县乡以上独立核算的工业企业 108 家，其中县属独立核算工业企业 29 家，解决乡村劳动力就业 9970

人。90 年代初，Q 县的矿业发展迅猛，特别是金矿，可以说是遍布全县（见图6-5）。县办国营黄金采选企业6 家，乡镇村集体矿山 158 家，从业人员 6253 人。笔者根据 Q 县男女劳动力实际工作情况，结合该县历史文献，比对全国第三次和第四次人口普查的数据，即 1982 年和 1990 年 Q 县含 QL 镇、X 镇、C 乡、S 乡、T 乡、G_1 乡和 N 乡共 7 个乡镇男女劳动力就业情况，从中可以看出改革开放后该县男女两性劳动力的市场流向。

图 6-5　N 乡牛心坨村 90 年代乡办集体矿企

注：经所有者同意，笔者翻拍而成。

1982 年，Q 县被调查的 7 个乡镇男性总人口 30588 人（见表 6-4），其中务农人口 30012 人，占被调查乡镇男性总人口的 98.12%；女性总人口 27924 人，其中务农人口 27808 人，占被调查乡镇女性总人口的 99.58%，这表明当时乡村女性的职业更为单一，乡村知识女性就业只有两个途径——乡村医护工作者和乡村教师，而乡村教师的比例又高于医护人员。这一年，外出打工、个体经营和企业管理者总计 115 人，仅占被调查乡镇男性总人口的 0.38%。

表 6-4　Q 县 7 个乡镇男女两性劳动力职业构成基本情况（1982）

性别	劳动人口总数（人）	职业构成	合计（人）	年龄构成（人）			
				16~25 岁	26~45 岁	46~55 岁	56~60 岁
男	30588	务农	30012	3107	9892	10435	6578
		企业打工	48	12	32	4	0
		企业管理	4	0	3	1	0
		个体经营	63	0	33	16	14
		村干部	35	0	13	20	2
		乡村医护	21	1	14	4	2
		乡村教师	405	27	218	148	12

中国乡村教师性别结构的变迁

续表

性别	劳动人口总数（人）	职业构成	合计（人）	年龄构成（人）			
				16~25 岁	26~45 岁	46~55 岁	56~60 岁
女	27924	务　农	27808	3211	8776	10003	5818
		企业打工	0	0	0	0	0
		企业管理	0	0	0	0	0
		个体经营	0	0	0	0	0
		村干部	4	0	1	3	0
		乡村医护	10	3	3	3	1
		乡村教师	102	11	30	34	27

　　另外，从表6-4中还可以看出，不同年龄阶段农民就业也存在一定差异。在经营类（包含打工与自主经营）行业中，26~45岁这个年龄阶段的中青年男性占据大多数，乡村25岁以下男性和女性从事教师行业的人数都较少。80年代初，虽然党的十一届三中全会明确了以经济建设为中心的发展任务，在乡村也实行以家庭联产承包责任制为主的农业改革，鼓励开展多种经营以提高乡村农业生产力，但在改革初期，无论是市场经济的发展速度还是乡村人口的价值观念，都还停留在较低水平和层次，因而，这一时期乡村适龄劳动人口的就业选择仍以务农为主，乡村知识阶层也大多集中在传统行业，即医护和教师行业。

　　是年，乡村教师队伍中男性405人，占男性劳动总人口的1.32%；女性102人，占女性劳动总人口的0.37%。从绝对数上看，无论男性还是女性在乡村从事教师职业的人均为极少数，但若从非农产业劳动就业比重来看，1982年，乡村教师人数占非农产业就业人数的比例就显得较高了，男性充当教师的比例在整体非农产业中占到70%（见图6-6、图6-7）。而且对比男女两性发现，截至20世纪80年代初，这7个乡镇里男教师数量是女教师的将近4倍。

　　1990年，市场经济已经深入Q县，特别是20世纪90年代初，该县矿业发展迅速，给农民提供了很多就业岗位，这一时期的男女两性职业构成发生了较大变化（见表6-5）。

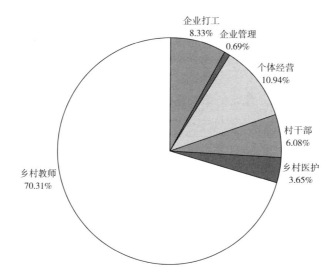

图 6-6　Q 县 7 个乡镇男性非农职业人口分布（1982 年）

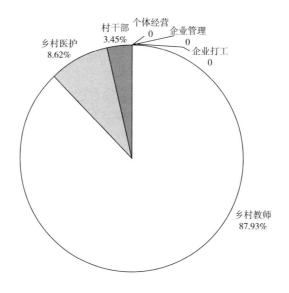

图 6-7　Q 县 7 个乡镇女性非农职业人口分布（1982 年）

中国乡村教师性别结构的变迁

表6-5 Q县7个乡镇1990年男女两性劳动力职业构成基本情况（1990年）

性别	劳动人口总数（人）	职业构成	合计（人）	年龄构成（人）			
				16~25岁	26~45岁	46~55岁	56~60岁
男	34104	务 农	28004	2008	7234	10002	8760
		企业打工	5005	2370	2007	600	28
		企业管理	55	0	34	19	2
		个体经营	859	103	451	290	15
		村干部	45	0	23	20	2
		乡村医护	33	1	25	5	2
		乡村教师	103	10	29	28	36
女	31482	务 农	30945	3001	8143	12112	7689
		企业打工	50	31	12	7	0
		企业管理	0	0	0	0	0
		个体经营	46	5	33	8	0
		村干部	8	1	6	1	0
		乡村医护	34	5	21	7	1
		乡村教师	399	88	121	158	32

是年，Q县被调查的7个乡镇男性总人口34104人，其中务农人口28004人，占男性劳动力总人口数的82.11%；女性总人口31482人，其中务农人口30945人，占女性劳动力总人口数的98.29%。这表明90年代初，Q县劳动力人口中务农比例仍较大。然而，比较1980年，该县男女两性在90年代以后非农职业人口有明显增加（见表6-5）。

男性劳动力人口在企业打工、个体经营和企业管理类职业中就业的人口已经由1982年的115人，增长到5919人，占劳动力总人口的17.36%，而此时乡村教师数量却由1980年的405人减少到103人。女性在90年代初职业分布统计，也出现了打工和经营者，并且集中在16~25岁和26~45岁的青年女性群体中。是年，乡村女性从事教师行业的人数有了显著增加，由1982年的102人增加到399人，此时被调查的7个乡镇的乡村女教师数量已经是男教师数量的近3.87倍，而乡村青壮年男性除了务农之外，已经有相当一部分外出打工和选择自主经营，以谋求更高的收入。

从1982年和1990年两年的职业分布情况比对来看，乡村男性随着市场经济的发展，职业结构出现以务农为主的多样化趋势，乡村教师不再是除务农外的最佳选择，反而在企业打工和个体经营上的比重增加幅度较高（见图6-10）。

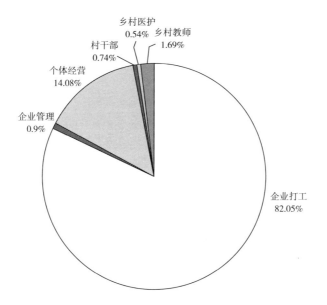

图 6–8　Q 县 7 个乡镇男性非农职业人口分布（1990 年）

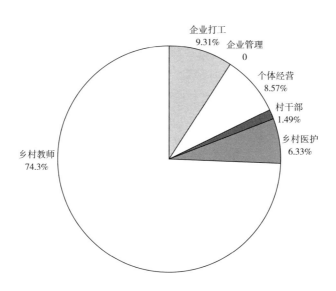

图 6–9　Q 县 7 个乡镇女性非农职业人口分布（1990 年）

中国乡村教师性别结构的变迁

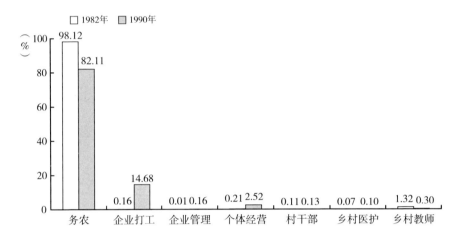

图 6－10　1982 年与 1990 年 Q 县 7 个乡镇男性劳动力人口职业分布

　　乡村女性的职业结构分布一直比较单一，尽管市场经济促使一些女性外出务工，但乡村女性基本以务农为主，在知识阶层中，女性较多选择的职业就是教师，特别是在男性开始外出打工渐渐离开教师岗位之后，乡村女教师的比例增幅较大，乡村女教师的数量占乡村女性劳动力人口总数的比例由 1982 年的 0.37%，增长到 1990 年的 1.27%（见图 6－11）。

　　市场取向的经济体制改革促进乡村经济组织的变革，乡村劳动力分化，男性逐渐转离教师行业，寻求多种经营。从图 6－12 可以清晰地看出，1982 年和 1990 年 Q 县被调查的 7 个乡镇乡村教师分性别的变化情况。截至 1990 年，乡村男教师的人数已经由 1982 年的 405 人减少到 103 人，而乡村女教师则由 1980 年的 102 人增至 399 人。"乡村教师"一职在 90 年代初已成为乡村受教育女性就业的首选。

　　再从乡村农户收入水平上看，自 20 世纪 80 年代初以来，Q 县实施家庭联产承包责任制，但 Q 县地处山区，由于土地生产规模小，10 年来农民收入增长缓慢。1980 年，Q 县务农人均年收入不足 500 元，乡村公办教师平均收入为 35.5 元/月，民办教师平均收入为 22.6 元/月，这一时期除务农之外，其他经济收入来源有限。到 1990 年，Q 县务农人均年收入增长至 780 元。80 年代中期河北省进行教育改革，试行了教师聘任制，教师社会地位和经济待遇有了提高，许多区县都给教师增加了浮动工资或奖金。1983 年，Q 县乡村教师实行

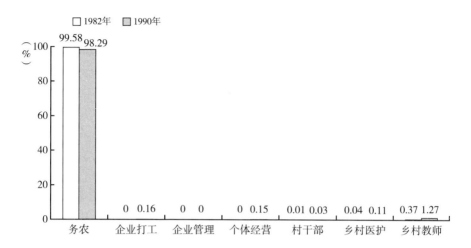

图 6-11　1982 年与 1990 年 Q 县 7 个乡镇女性劳动力人口职业分布

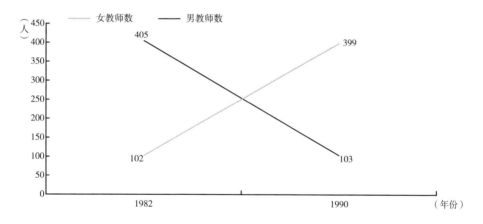

图 6-12　Q 县 7 个乡镇分性别乡村教师统计（1982 年与 1990 年）

工资制，按月领取。无论公办教师还是民办教师，一般都浮动一级，全县公办教师工资平均每月较改革前增加 16～20 元，民办教师工资平均每月增加 9～13 元，此后逐年增加，且不同乡镇还有不同程度的增加。至 1990 年该县乡村公办教师平均月收入 64.5 元，民办教师平均月收入 34.4 元。而这一时期，Q县采矿业和个体经营兴起，随着农民思想观念的解放，外出务工人员的数量也有所增加。据笔者在铁矿较丰富的 N 乡调查发现，1990 年，该县从事采矿业

的普通工人平均月收入已超过百元，经营主和集体承包负责人的月收入高达
300～400 元；外出务工者（一般在县城、秦皇岛市以及邻近的承德、唐山市
和北京、天津等地，此时到外省务工人员还较少）月收入也在 80～150 元。对
比这些经营性村民的收入，教师在乡村的收入水平和层次仅比务农稍高。笔者
之前访谈过的教师常某（男，57 岁）描述了 90 年代在村小工作时，乡民及自
己对教师这一职业地位的看法——

> 村里男人们都不爱干（教师），改革开放经济搞活，有本事的人都出
> 去了（打工）。干（教师）这行以前就被人瞧不上（瞧不起），老话讲
> "家有三斗粮，不当孩子王"。新中国刚成立时，乡村教师地位低，不如
> 赤脚医生。在乡村讲究"实惠"，老师有啥实惠啊，天天围着孩子转，最
> 多算是个孩子王。后来日子好了，政策活泛（灵活）了，人家有本事的人
> 都上矿里赚大钱了，老师工资还老是拖欠，谁还愿意干啊，别说年轻的小
> 伙子了，就是像我们这中年人，心里也犯过嘀咕，到底走还是留。（2014 -
> 06 - CFL - 02）

（二）传统性别分工模式限制

除了年龄、婚姻状况导致乡村女性劳动力流转不如男性之外，"男主外，
女主内"的传统型社会分工模式也使得乡村妇女就业仍停留在与"照料"相
关的领域，乡村教师成为其不二之选。

改革开放之后，乡村女性劳动力就业仍集中在务农上，但也有了一定程度
的流转。从 Q 县 1990 年女性劳动力职业分布来看，此时出现了外出打工和个
体经营者，值得注意的是，流动转移的乡村女性劳动力多为未婚女青年，大部
分外出务工的乡村女性劳动力年龄在 16～45 岁，25 岁以下的乡村女性劳动力
在城市找工作相对容易，而从经济学成本与收益的角度看，年轻人的流动成本
最小，相较于年长者更容易获得新知识、新技能，所获得的收益较大，因而最
倾向于流动转移；此外，从情感因素上考虑，一个人在某个地方生活的时间越
长越不愿意迁徙，与乡村年长者相比，年轻人流转到城市打工所付出的心理和
情感成本也较低。然而，随着年龄的增长，这种流动成本就会相应增加，尤其
是乡村女性在结婚生子之后，婚姻和家庭往往会造成其外出打工的中断。中国

乡村传统"男主外，女主内"的分工模式使乡村女性劳动力在婚后主要从事家务劳动和家中老人、孩子的照料活动。有研究表明，78.9%流动就业的乡村女性劳动力在婚后一年内放弃外出流动就业，从事生育、照料子女和老人等活动。① 在这一时期，Q县7个被调查的乡镇女性劳动力外出务工者也有过半数在婚后放弃外出，转到以家庭为核心的生产模式上来。婚姻成为乡村女性劳动力外出就业的分水岭，很显然，婚后女性的社会角色发生了改变，由一般的家庭成员变为家庭主妇，其承担家务、照料老人和孩子，并维持家庭内部运转的私领域责任增加，即便是就业，她们也倾向于选择家庭功能扩展型的职业机会，比如乡村教师。

现代教育不仅给乡村女童提供了进入公共学堂的机会，把母亲推向家庭教育的前台，从父亲手中接管了子女教育的重担，与此同时，乡村学校教育精确的作息时间和课业规划，也使子女没有下地劳作的机会。现代教育促使"现代母亲"的角色登场，改变了村落原有的教育模式，女性对现代学校有着更深厚的感情，她们把学校教育功能视作家庭照料功能的延展，而事实上，现代教育比起男性（父亲），似乎也更亲近于女性（母亲）。旨在培养合格国民（公民）的现代公共教育，已逐渐突破乡村传统家族、家庭私人教育中的德行、身体与伦常礼数的教养式教育，现代学校教育更推崇女性的辅佐。② 从Q县的统计数据上看，到90年代，乡村受教育女性所从事的职业中，教师占的比重最大。

党的十一届三中全会以来，国家大力推动现代普及教育的发展，增加教育经费投入，完善学校办学体制与管理，以河北省为例，1983年全省普教经费，国拨部分比1982年增加4895.2万元，增长了11%，社队集资比1982年增加了4828.5万元，两项共计增加9723.7万元，普教经费总额达到55734.8万元，国家和地方对教育的投入加快了普及初等教育的进程。至1990年，Q县全县共有小学生54889人，小学415所；中学生16301人，中学58所。中小学适龄学童的入学率均较之前有了大幅提高。面对普及教育的巨大需求和乡村师资的严重匮乏，文化程度较高的乡村女性劳动力迅速补充进教师队伍。笔者在

---

① 程名望、史清华：《农民工进城务工性别差异的实证分析》，《经济社会体制比较》2006年第4期。

② 贺晓星：《作为方法的家庭：教育研究的新视角》，《教育学术月刊》2014年第1期。

中国乡村教师性别结构的变迁

Q 县 X 镇访谈两位乡村教师陈某（男，64 岁）和孙某（女，66 岁），其中陈某在当地小学做过 10 年校长，从二人的访谈中印证了笔者的观点——

改革开放以后，政策活泛（灵活）多了，不搞（政治）运动，鼓励搞建设搞经营，人们想着多挣钱过好日子，镇上有矿，好多男人们都去了，就拿我们校来说，1993～1996 年这四年的工夫走了五个男的（老师），都是三四十岁。别说老师了，我这校长差点都走了！当老师工资太低，一个月七八十块钱，还不是月月能发，人家出去打工的，怎么着也能挣上百元。世道变了，有实惠的最重要，老师啥都没有，在村里也没人看得上，有本事的人都出去（谋生）了，像咱这老实疙瘩（厚道）也没啥出路，教了一辈子书，别的啥也不会，而且我年轻的时候身子骨不好，闹了场大病后手不能提肩不能扛的，出去了也白搭。就为这，没少招家里人骂，老婆子（妻子）嫌我没本事，一辈子就窝在这小学校了。(2014－08－CEG－01)

90 年代初，镇上开了矿，精壮的爷们儿们都去矿上赚钱了，矿里都要男的，即便是招女的，也都是去做饭的。我们家那口子（丈夫）不让我去，虽然挣得多点，但感觉不体面。我那会儿已经干了十来年小学老师，挣钱挣不了多少，有时候还连拖带欠的，就比务农好一点，村里有年轻的（女性）惦记着往外出去（打工）。我们家（丈夫）不让去，他说："女人就该干女人的活儿，抛头露脸的太不像样，在村里教个娃挺好，又体面，也不用下地干农活，反正在家也是哄（娃），到学校不过就是娃多了些。"他讲得在理。学校里不少男老师都辞职不干了，有点本事的都出去整钱（赚钱），第一觉得当老师工资太低，第二也觉得哄娃娃都是女人干的事，村里还流行着一句话叫"男做女工，一世无功"，好多男老师都不想一辈子围着娃们转，没出息，趁年轻想出去谋划谋划（赚钱谋生）。村里也有女的出去（打工）的，但不多，都是没结婚的年轻闺女，不过干了几年又纷纷回来了，有几个书念得多的还回我们学校教书了。回来的（女人）都说外面的钱不好赚，年纪稍大一点就不行了，找不到啥好活儿，还不如回来教书，（教师）收入不高，可也不用受罪啊，比起在外面（打工），当老师还是不错的。(2014－11－SXQ－01)

根据劳动力就业流向的经济学原理，一般而言，劳动力倾向于流向高收入的行业。在乡村社会，改革开放经济搞活之后出现了可供农民选择的不同职业，以Q县被调查的7个乡镇为例，根据当时的收入水平，职业排序依次为：企业管理≥个体经营≥企业打工≥村干部≥乡村医护≥乡村教师≥务农。乡村教师的收入水平不高，社会地位随之降低。然而，分性别看，由于传统乡村社会的男女性别分工严苛，分工的用处不仅有经济上的利益，而且在市场也用以衡量人的尊卑，那些不必训练的工作，诸如扫地、生火、煮饭、洗衣等家务劳动被认为是女性的职责，而男性则会追求更高层次的就业机会。正是由于繁重的家务劳动和农务劳动的限制，乡村女性就业的范围十分狭窄，即使外出务工，最终也会被"婚姻"这个枷锁捆绑返乡，再加上年龄、文化资本以及户籍制度的限制，乡村女性在城镇劳动力就业市场也无任何优势。回乡——成为其不得已又是最优的矛盾选择。返回乡村之后，比起务农，"教师"一职对这些受过教育的乡村女性而言无疑具有明显优势。

（三）中等师范教育女生增多

1985年5月，全国教育工作会议指出要在2000年实现普及九年义务教育的宏伟目标，对于支撑着世界规模最庞大的小学教师队伍供给与建设的中等师范教育而言，必须加大发展规模才能提供足够数量的小学师资。由于"文化大革命"的冲击，刚刚恢复不久的中等师范教育难以负担起这一使命，尤其面对广大乡村小学教师的匮乏，更加无法满足其需求。为此，从80年代中期开始，各地陆续兴办了一批"应急性"的中等师范学校。

至1988年，全国共有1086所中等师范学校（含幼师、特师）。1995年，中等师范学校共897所，在校学生由1980年的48.2万人增加至84.8万人。从1980年到1997年已培养新教师649万人。1997年，教师培训系列的教育学院242所，在校学生21.4万人，教师进修学校2142所，在校学生51.6万。1980~1997年培训在职中小学教师482万人。①

1999年，教育部下发《关于师范院校布局结构调整的几点建议》，推动师范教育由三级师范向二级师范过渡，并通过实施教师资格证制度来实现教师补充与人才市场接轨。截至2000年，800多所中师学校中，有200多所已转为其

---

① 冯增俊：《中国师范教育世纪走向的政策分析》，《教育发展研究》2001年第11期。

他类型院校或者升格为大专院校。

以河北省情况来看，1978～1998 年，河北省中等师范教育发展迅速。1981 年 5 月，河北省召开全省师范教育工作会议，讨论了《河北省教育厅关于办好中等师范教育的意见》，明确了中等师范教育面向小学的办学方向，并调整了河北省中等师范学校布局，其中承德等 5 市 5 所师范学校因教学条件较差，改为本市教师进修学校，张家口、秦皇岛市管理的两所师范学校，办学条件好，改为省、地（市）两级管理的师范学校，对无校舍的平山、西合营师范予以撤销，全省保留中等师范学校 34 所。

Q 县隶属秦皇岛市，该县的中等师范师资除来自秦皇岛师范、唐山师范、平泉师范、承德师范四所中等师范学校之外，该县还设有 2 所进修学校，培训和招收一部分民办优秀小学教师。从教师的源头来看，自 80 年代开始，特别是到了 1990 年，中等师范学校在校学生的性别分布逐渐开始向女性倾斜。以 Q 县县办中小学教师进修学校在校学生的性别变化为例（见表 6 - 6），1980 年，该县进修学校在校男女生比例 2∶1，而到了 1989 年，在校男女生比例为 0.4∶1。从趋势上看，这些年来在校男生人数占比趋于下降，女生人数占比逐年增高（见图 6 - 13）。

表 6 - 6 Q 县办师范（进修学校）在校男女生人数（1980～1989 年）

年份	学校	类别	班数（个）	总数（人）	男生（人）	女生（人）	学期	备注
1980	QL 二中	中师	2	60	40	20	2	附设
1981	QL 二中	中师	2	63	33	30	2	附设
1983	QL 师范	中师	2	95	52	43	2	—
1985	QL 师范	中师	1	35	12	23	2	—
1987	QL 师范	中师	1	35	11	24	2	—
1989	QL 师范	中师	1	35	10	25	2	本届学生 1990 年毕业后，师范原校停办

资料来源：来自 Q 县县志（1997 年版）。

由于中等师范学校上学免费，而且毕业之后就会有一份稳定的教师工作，这对于很多学生特别是贫困偏远地区家庭经济状况较差的乡村女孩儿而言，宁愿选择读中师而不读大学，这也造成了从教师源头上女生增多的事实。

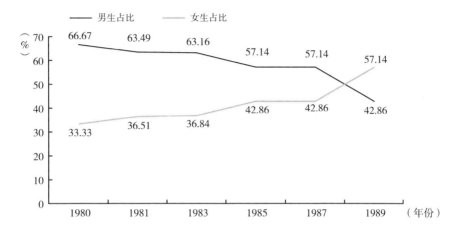

图6-13　Q县办师范培训中小学教师情况（1980～1989年）

三　"清退"——民办女教师之痛

"文化大革命"期间，教育事业失控，各地随意增加民办教师，至"文革"结束时，乡村中小学还存在大量的民办教师。1977年，我国中小学民办教师多达471.2万人，占中小学教师总数的56%，已超半数。[1] 在这些民办教师之中，在乡村任教的民办教师有300多万人。[2]

1981年4月，河北省政府发出整顿民办教师队伍的通知，要求各地将民办教师的整顿工作列为中小学教育工作的一项重要任务。在各级党委和政府的直接领导下，经过考核，全省共辞退不合格的民办教师5.2万人，使民办教师的比例由1979年的55%下降到1981年的41.6%。Q县自50年代中后期开始出现民办教师，到1975年民办教师（含中小学）共计2294人，占全体教师总数的62.69%。70年代末整顿民办教师队伍，民办教师由1978年的2283人，迅速下降到1998年的818人，二十年来共清退1465人（见表6-7）。

① 王献玲：《中国民办教师始末》，知识产权出版社，2008。
② 颜红、阿桂：《飘摇的烛光——中国最后的民办教师》，《教育科学论坛》2000年第11期。

表 6 - 7　Q 县中小学民办教师数分性别统计（1978 ~ 1998 年）

单位：人

年份	现有的民办教师数			被清退的民办教师数		
	民办教师 总数	民办男 教师数	民办女 教师数	被清退的民办 教师总数	被清退的民办 男教师数	被清退的民办 女教师数
1978	2283	1369	914	55	26	29
1980	2211	1222	989	72	24	48
1984	1395	767	628	816	313	503
1988	1117	562	555	278	77	201
1990	1066	516	550	51	19	32
1994	901	424	477	165	56	109
1998	818	358	460	56	18	38

资料来源：来自 Q 县县志（1997 年版）以及县教育局档案馆提供的相关资料。

　　从性别角度进行统计，民办教师中女性教师的比重非常大，而被清退的女教师比例也较高（见图 6 - 14、图 6 - 15）。这表明，在 Q 县民办教师队伍中女教师进出相对容易，即选拔和清退民办女教师正规性和制度化较弱，较男性而言更加随意和方便。

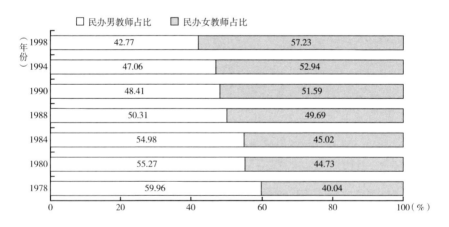

图 6 - 14　1978 ~ 1998 年 Q 县民办教师男女性别占比情况

　　在民办教师转正的控制上，地方政府受到名额的限制，本质上也是受地方公共财政可以供养的教师人数的限制。在以人情、面子为重要资源的乡村社会中，民办教师转正更容易引发地方教育部门领导和教师个体之间的权力交换和

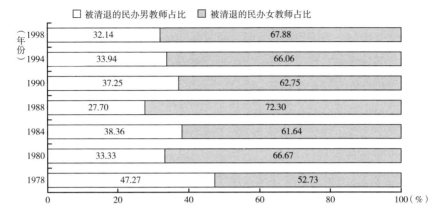

图6-15　1978～1998年Q县被清退民办教师男女性别占比情况

寻租行为。解永敏在小说《泥一腿　水一腿：民办教师李达言的燃情生活》中对民办教师转正的细节进行了详细刻画，而作者本身也是一位乡村民办教师，小说创作虽然高于生活，但很多事实也是源于生活的真实体验，其中女主角杜青青为了换得一个转正名额，不得不与乡镇教育领导进行权色交易，最终导致精神失常。[①]

根据县教育局和档案馆的相关记载，Q县从80年代初开始对民办教师进行造册登记，从1983年起，采用关、招、转、辞退等方式对民办教师队伍进行清理，并按照离岗制度（不到退休年龄，给予一定补助）辞退教师，在这些被清退的教师中，女性数量要远远多于男性。

第二节　2000年至今Q县教师性别结构变化

一　"现代性进村"——乡村教师的选择

20世纪80年代的改革开放政策"不只宣告了过去一百多年中国人一直挣扎在十字路口的历史场景的落幕，更是为中国社会的未来发展确立了基本方

---

① 解永敏：《泥一腿　水一腿：民办教师李达言的燃情生活》，新世界出版社，2002。

向。"① 此后，以市场经济为主导地位的经济社会发展战略，从国家层面上规定了现代化成为中国发展的目标，同时，西方高度发达的现代化也为中国实现现代化提供了合理性依据。然而，这种合法合理性却没有带来乡村社会的理性发展，并且随着现代性的入侵，传统乡土社会结构分化，农民生活模式发生剧变。

20 世纪 80 年代以来，我国乡村出现了两次脱离农业的高潮。第一次是改革开放初期，乡镇企业迅速发展时期，外来资本与乡村精英分子开设的小型乡镇工业企业使农民获得了不少农业外收入，但那时的农民务工多数是"离土不离乡"的形式，而真正使农民远途外出尤其是进城打工则是在世纪之交。中国全面融入全球经济一体化体系，市场经济持续深入发展，沿海加工制造业的迅猛崛起对劳动力产生了巨大需求，亿万农民工进城，既显示了乡村社会日渐凋敝的同时也热切地接纳并拥抱了"现代性"。

2000 年以后，随着市场经济的深入，乡村经济逐渐崛起，生产力水平得到了更大的发展，从事农业生产的人数开始大幅度减少，在某种程度上解放了女性，促进女性进入文化教育等更为广泛的社会职业中。笔者借鉴各地区女性劳动力就业方面的资料，根据该县乡村女性劳动力实际劳作情况，编制了《Q县乡村女性劳动力就业调查问卷》，在 Q 县的 QL 镇、X 镇、M 镇和 X_1 乡、X_2 乡、Z 乡、T 乡、L 乡八个乡镇若干村，发放调查问卷 250 份，回收问卷 245 份，有效问卷 225 份，问卷回收率 98%，有效卷率 92%。本次问卷调查对象的基本情况见表 6 – 8。

表 6 – 8　Q 县八个乡镇女性劳动力基本情况（2014 年）

单位：人，%

年龄构成		
年龄	人数	占比
16 ~ 25 岁	60	26.67
26 ~ 35 岁	65	28.89
36 ~ 45 岁	40	17.78
46 ~ 55 岁	35	15.56
56 ~ 65 岁	25	11.10
总计	225	100.00

① 叶启政：《期待黎明：传统与现代的搓揉》，上海人民出版社，2005.

续表

文化程度		
学历	人数	占比
小学及以下	20	8.89
初中	38	16.89
高中/中专/职高	49	21.78
大专/高职	106	47.11
本科及以上	12	5.33
总计	225	100.00
婚姻状况		
婚否	人数	占比
已婚	38	16.89
未婚	180	80.00
独居（丧偶/离异）	7	3.11
总计	225	100.00

调查显示，Q县女性劳动力就业状况比20世纪90年代更加广泛，特别是女性外出务工人员增加。90年代外出女工多集中在本乡镇，而2014年，乡镇外出打工女性占被调查女性劳动力总人口的39.11%（见表6-9）。值得一提的是，在笔者追访这些外出务工的女性时发现，被调查的88名女性平均年龄在28.43岁，平均外出年限4.12年。在她们所从事的工作数量的调查中，仅从事过一种工作的占12.11%，从事过两种工作的占23.46%，从事过三种工作的占49.21%，从事过四种以上工作的占15.22%。这些外出务工女性中有九成以上表示打工仅仅是为了增加收入，并且愿意返回乡镇安家落户。这表明Q县乡村女性劳动力就业仍趋向于稳定性强、不离土不离乡的职业。然而，这些外出务工女性，特别是年轻女性虽然并未把在城市中"打工"作为终身职业，但她们返乡之后却不愿意，也不能够从事农业生产，乡村提供给妇女就业的机会并不多，在仅有的选择中，教师成为乡村知识女性最为青睐的职业。

表6-9　Q县八个乡镇女性劳动力职业构成（2014年）

单位：人，%

职 业		人数	占比
务 农		45	20.00
外出务工	本乡镇	48	21.33
	本 省	26	11.56
	外 省	14	6.22

中国乡村教师性别结构的变迁

职　　业	人数	占比
个体经营者	13	5.78
村　干　部	9	4.00
医护人员	14	6.22
教师	31	13.78
家庭主妇	25	11.11
总　　计	225	100.00

笔者在 X 镇、Z 乡分别访谈了陈某美（35 岁）和李某（25 岁）。她们都是 Q 县近年来外出进城务工妇女，但如今均已返乡。陈某美高中毕业后就跟随亲戚一起在 Q 市务工，五年后返乡结婚，两年前在 X 镇与同乡承包了一个旧厂房，开办了私立幼儿园，现为该幼儿园负责人。

> 我是我们这儿较早一批出来打工的，高中念完成绩不算理想，一个远亲在市里打工，挣得（钱）挺多，我和我弟就一块儿去了。那是一家做牛仔裤的（企业），做了两年后又换了一家配件厂，后来年纪大了，家里给说了亲就回来了。一个女孩子在外面不容易，在工厂里干活也不比种地轻松，还得瞧人家脸子（脸色），我受不了。那时在厂里像我念完高中的女孩子还不多，我跟她们说不到一块儿去，其实自己也没咋样，可还挺看不上那些没文化的（女孩）。回来后我就结婚生孩子没再出去（打工）了，总觉得一个有了娃的女人在外面跑不像话。（20）10 年以后政策好了，赶上我这几年也攒了点钱，跟他爹（丈夫）一商量，我们就找了个同乡一块儿承包了个旧工厂，他爹当时想搞买卖，我不同意，我说我出的钱就得我定干啥。我和那个嫂子（合伙人）一合计我们娘们儿能干啥呢，发挥咱的"长项"哄孩子，就这样我们姐俩在镇上办了个幼儿园。（2014 - 08 - CXM - 01）

李某在县城职专毕业后随同学在 T 市打工，2013 年返回 Z 乡，现无业。

> 我学的是美容美发，毕业后就跟着同学到了 T 市，但干这一行太累了，而且我又是个女的，没啥前途，也不稳定，自己又没钱开个买卖，老

是到处换地方给人家干（打工）。我爹娘给说了人（介绍对象），我们乡的，人家让我回来，回乡后我这工作就一直没着落。那男的（男友）嫌我干这行不好，他在县城跑运输，他们家就希望我能找个安稳的事儿做，实在不行以后在家带孩子。我现在可美慕我们乡里干医生的、干老师的，天天都上班，也有乐趣。（2014-08-LL-01）

与此同时，伴随着市场经济的深入发展和职业门类的增多，乡村男性从事农业生产的人数也大幅度减少。另外，2001年5月《国务院关于基础教育改革与发展的决定》指出，乡村义务教育管理体制实行在国务院领导下，由地方政府负责，分级管理，以县为主。2003年，《国务院关于进一步加强农村教育工作的决定》重申了落实以县为主的乡村义务教育管理体制，上级责任的虚化导致了对乡村教育责任层层向下推诿。县级单项负责体制导致教育管理不力，县级财政入不敷出导致教育投入不足，教师工资发放受到严重影响。教师工资与收入属于社会较低水平，教师职业已经对乡村男性失去了吸引力，乡村男性顺应了家庭、社会对其更高的职业期待，逐渐淡化了对中小学，特别是小学教师的选择，以谋求职位更高、社会地位更高和收入更高的职业。

笔者2014年8月在Q县做田野时，调查了工业化进程对乡村经济与乡村男性择业分化的影响。以S镇为例，S镇位于县城东南部55公里处，总面积77.1平方公里，辖4个行政村，共1445户6536人。经济以农业为主，耕地面积7321亩，粮食作物播种6510亩，农业总产值2175.5万元，农民人均可支配收入2070元。青秦公路贯穿全境，设有S站点，距离Q县30公里，石门站至S镇终点站地方铁路二期工程已经完工通车。S镇为Q县工业小镇，建有水泥厂、金矿、煤矿、建筑化工厂等若干家县办国有企业（见图6-16）。

经笔者调查发现，全镇2605名16~65岁男性劳动力人口中，有2047人进入非农业部门就业，占该镇男性劳动力总人口的78.58%，除公职人员（包括公务人员、教师、医护人员及文化工作者）外，这其中1402人在镇办企业工作，478人在Q县打工，近200人分别在北京、天津、秦皇岛、唐山等地务工。实际上，早在2010年S镇男性劳动力的就业结构就发生了质的变化，全镇男性劳动力中非农业人口所占比重在该年就超过了50%。从表6-10可以看出全镇男性劳动力人口的年龄与就业状况。S镇35岁及以下男

图 6-16　S 镇金矿开山采矿

性从事纯非农产业的共计 987 人，其中外出务工者 845 人，占 85.61%；而在这个年龄阶段选择从事教师工作的只有 2 人。36~45 岁这个年龄段中，外出务工男性人数仍保持较高水平，这一年龄段男教师仅 3 名。在 46~65 岁，男性教师人数才逐渐增多，但仍和同一年龄段的务工人数、经营管理人数无法相比。因此，可以看出，随着市场经济的深入发展，教师职业已经对乡村男性失去了吸引力，特别是年轻男性。大多数男性选择了经济收入更高、社会地位更高的职业。

表 6-10　Q 县 S 镇男性劳动力人口就业状况（2014 年）

单位：人

年龄	纯农业劳动力	纯非农劳动力							以非农为主的兼业劳动力
		私营企业主	企业管理者	外出务工者	公务人员	医护人员	教师	文化工作者	
16~25 岁	21	10	1	489	0	12	0	0	11
26~35 岁	34	36	19	356	28	34	2	0	46
36~45 岁	109	51	48	210	31	32	3	2	92
46~55 岁	145	56	31	139	16	35	5	2	121
56~65 岁	249	36	6	29	3	9	11	3	32
合计	558	189	105	1223	78	122	21	7	302
		1745							

笔者在 S 镇访谈到两位男性村民孙某和王某万，年龄分别为 27 岁和 48 岁，二人现都在外务工，其中王某万此前在 S 镇小学担任教师，1996 年辞职后在镇煤矿打工至今。

> 年轻的男的都出去打工了，镇上有好几家矿，前几年挣得多，现在也不行了，国家管得严。我高中毕业就出去了，在镇上长城（煤矿）干了几年太累，我就跟同乡一块儿去了唐山，后来还去了北京。这几年跑了不少地方，也换了好多工作，自己还年轻，（像我一样的年轻男性）我们都这样，趁年轻出去闯闯。"人挪活，树挪死"，没门路出去的才窝在家；再说，我们都不爱种地，也不会。在外面挣得多，见世面。过年过节回来大伙儿一聚，出去的（人）坐一块儿有的聊，人家也看得起。（2014 - 08 - SQ - 01）

> 镇上 90 年代初就建了不少矿，在矿上挣得多，我（19）96 年辞职不干（教师），老婆子（妻子）嫌挣得少，那会儿我一个月也就百十来块，我俩儿子一个姑娘，老婆子在家天天念叨，就我这点可怜的工钱啥时候能过个像样的日子……我实在没办法了，刚巧矿里招人，我一狠心就跟小舅子一块儿去了。开始的几年的确不赖，比当老师挣得多了好几倍，老婆子也不嚷嚷了。这几年不如（从前）了，但还能将就着，比当老师强。我头年里（年初）跟小舅子商量想合伙买个车，承包点生意。世道不一样了，有本事的都出去挣（钱），趁我骨头还硬，再为娃们拼上几年。（2014 - 08 - WBW - 01）

通过对以上两位男性村民的访谈也可以看出，随着市场经济和城镇化在乡村的持续深入发展，"进城务工"已成为乡村男性特别是年轻人的一种必然选择。"城市"意味着更繁荣的经济、更吸引人的职业和更高的收入，甚至不少人将其视为"时尚"和"潮流"，如孙某所说只有外出见了世面，返回乡村才会觉得"有面子"。而对于中年男性如王某万，辞去教师职业只因他必须顺应家庭的要求，"教师"既丧失了乡村中"士"的社会地位，也无法提供给他养家糊口的收入，即这份职业不再具有任何阶层的象征意义和价值时，男教师自然地从教师队伍中流出。

中国乡村教师性别结构的变迁

从 Q 县中小学教师数量变化来看，2000 年以后，女教师逐年增加，而男教师数量持续下降。2010 年前后可能是乡村男女教师比例增减的分界线，即在 2010 年前后，小学和初中阶段的女教师数量开始超过男教师。截至 2010 年，Q 县小学教师中的女性教师占教师总数的 52.58%，中学教师中的女性教师占教师总数的 50.32%，而且女性教师数量仍有递增的趋势（见图 6－17、图 6－18）。

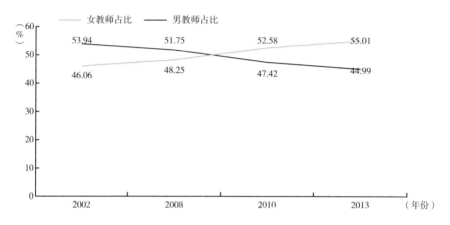

图 6－17　2002～2013 年 Q 县小学男女教师数量占比情况

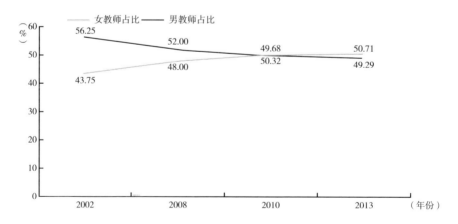

图 6－18　2002～2013 年 Q 县中学男女教师数量占比情况

二　"体制内"——乡村女大学生回乡从教

转型期中国现代化的另一个主题就是"城市化"，城市化主导着当今乡村教育的现代化进程。中国乡村的现代化是以城市化为核心价值取向构建起来的，城镇化促进乡村女性劳动力流动，但包括户籍制度在内的成为"城市人"的种种限制又将出身乡村的女性劳动力推回乡村。加上我国劳动力市场的性别歧视，"体制内"的乡村教师工作成为乡村女大学生既爱又恨的无奈选择。

1958 年颁布的《中华人民共和国户口登记条例》明确了以户籍作为单位的人口管理办法，不仅限制了乡村居民流入城市，也对乡村户口的居民附加了歧视性政策。[①] 2000 年以后，随着经济的市场化持续深化，我国也加速了城镇化建设的步伐，城乡资源开始出现严重不均衡，城乡之间经济、文化发展出现巨大差异，户籍制也因此成为限制乡村人口享受城市资源的社会性屏蔽制度，乡村女性劳动力在城市劳动力市场上面临着双重的竞争，既要与外出务工的乡村男性劳动力竞争，也要与拥有城镇户口的城市女性劳动力竞争，更因城乡二元结构造成的人力资本和社会资本的匮乏，外出务工的乡村女性劳动力可选择的就业机会较少，只能接受劳动强度大、报酬低、工作环境差的工作。

1999 年中共中央决定扩大高等学校招生规模。当年，全国普通高等学校实际招生 159.68 万人，比 1998 年增加了 51.32 万人，增幅达 47.40%。[②] 几乎同时，2000 年教育部停发《全国普通高等学校毕业生就业派遣报到证》（和《全国毕业研究生就业派遣报到证》），启用《全国普通高等学校本科专科就业报到证》（和《全国毕业研究生就业报到证》），"不包分配、竞争上岗、择优录用"的新机制全面出台。1999 年扩招的第一批大学生四年后，即 2003 年面临着进入劳动力就业市场的筛选。多种复杂因素交织导致了劳动力就业市场的性别歧视，造成妇女劳动力的职业隔离与贬值。对于乡村女大学（专）生而言，她们更是不仅要面对户籍制度的限制，也遭遇找工作过程中的性别壁垒。这种双重隔离与歧视，对于出身乡村的女大学（专）生而言，"体制内"、稳

---

① 王东平：《城市化进程中农村女性劳动力流动转移问题研究》，河北农业大学博士学位论文，2010。

② 储朝晖：《中国教育六十年纪事与启思（1949~2009）》，山西教育出版社，2013。

定的、相对体面的教师工作就成为她们不得已的"鸡肋"选择。

笔者在 L 乡访谈到一对姐妹王某凤（26 岁）、王某香（22 岁）。姐姐王某凤在 L 乡中心小学教书，妹妹王某香于 2014 年 6 月从河北 T 师范学院毕业，现就职于 Q 县县城中学担任语文教师。在问及二人特别是今年才毕业的妹妹王某香选择从事教师职业的原因时，姐妹说——

> 我中师毕业在中心校教书六七年了，当老师就别想发财，工资不高，跟人家外出打工的没法比，不过当老师也有当老师的好。一年有两个假期，还能在家辅导孩子，我俩儿子都在幼小班（该校附设的幼儿园），平时里都是我自己带，他爸在县里干（工作），要不是我，这俩孩子就没人管。我妹毕业那会儿想出去，我就劝我妹，到了大城市咱的文凭就低了，人家根本看不上咱，还不如在县城当个老师，工资也不低，还是吃公粮的，咱这也算是进城了！（2014 - 08 - WMF - 01）

> 我毕业前家里人就劝我回来，我本来想在 T 市找找工作的，我们班好多同学都出去找（工作）了，但后来发现女生特别不好找（工作），我们班男同学到哪儿都行，人家招聘单位一看你是女的又是农村户口，都不愿意要，我和几个同学背着家里还去了趟石家庄，找了一个星期也没有好的单位。后来家里着急了，我听了我姐的，回我们县城一中当了语文老师。当老师虽然工资待遇不高，但也像公务员似的，是有保障的职业，比起外面打工的和现在还找不到工作的（女同学），回来当老师也算不错了。（2014 - 08 - WMX - 01）

从 Q 县新录用的教师性别比例来看，在 2002~2013 年这十余年来，小学新任男教师比例呈逐渐下降的趋势，新任教师中的女性却逐渐增加（见表 6 - 11）。2002 年，小学新录用女教师是男教师的近 4 倍；2008 年，新录用女教师是男教师的近 3 倍；特别是 2010 年和 2013 年两年，在男教师不断减少的情况下，女教师均有百余名补充。再看初中阶段，2002 年 Q 县初中新录用教师中，男女比例为 1∶5，即新录用的女教师是男教师的 5 倍；2008 年该县离职教师共计 371 人，其中男性为 301 人，占离职教师总数的 81.13%；2010 年，初中学校补充女教师共 68 人，当年离职的男教师有 33 人；2013 年，新录用的男女教师比将近1：2，也就是说当年有近乎2倍于男教师数的女教师进入Q县的初级中学。虽然新入职的教师中不排除非应届生，但大学本专科毕业学生仍是乡村新教师群体的主体，这表明在劳动力就业市场中，乡村女大学生较之男生更多选择了教师职业。由此可以推算，三十年之后，该县中小学中女教师将成为教师队伍的绝对主力军。

表6－11　Q县中小学新录用教师数分性别统计（2002～2013年）

单位：人

项目		2002年	2008年	2010年	2013年
小学阶段					
性别结构	总数	124	208	211	223
	男教师	26	57	42	30
	女教师	98	151	169	193
初中阶段					
性别结构	总数	12	—	85	56
	男教师	2	—	17	19
	女教师	10	—	68	37

资料来源：由Q县教育局人事股负责人提供。

针对中小学教师的来源，笔者还考察了Q县近五年新教师主要毕业的院校——河北省T师范学院和K师范学院。T师范学院是一所省属全日制普通本科院校，1956年系一所速成师范专科学校，1958年升格为师范学院，1984年与当地另外一所教育学院合并，2000年初，经教育部批准改建为本科院校，该校共15个系（院），76个本、专科专业，其中教师教育专业27个，全日制本、专科学生16000余人。根据2009～2012年毕业生的性别结构统计，该学校2009年毕业生中男女比例为0.67：1；到2012年，这一比例变成0.41：1，即截至2012年，该校毕业生中女生人数已经是男生的近2.5倍（见表6－12）。

Q县新进教师中除T师范学院毕业之外，还有一部分来自Q师范学校。2006年，经河北省政府批准，原隶属于Q市Q教育学院正式并入河北K师范学院，并更名为K师范学院开发区校区。Q教育学院原属于师范类成人高校，担负着Q市包括Q县在内的四县三区的中小学教师和校长的培训及学历补偿

中国乡村教师性别结构的变迁

表6-12　河北省 T 师范学院毕业生情况（2009～2012 年）

单位：人

项目		2009 年	2010 年	2011 年	2012 年
本科	总数	756	1493	2390	2542
	男生	302	447	717	734
	女生	454	1046	1673	1808
专科	总数	2446	2856	720	526
	男生	980	1000	220	154
	女生	1466	1856	500	372

教育。1998 年初，为适应 Q 市基础教育发展的需要，并填补 Q 市师范专科学校的空白，经国家教委、省教委批准设立师专部，并在当年开始招生。Q 教育学院是目前河北省唯一的一所含师专部独立设置的教育学院，至 2012 年学院有各类在校生 7000 余人。笔者所统计的 2009～2012 年 Q 教育学院的毕业生人数是在该校合并之后。2009 年 K 师范学院毕业生中理工科类学生较多，因此，毕业生（含本科生、专科生）男女比例接近 1.4∶1。自 2007 年起，该校师范类专业扩招，包括汉语言文学教育、英语教育、思想政治教育等，报考人数中女生增加，相应地，2010 年毕业生中女生人数超过男生。至 2012 年，本科层次毕业生中男生 890 人，女生 1300 人，男女比例为 0.68∶1。专科层次毕业生中女生人数更是男生的 2.46 倍（见表 6-13）。

表6-13　河北省 K 师范学院毕业生情况（2009～2012 年）

单位：人

项目		2009 年	2010 年	2011 年	2012 年
本科	总数	1100	1312	1870	2190
	男生	650	592	856	890
	女生	450	720	1014	1300
专科	总数	1246	1013	654	726
	男生	688	453	198	210
	女生	558	560	456	516

通过对河北省两所师范院校 2009～2012 年毕业生的性别构成进行分析，不难看出目前我国教师的源头——师范院校近年来也是呈现一片"姹紫嫣红"的景象，20 世纪 80 年代初，师范院校里男女生比例为 10∶1，90 年代末这一

比例为4∶1，进入了2000年以后，师范院校的女生数量远超过男生。笔者在对河北省这两所师范院校的调查中还发现了一个实据，面向小学的初等教育专业和学前教育专业在校男女生比例竟然达到1∶9.8，即在10名学生中只有1名为男生。在T师范学院四年制本科（师范类）小学教育专业大四A班中，全班共有学生41名，男生仅3名，被全班女生戏称为"大熊猫"。

三 乡村男女教师之差异

2000年以后，乡村中小学女教师数量持续增多，乡村教师队伍"女性化"已经成为一种显性趋势，然而，体现在量上男女教师数趋向一致性的背后，男女教师在年龄、学历、职称，以及所在职别方面还存在一定差异。

（一）年龄结构差异

以笔者调查的Q县为例，从不同年龄阶段的教师数量来看，2002~2013年Q县中小学分性别统计教师在不同年龄阶段的数量呈现一定规律。小学阶段，中青年教师中（25岁及以下、26~30岁、31~35岁、36~40岁），男性在绝对数量上少于女性，而在中老年教师群体中（41~45岁、46~50岁、51~55岁、56~60岁以及61岁及以上），男性教师的比重开始增加，特别是在51岁以后，男教师仍保持着较多的人数。再以时间作为分析单位，比较2002年和2013年的数据发现，2002年Q县各年龄段男女教师数量是比较接近的，两条曲线相距不大（见图6-19），特别是在中青年这个年龄段；然而到2013年在中青年阶段，该县的女性教师数量大幅度增加（见图6-20）。

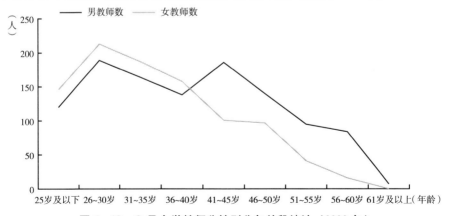

图6-19 Q县小学教师分性别分年龄段统计（2002年）

中国乡村教师性别结构的变迁

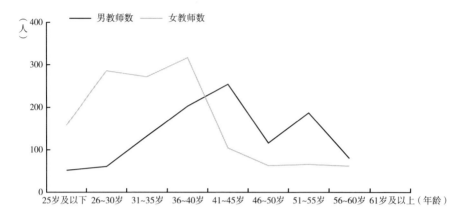

图 6 – 20　Q 县小学教师分性别分年龄段统计（2013 年）

中学阶段，自 2002 年起，Q 县中青年女教师数量就开始超过男教师，而且随着时间增加，25 岁以下的青年教师无论男女均呈现递增趋势。41 岁以上，男性教师数量开始明显增加，50 岁以上的教师中，男教师数量已是女教师的数倍。再从时间上比较，与小学相似，在 2002 年，Q 县中学教师男女比例分布相当，特别是在中青年阶段，从图 6 – 21 中可以看出两条曲线在 40 岁左右比较接近。然而，到了 2013 年，中青年教师群体中女性已经占绝大多数，在 41 岁之前的四个年龄段，女教师的数量均近乎男教师的 2 倍（见图 6 – 22）。

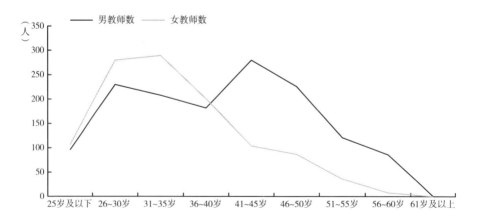

图 6 – 21　Q 县中学教师分性别分年龄段统计（2002 年）

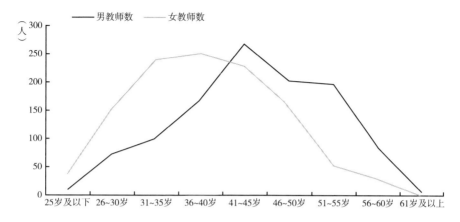

图 6 - 22 Q县中学教师分性别分年龄段统计(2013 年)

(二)学历结构差异

从学历结构的性别分析来看,不同时期教师的学历不同。新中国成立前 Q 县教师学历主要是以初中及以下为主。新中国成立后,该县小学男教师学历明显高于女教师,这一情况一直持续到 90 年代(见表 6 - 14、表 6 - 15)。这也反映出在乡村地区小学教师队伍中不存在永久性高比例学历教师,也不存在永久性低比例学历教师。同一学历教师中不同性别所占比例在不同的时期变化幅度较大。

表 6 - 14 Q县小学教师分性别(男)统计学历变迁情况(1998~2013 年)

单位:人

学历	1998 年	2008 年	2013 年
研究生	0	0	1
本 科	0	110	162
大 专	89	370	506
中专/中师/高中	733	655	385
初中/初师	200	45	33

无论男女教师,中专/中师/高中学历和初中/初师学历是 Q 县小学教师学历的主体。经过六七十年代的快速增长期之后,在 80 年代中后期,初中/初师学历教师的人数开始下滑,特别是女性教师,这一时期该学历层次的女教师减幅大于男教师,至 2010 年以后,该学历层次的女教师全县不足 20 人。中专/

中国乡村教师性别结构的变迁

表6-15 Q县小学教师分性别（女）统计学历变迁情况（1998~2013年）

单位：人

学历	1998年	2008年	2013年
研究生	0	0	0
本　科	0	258	418
大　专	38	471	602
中专/中师/高中	721	336	290
初中/初师	239	35	18

中师/高中学历教师一直呈平稳增加的趋势，并且在该学历层次中男教师比例高于女教师，直至90年代末，男女教师在这一学历层次上的人数趋于一致，2000年以后，中专/中师/高中学历教师总数开始下降。不同时期该学历层次男女教师增减情况不同，在新中国成立后至70年代末的增长期，男教师增长幅度大；在2000年以后的减少期，女教师减幅高于男教师。

本/专科学历教师在新中国成立后至70年代都并非Q县教师主体学历，拥有该学历的教师占教师总数的极少数，直到80年代，该县小学阶段开始出现大、中专学历的教师，直到90年代末，这一学历层次的教师中男性占绝大多数，2000年以后，这一学历层次的教师数量迅速增加。值得注意的是，2000年以后女教师具备本专科学历的人数开始超过男教师，并且增幅也高于男教师。经过笔者调查发现，在小学阶段，女教师拥有本/专科学历人数已超过男教师，尤其是在新录用正式教师中，女教师均已具备大专以上学历（见图6-23）。

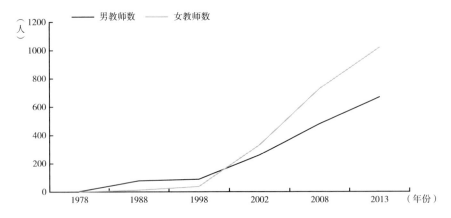

图6-23 分性别统计Q县小学教师本/专科学历变化情况（1978~2013年）

2013年，Q县具有本科学历的初中教师占教师总数的36.03%，具有专科学历的初中教师占教师总数的49.43%，达到了历史最高值。另外，Q县初中目前还有14名硕士研究生，也就是说，截至2013年，具有专科及以上学历的教师占全体初中教师的86.07%，这其中女教师又占56.70%（见表6-16、表6-17）。

表6-16　Q县初中教师分性别（男）统计学历变迁情况（1998~2013年）

单位：人

学历	1998年	2008年	2013年
研究生	0	1	3
本　科	50	294	315
大　专	356	405	525
中专/中师/高中	621	411	267
初中/初师	155	19	5

表6-17　Q县初中教师分性别（女）统计学历变迁情况（1998~2013年）

单位：人

学历	1998年	2008年	2013年
研究生	0	2	11
本　科	73	480	500
大　专	300	500	593
中专/中师/高中	326	54	43
初中/初师	23	0	0

（三）职称结构差异

从职称结构的性别分析来看，Q县中小学高级职称男性总体占优（见表6-18、表6-19）。以小学为例，从2002年到2013年，中学高级、小学高级职称均是男教师人数高于女教师，而小学二级往下连续十余年，女教师人数高于男教师。截至2013年，还有超过150名在校女教师职称在二级以下。

在中学阶段，男教师在职称上的优势更加明显。以中学高级职称为例，2002年，Q县中学高级教师共8名，其中男性7名、女性1名，男教师是女教师的7倍。截至2013年，Q县初中共计有高级教师278名，其中男性203名、女性75名，男性高级教师是女性的近3倍。而在这十余年中，中学未评职称的女教师数量各年份都比男教师多。

中国乡村教师性别结构的变迁

表6－18　Q县小学教师分性别技术职称统计（2002～2013年）

单位：人

职称	2002年		2008年		2010年		2013年	
	男教师	女教师	男教师	女教师	男教师	女教师	男教师	女教师
中学高级	0	0	5	0	6	2	32	9
小学高级	457	163	745	452	682	508	662	512
小学一级	442	375	401	572	342	563	370	622
小学二级	160	325	15	12	21	14	12	26
小学三级	15	19	0	18	21	24	0	0
未评职称	49	77	14	46	31	112	10	159
总　　计	1123	959	1180	1100	1103	1223	1086	1328

资料来源：由Q县教育局人事股负责人提供。

表6－19　Q县中学教师分性别技术职称统计（2002～2013年）

单位：人

职称	2002年		2008年		2010年		2013年	
	男教师	女教师	男教师	女教师	男教师	女教师	男教师	女教师
中学高级	7	1	21	12	111	57	203	75
中学一级	296	75	488	296	431	398	506	488
中学二级	539	383	460	376	442	433	390	413
中学三级	484	428	131	248	33	49	4	6
未评职称	104	225	29	110	79	173	12	65
总　　计	1430	1112	1129	1042	1096	1110	1115	1047

资料来源：由Q县教育局人事股负责人提供。

（四）城乡与职务差异

与乡村学校相比，近年来，县城小学教师队伍"女性化"倾向更严重（见表6－20、表6－21）。Q县县城有两所小学，即第一小学和第二小学，以及一所高级中学。从2011年到2013年的数据上看，这两所小学女教师的比例基本高达九成以上。

表6－20　Q县县城第一小学教师数（2011～2013年）

单位：人

年份	总人数	女教师	男教师
2011	220	205	15
2012	220	205	15
2013	224	212	12

资料来源：由Q县县城第一小学校长提供。

表6－21　Q县县城第二小学教师数（2011～2013年）

单位：人

年份	总人数	女教师	男教师
2011	210	190	20
2012	212	190	22
2013	221	206	15

资料来源：由Q县县城第二小学校长提供。

　　笔者于2013年6月调查了Q县第一小学现有的12名男性教师的岗位分布情况，其中校长1名，主抓后勤的副校长1名，教导处主任和副主任各1名，年级组长3名，后勤工作人员2名，任课教师3名，其中1名为体育教师，负责开设1～6年级的体育课和个别体育特长生的辅导，也就是说，在Q县第一小学全体教职员工中，真正参与主科课堂教学的只有2名男性，其余教师全部为女性，而学校的管理和外联工作又被男性所垄断。笔者进一步考察该小学教师的学历情况发现，截至2013年，该校教师的学历合格率达96.5%，其中女教师学历合格率更是高达98.1%，其学历合格率比男教师高出3个百分点。具备小学一级和二级职称的女教师分别占该校女教师总数的55.6%和34.8%，较之于具备同样职称的男教师占该校男教师比例均超出近5个百分点。然而，具备小学高级职称的女教师仅占全部女教师的4.9%，比具备高级职称的男教师占全部男教师的比例低了15个百分点。这说明，在小学阶段女教师整体职称层次并不占优。笔者在Q县第二中学调研时也遇到相似的情况。

　　与小学不同，Q县第一高级中学男性教师明显多于女性教师。据笔者调查发现，至2013年，这一所高级中学有全国模范教师1人，全国优秀教师4人，省级特级教师2人，骨干教师27人，这些教学骨干中男性26人、女性6人；该校获得高级职称的教师102人，男性87人，占该校男教职工总数的60.42%，女性15人，仅占该校女教职工总数的13.89%。与小学情况相类似，Q县第一中学行政管理与外联事务的负责人几乎全部是男性，3名校长（1名校长和2名副校长）也均是男性。以上数据说明，随着学校层级的上升，女教师数量呈下降趋势，并且在高级职称构成方面并不占优势。高中层次的学校中，女教师整体职称低于男教师、领导层鲜有女教师已成为不争的事实（见表6－22）。

表6-22　Q县县城第一高级中学教师数（2011～2013年）

单位：人

年份	总人数	女教师	男教师
2011	240	75	165
2012	250	101	149
2013	252	108	144

资料来源：由Q县县城第一小学校长提供。

（五）教师变动差异

分性别从教师变动情况来看，小学阶段，在新录用的大、中专毕业生中，四年中，女生人数均多于男生，其中2002年录用毕业生男生4人，女生6人；2008年男生7人，女生19人；2010年男生17人，女生63人；2013年男生13人，女生84人。从趋势上看，新录用的毕业生中女生人数仍旧呈现递增的趋势，也就是说从2002年起，大中专院校（含各类师范院校）毕业生中女生选择就任乡村教师的比例要远远高于男生。通过该表还可以发现，无论调入教师数还是调出教师数，男性普遍多于女性，即男性教师变动情况的复杂性和高频率均比女性教师要明显（见表6-23）。

表6-23　2002～2013年Q县小学教师分性别统计其变动情况

单位：人

项目	上年初专任教师数	增加教师					减少教师					本年度专任教师数
		总计	录用毕业生	调入	校内调整	其他	总计	自然减员	调出	校内调整	其他	
2002年												
人数	1908	547	10	296	211	30	373	23	220	125	5	2082
其中：女	836	248	6	147	93	2	125	10	77	36	2	959
2008年												
人数	2213	427	26	181	194	26	360	12	210	138	0	2280
其中：女	1087	118	19	67	28	4	105	2	34	69	0	1100
2010年												
人数	2261	331	80	120	119	12	266	33	140	83	10	2326
其中：女	1154	171	63	84	22	2	102	10	46	37	9	1223
2013年												
人数	2310	309	97	101	102	9	205	46	106	50	3	2414
其中：女	1266	159	84	12	58	5	97	20	36	40	1	1328

资料来源：由Q县教育局人事股负责人提供。

　　再看中学阶段，中学教师中录用的新教师也是女性逐年增多。2002 年，该县初中新录用毕业生68 名，其中男生32 名，女生36 名；2008 年，男生23名，女生80 名；2010 年，男生17 名，女生23 名；2013 年，男生仅招录了13名，女生38 名。在初中阶段，男性教师的调入和调出情况也较女性教师更加频繁，职业稳定性较差，易于进出，特别是2010 年和2013 年，两年调出教师共计318 人，其中女性仅80 人，男性离职教师高达238 人，即有更多的男性在2010 年前后选择离开教师岗位（见表6 － 24）。

表 6 － 24　2002 ～ 2013 年 Q 县中学教师分性别统计其变动情况

单位：人

项目	上年初专任教师数	增加教师				减少教师				本年度专任教师数
		总计	录用毕业生	调入	校内调整	其他	总计	自然减员	调出	校内调整	其他	
2002 年										
人数	2203	719	68	281	345	25	380	4	268	102	6	2542
其中：女	1070	218	36	62	120	0	176	0	116	60	0	1112
2008 年										
人数	2143	269	103	133	33	0	241	3	173	62	3	2171
其中：女	1023	146	80	59	7	0	127	1	85	40	1	1042
2010 年										
人数	1923	544	40	188	264	52	261	8	198	50	5	2206
其中：女	1002	186	23	101	60	2	78	4	56	15	3	1110
2013 年										
人数	2129	311	51	162	90	8	178	10	120	42	6	2262
其中：女	1061	140	38	84	16	2	54	4	24	21	5	1147

　　资料来源：由 Q 县教育局人事股负责人提供。

　　通过对教师流动情况的考察可以发现，随着社会的急速变迁，乡村教师的流失是比较严重的，尤其是进入新世纪之后，在市场经济的冲击下，许多教师尤其是男教师纷纷选择"下海"、"跳槽"或者"孔雀东南飞"，直接导致乡村教师的性别比出现不合理的现象。

第三节　本章小结

　　在一切以经济建设为中心的现代中国社会，以人的解放为核心的现代性湮没在对技术和科学的狂热追求中，教育发展也被裹挟进来。现代性使乡村教育陷入集体无意识的主体性失语，在国家政权建设层面上，"为本地经济服务"的目标在宏观层面上指明了乡村教育现代化的方向，在某种程度上，乡村教育异化为市场经济的工具，它对乡村教师队伍的性别结构变化也产生了巨大影响（见图6－24）。

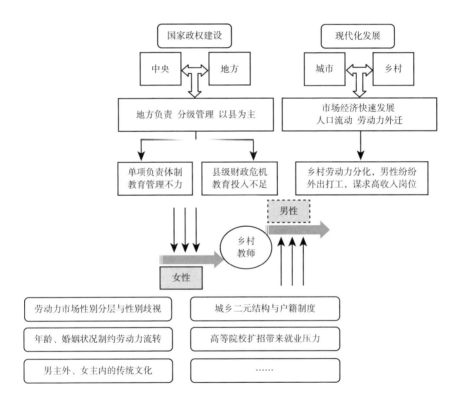

图6－24　社会转型与教师性别结构变迁（1978年至今）

　　随着市场经济的深入发展，乡村从事农业生产的人数开始大幅度减少，特别是男性。县级财政入不敷出导致教育投入不足，教师工资发放受到严重影响。教师工资与收入属于社会较低水平，教师职业已经对乡村男性失去了吸引力，男性逐渐从教师岗位中退出，选择经济报酬更高、社会地位更高的职业。

　　与此同时，城市化又是一种"男性化"，抑或是男性在劳动力市场优势化的过程。女性人力资本的投资歧视造成资本存量的性别差异，生理差异造成女性人力资本的贬值，妇女职业流动和变换机会少等现实情况造成劳动力市场的性别分层，加之户籍制度的种种限制，将出身乡村的女性劳动力推回乡村，特别是1999年我国高等教育扩招，扩招后面临劳动力就业市场的筛选，乡村女大学（大专）生遭遇找工作中的性别壁垒，对于这些女生而言，"体制内"、稳定的、相对体面的教师工作就成为她们不得已的"鸡肋"选择。

　　乡村教师队伍"女性化"已经成为一种显性趋势，然而，体现在量上男女教师数趋向一致性的背后，男女教师在若干方面仍旧存在一定差异。

第七章
深描：Q县教师工作与生活图景

也许这里的冬天盛开着梅花

也许大山深处隐没了太阳

但星星知道　月亮知道

在贫瘠的土地上

有你的温暖和呼吸

光芒就会穿过云霞

你就是一粒种子

把你托在掌心

大山深处的乡亲盼来了希望

——一位乡村教师

乡村教师——从村落里走出来，由农民变成村落知识分子，面对国家、乡村和教育政策的变迁，乡村教师究竟扮演着怎样的角色？如何与这三者进行互动？乡村学校中，男教师如何被市场经济的洪流裹挟，在教职与其他职业之间焦灼挣扎、痛苦抉择？而一直处于被动、从属，甚至物化地位的乡村女性又是如何从"灶台"走向"讲台"，并在二者之间踯躅游走？国家与村落给予她们的活动空间有多大？不同历史时期、不同代际的乡村教师又是以怎样相似或不同的方式回应着这场剧变？

在前几章中笔者通过历史和结构的逻辑来展现Q县教师性别结构的变迁历程。本章中，笔者将以口述史的方法，从结构中"见人"，对Q县乡村教师的微观生活进行深描，通过教师职业的选择、身份的获得、活动空间和存在样貌及精神特质等若干方面的呈现，揭示不同时代乡村教师的教学生涯与生活图景。在这一章中，笔者首先就教师身份的差异即公办教师与民办教师进行详细论述，选择了五位不同身份和性别的教师个案；其次，笔者选择了一个教师家庭和一位"90后"男生作为个案，以探究改革开放之后男性退出教师队伍的深层次原因；最后，笔者通过三位女教师个案来揭示当前乡村女教师面临的生存与发展困境。

第一节　乡村民办女教师：身份之殇

新中国成立后，由于一穷二白的帽子并没有摘掉，如何组织师资筹集经费发展穷国的大教育，这是中国决策者们亟待解决的问题——民办教师应运而生。以笔者所调研的Q县为例，1958年，该县教育大发展，为解决师资不足，录用了民办教师498名，占教师总数的30%。1961年，贯彻中央调整方针，民办教师减至244名。1964年，大办耕读小学和耕读中学，民办教师由上一年的187名猛增至1088名，占当年教师总数的52.8%。

国家规定民办教师转为公办教师的途径与Q县"民转公"的两条途径基本一致：一是直接下达指标，通过考核后转公；二是高师或中师招收民办教师，毕业后转公。随后，Q县于1980年开始了"民转公"的教育实践。1978～2013年，公办正式教师占全体教师数的比例由45.78%提升到94.05%；同期，民办教师占全体教师数的比例则由49.64%下降到5.95%。截至2013年，Q县中小学教师队伍中，正式教师已经成为绝对主体，非正式教师数占比不到该县教师总数的10%。考察Q县"民转公"的性别结构分布时发现，自1978年以后，民办教师总量虽然在减少，但民办女教师数量的减幅低于男教师。直到2013年，该县仍有121名民办女教师无法完成"转公"的身份。

一　三位民办教师的个案

民办教师是教书的农民，还是耕地的教师？有一首乡村孩童的诗描写了民办教师模糊的身份——

你是一位乡村教师/握笔的手也握着锄头/

中国乡村教师性别结构的变迁

> 黑板上你奋笔疾书/拓开蒙童稚子的洪荒/
>
> 播下知识、智慧和希望/
>
> 大地里你挥舞着锄头/像批改作业一样一丝不苟/
>
> 无论在田野还是在学校/你一样地勤劳/每年你都会收获双倍的喜悦/
>
> 一张张优异的答卷和一捆捆金黄的稻
>
> ——一个乡村孩子

民办教师群体中是否存在性别差异？一位乡村民办女教师创作的民谣描写了男女教师的不同境遇——

> 民办民办，说换就换/
>
> 男的不干，换个碗吃饭；女的不干，鸡窝里拾蛋/
>
> 民办民办，二十年白干/
>
> 想转公办，娘们儿难比汉/
>
> 心里头有苦/心里头有怨/
>
> 泪珠子直往肚子里咽
>
> ——一位乡村民办教师

为了深入探寻乡村民办教师与公办教师差异、公办教师内部男女教师差异，以及民办教师内部男女教师差异，笔者在 Q 县找到处于同一时代的三位乡村教师，一名男性，两名女性。其中两位分别是平泉师范毕业的公办乡村男教师鲍某贵和同为平泉师范毕业的公办乡村女教师蒋某荣，二人系夫妇。第三位是由 G₁ 村大队发展的民办女教师张某芝。通过这三个乡村教师的个案，来描述公办与民办，男女教师的角色获得、社会地位、待遇等方面的差异。三位乡村教师简要情况如表 7 –1 所示。

第一，家庭出身与求学历程。鲍老师 1941 年出生在 G₁ 乡大森店村，家庭贫困，他是家里的老大，又是男孩，所以得到父母支持可以读书。鲍老师读书时成绩优异，小学毕业后考取了 Q 县最好的初中——Q 县城一中，中学毕业后由于家庭贫困无法供他继续读高中，他选择了读师范，被保送到平泉师范。谈到读书经历，鲍老师说——

表7-1 Q县三位乡村教师基本信息

公办乡村男教师	公办乡村女教师	民办乡村女教师
鲍某贵 （编号2014-06-BWG） 1941年出生，73岁，平泉师范毕业后直接分配至双山子国中教书，从1960年工作到2002年，42年工龄，60岁退休	蒋某荣 （编号2014-06-JGR） 1938年出生，76岁，平泉师范毕业后直接分配到三岔口国中教书，从1960年工作到1992年，32年工龄，55岁退休	张某芝 （编号2014-06-ZXZ） 1939年出生，75岁，1960年小学六年级毕业后在娄子石乡任教，断断续续工作不足20年，没有机会转为公办

家里太穷上不起高中、大学，一般都去念师范了。师范不要钱，还给补贴，个人掏点学费，书款、吃住都是国家管，我们叫"吃饭（师范）学校"。我念书时赶上三年困难时期，学生少，报名的都录取了。要是家里有点钱，爹妈也让我去读高中了，我成绩可好了，爹妈都觉得可惜。（2014-06-BWG-01）

蒋老师家里有七个孩子，五个男孩，两个女孩，蒋老师是年纪最小的女孩，下面还有一个弟弟。家中除了她初中毕业因成绩优异被保送至平泉师范之外，其余几个孩子也都读过书，其中一个哥哥在承德卫校毕业后从医。谈到读书经历，蒋老师说——

我父亲很明理，他以前念过（私塾）。我们家穷得不行，但我爹对男女都一样，哪个愿意上都供，勒紧裤腰带也要供娃念读。我是家里最小的姑娘，爹也比较疼我，就供我读。我们村真没几个女孩子家里主张让念书的，一个乡镇上学的也就十来个女孩子。我念完了初中，到了高中就上不起了，家里实在太穷了，几个兄弟要娶亲。因为我成绩好，被保送到平泉师范，我们班一共就9个女生。（2014-06-JGR-02）

张老师家里六个孩子，四个女孩，最大和最小的是男孩，当时家里还供养着一个八十多岁的爷爷。父亲80年代初去世，家庭一直比较贫困，张老师是家里最大的女儿，大哥念过书而且年长几个弟妹许多，在县文化馆工作，也正

中国乡村教师性别结构的变迁

因大哥精神和物质上的支持，张老师才有机会念完小学。张老师母亲一直反对女孩念书，因为家中大哥的坚持，父亲才答应让几个女孩出门读书，但只有张老师坚持读完了小学。谈到读书经历，张老师说——

　　我爹娘差劲，不让我们姐妹去念书。我哥念了中学后到县文化馆工作了，人家接触的人也不一样，回家就给他们做工作，让我们几个小的都去念书。我是8岁出来（读书）的。家里穷，书款、学费都交不起，书款才四毛多，学费一块钱，都是我哥替我们给的。没钱买本子，一个本子正面写完了背面接着写。我爹说谁想念书谁就跟我上山去刨松子，我跟着他，刨回来就直接挑着去学校，一挑子一块钱。那时我有点自尊心，远远地看着爹挑去给校长，我都不愿意见（校长）。村里的小学上到四年级，五、六年级还得考，要到隔壁村去读，当时班上五十几个学生，17个女生就考上我们3个。（2014 - 06 - ZXZ - 03）

　　童年读书的经历直接关系到三人后来从业的走向。鲍老师和蒋老师师范毕业后直接由国家分配做了公办教师，而张老师却因中断的学习经历无法进入公办教师系统获得法定身份（见图7-1）。

图7-1　毕业证书

资料来源：由鲍老师提供。经本人同意，笔者翻拍。

　　从三位乡村教师对各自童年求学经历的描述中可以看到，新中国成立后相当长的一段时间内，乡村地区女性受教育的机会和程度都相对较低，多数女童只能读到小学毕业，初中以上学历的女童在村落里非常少，这其中的一个很重要原因是家庭经济贫困，但也不难看出，当家庭中有男孩时，父母会将读书的机会留给这个男孩，而且也愿意把更多的资源投入男孩的教育。两位乡村女教师蒋老师和张老师得以读书，都是因为家庭中开明男性家长的支持（蒋老师），对于张老师来说，如果没有兄长持续提供的财力资助，张家也会中断她的学业。

从性别的视角看，首先，在父系家长制村落中，家长对年幼的家庭成员拥有管理和监督权，也拥有对教育资源的支配权，因此，父母对不同性别子女的看法和期待不同，就会形成他们对子女各项资源的分配不同。在中国传统的家族文化中，一直以追求男性后裔为目的，以偏好男孩为特征，乡村的社会保障体系不健全，家庭养老仍然是主要养老方式，儿子可以为老人提供根本性的经济支持，这就使有强烈养儿防老需要的村民在生育和哺育偏好上偏向男孩，也使得在家庭资源，特别是受教育资源的分配，一定是以男孩为主、为先。其次，乡村的婚嫁习俗是"从夫居"，即女子出嫁要追随丈夫。这使得在很多村民心中，女孩将来是"别人家的人"，"嫁出去的女儿，泼出去的水"，作为娘家，花费精力和金钱去栽培家中女童是一件"回报率"很低的事，而婆家更是没有义务为将来不确定的"儿媳妇"进行任何教育投资。因此，在乡村，女童的教育几乎无人为其"买单"，女孩的本分即在于处理好家庭内部事务，如做饭缝衣即可，无须读书习字。只有少数思想开明的男性家长在保证家庭经济正常运转的前提下，愿意支持家中女孩接受一定时长的教育。笔者对张老师进行深入访谈时，张老师道出了父母对女孩的真实想法——

> 谁家生了闺女，就是添口人吃饭。那个年代多口人吃饭可不是好事！姑娘养大了，是人家的，花钱也是白花，受累不讨好。别说让女孩念书了，就是给女孩子花钱都舍不得，家家攒着钱，最大的目的就是娶媳妇，儿媳妇才是自己家的，跟了自己家的姓，给家里生孙子。姑娘是别家的，嫁出去就不能分娘家的财产。我结婚的那天，婆婆就给我一把扫帚，让我往门里头扫，那意思就是告诉我——你是俺们家的人了，胳膊肘子以后就不能往外拐了！（2014 – 06 – ZXZ – 04）

第二，工作的获得、稳定性与工资收入。鲍老师和蒋老师中师毕业之后就由国家直接分配到中学，之后再次调动。而张老师教师资格的取得与之后的剥夺，具有决定性意义的权力都掌握在生产队里。对于何以成为乡村民办女教师，继而中断教学生涯，没有从民办转为公办这些经历，张老师说——

图7-2 张老师和她两个儿子

资料来源：由张老师提供，经本人同意，笔者翻拍。

原来在家当姑娘时队里就去俺们家，让我当老师，爹妈自然高兴，（我）能给家里挣钱了。其实，我们根本没领过多少钱。平泉师范毕业的学生一出来就有28.5（元）一个月，那时候当老师最多也就是四十几块钱，你看人家国办的，就是不一样。我们都是队里给点工分，女老师给的更少，一天就给你六七个，最多给过我八个工分，辛辛苦苦干一年连一百块钱都没有。队里的会计还欺负女老师，说你请假多了，经常回家给孩子做饭了，看见你没按时上校（上班）、早退了……总能给你挑出毛病扣工钱。后来我要嫁人，大半年的工资我就压根没要，队里也没给。等我嫁过来后，这边队里人手不够，公办教师少，队里就又来找我，我说不去了，他（丈夫）就说：你去吧，总比下地（劳动）好！我身子骨不好，当老师也累，但比起下地劳动，还是多少强一些。后来才有了点补助，国家一个月给8块钱，但6块要交生产队，我们的2块。队里会偷偷给男老师补点粮食，女老师啥都没有。除了这些，男老师下了课还能去地里干活，人家有力气，教学就当那么回事，正经事是回家干活，你这女的就不行，没这份精力，而且也不敢啊，胆儿小，不敢偷懒。我老头子（丈夫）他哥也是民办教师，人家就能拿双倍工分，干活一份，教书一份，人家教书每天给开12分，给我就开8分，粮食也没他分得多，那会儿粮食，特别是细粮，可精贵得呢，一个月给补上点粮，到乡粮食站去领，给我们女的也就不到10斤。到了60年代底才有了白面，每次领粮食我就高兴得跟过年似的。再后来我有了孩子，队里就嫌弃了。有了老二以后，队里缺老师，又想把我招回去，我说，不行啊，我儿子还小！队干部说咱学校老师实在是不够，你得顶上！（2014 - 06 - ZXZ - 05）

孙立平教授指出，在新中国成立之后，稀缺资源配置制度发生了根本性的变化，即用社会主义的再分配经济体制取代了过去以血缘和地缘为基础的配置制度。能够支持传统的"差序格局"的资源被剥夺了。[①] 在60年代，乡村的稀缺资源就是现金与粮食，人民公社时期，国家对乡村生产的粮食实行统购统销制度，在吃"大锅饭"时，粮食也是公有的，是作为重要的稀缺和战略资源，被当作工资、补贴和奖励，除此之外，现金更是个体化、使用范围大、极其稀有的资源，在教师待遇上，民办教师与公办教师，通过这种稀缺资源的层级化供给就规定了二者的地位差异。而在民办教师群体内部，由于性别这把"尺子"的再度划分，最终使得乡村民办女教师成为乡村教师系统中地位最低、待遇最差、最缺乏保障和最无安全和幸福感可言的群体。

根据三位教师的叙述，笔者调查了Q县20世纪60~80年代小学阶段公办教师和民办教师的平均工资待遇水平（见表7-2）。

表7-2 20世纪60~80年代Q县小学阶段公办教师与民办教师工资对照

时间	公办教师	民办教师
60年代	37.23元/月	5.00元/月
70年代	按人数的40%提升工资级别（该县在1971年、1973年、1978年均有按人数比例进行一定程度的工资提升）	13.50元/月（1973年）↓ 20.00元/月（1978年）
80年代	1985年实施结构性工资制［基础工资（40.00元/月）+职务工资（45.50~88.50元/月）+奖励工资（18~25元/月）+工龄津贴0.5/年］	25.00元/月（1981年）↓ 75.00元/月（1985年）

第三，教学和班级管理工作。两位公办教师均认为公办老师有着较为明显的优势，蒋老师一直在教学第一线工作直至退休，鲍老师教书四年后就做了教

① 孙立平：《"关系"、社会关系与社会结构》，《社会学研究》1996年第5期。

中国乡村教师性别结构的变迁

导主任，之后做过师导员、校长等行政管理职务。对此，两位老师有较为详细的描述：

> 公办（教师）和民办（教师）有差别，公办的（教师质量）好。民办老师大部分都是初中小学毕业，高中的可少了。而且他们也不是考的。（2014 – 06 – BWG – 02）

> 像我们平泉师范的出来的（毕业生）个个成绩都好。民办（教师）没经过正式的训练，学得也不够。公办教师少，调动频繁，我们是不怕调的，调哪儿都是把好手，我教了几十年的书，调过三岔口、隔河头、刘杖子、董杖子、大森店。但民办老师就不行，都是队里给工分，他们调不了。（2014 – 06 – JGR – 03）

两位公办乡村教师对待其体制内的教师身份均有较高的认同感，而且认为民办教师无论在学历、基础知识和教学技能上都与公办教师存在着较大的差距。在访谈另一位民小教师张老师时，却有不同看法，她虽然缺乏体制内的教师身份，但在实际教学工作中，她并不认为在教学、班级管理以及对自我要求和贡献上比公办教师差，然而，国家政权所赋予的公办教师身份缺失使她不由产生"低人一等"的心理：

> 要我说民办老师在咱乡村学校撑起了半边天！我们虽没念多少年书，但当老师可负责了。没教材，就凭自己的能力教，都用心，我教的班成绩都排在前面。12 个教学班，经常搞体育比赛，文艺汇演，我们都积极。上音乐课你得识谱，我们都是自学的，那会儿的民办老师都懂，都是自学成才，是全才全科老师，不比他们（公办教师）教得差。（2014 – 06 – ZXZ – 06）

再从性别的视角来分析，在对三位乡村教师访谈时，当笔者提出"不同性别的教师在教学和处理其他事务上是否有差异？"以及"你认为男教师好，还是女教师好？"之类的问题时，三位教师亦有不同的看法：

女老师教学还可以，她带过孩子，也有经验，所以哄哄低年级的学生还很在行，可到了高年级就使不上劲儿了；再一个我觉得当老师女的是把好手，但不能让她们当领导，她们心太小，大伙儿也不服。（2014 - 06 - BWG - 03）

我认为在实际教学中，女老师比男老师教课强，对学生有耐心，负责任。男老师很难一辈子都在教师岗位上，干一段时间，就搞行政搞管理去了，没心思搞教学，只有女老师能安心地好好教书。每次教学排名，女老师没有最后的，最后的都是男老师。以前学生放学了，我们家炕沿儿上爬的都是成绩比较差的学生，留下来补课。我还得烧火给自个儿的孩子做饭，男的就做不到。另外，家访时，女老师更愿意跟家长沟通，男的容易烦，没跟家长说上两句就没话了，他平日对学生不好好观察，说不出啥来。女老师工作上还是有优势的，学校一线教书的全都是女的，当领导的，在后面站着指挥的都是男的。我不同意他（鲍老师）说的，咋我们女老师就不行了呢，教高年级也一样，就恨我不是个男人，我要是个男的，我一定比他（鲍老师）干得好。（2014 - 06 - JGR - 04）

女老师都比男的辛苦。我记得有一次，学校有个女老师，儿子吃坏了肚子，大半夜就开始拉稀，一直拉到第二天早上，男人要下地劳动，女的没办法就留下来照顾孩子，眼见着要迟到了，只好把孩子背上去教室，结果孩子在教室拉了一裤子，我们赶紧都去帮忙，几个人倒替着帮她把孩子送去队里卫生所，吃了药又抱回来，这孩子也就是三四岁，跟着他娘在学校冻了一整天！为了不耽误学生，那会儿我们女的都比男的更苦！（2014 - 06 - ZXZ - 07）

在乡村，作为强势阶层，男性对女性的性别偏见与歧视无处不在。这种性别偏见与乡村社会根深蒂固的传统有着密切关联，犹如一张无形的大网，笼罩在乡村女教师身上，使她们始终无法摆脱"弱势"的阴霾，也使其在教师生涯的发展中逐渐被边缘化，即使她们拼命努力试图证明她们能够同男性教师一样，甚至在某些方面有所超越，但也只是一种无用的申诉与抗争。

鲍老师的观点很具有代表性，除了鲍老师之外，笔者还同时访谈了若干男性教师，他们无疑把女教师在学校的成功表现归结于她们作为女性的家庭功能——

"母亲"角色的拓展和延伸，她们在教学以及班级管理上的卓越表现完全是由于她们是一名"母亲"，而并没有把她们与自己置放于公共领域中公正评价这些乡村女教师为乡村学校和学生做出的贡献。与此同时，这种男女两性不平等的角色刻板印象也加剧了女性自身的认同错位，她们自己也会自觉或不自觉地把乡村教师定位或等同于她们在家庭之内，定位于缺乏理性的纯粹感情支持，定位于牺牲和母性本能的无私与奉献，这些都极大地阻碍了乡村女教师参与公共社会活动与社会发展的自信心。另外，从对鲍老师的访谈中，可以看到，乡村女教师一直处于职业发展的较低层次，这种职业的纵向分离是由于社会制度和传统文化上只肯定"男性特征"，即男性是管理取向、高成就取向的。正如亚里士多德所说：公正就在于同类者同等对待之，不同类者不同等对待之。①

第四，工作与自我认同和个体调试策略。在三位乡村教师中，鲍老师从事一线教师不久后就被提拔为教导主任、校长，并于80年代初调任到县城一小担任校长十余年，他对教师和管理者身份有着较高的认同感。其次是蒋老师，蒋老师是一位非常要强的女性，在三十余年的教学生涯中获得过不少奖项，教学成绩突出，她唯一的遗憾就是一直在一线从事教师工作，没有获得升职的机会。

> 其实我干工作并比不他（鲍老师）差，但因为他被提拔做校长，人家就不会再提我了。他当了领导后工作忙，我就必须得把心多放在家里，男同志他不管家，后来我想通了，如果女的干工作太冒尖，太出风头，这社会接受不了。女人的生活支柱还是男人，我也算是"嫁鸡随鸡，嫁狗随狗"，家庭和睦，他（鲍老师）干得好，他顺心了，我也就跟着好了。（2014 - 06 - JGR - 05）

虽然蒋老师作为乡村知识女性有着一些新观念，但千百年中国封建社会所形成的传统女性角色仍旧不同程度地制约和规范着乡村女教师的言行和观念，使她们首先安于家庭，辅助丈夫发展，无怨无悔地为丈夫和家庭做出牺牲，把丈夫的成长视为自己的成长。丈夫是家庭的"顶梁柱"，自己甘于被放置在家

---

① 王政、杜芳琴主编《社会性别研究选择》，生活·读书·新知三联书店，1998，第192页。

庭中附属牺牲的位置。

与鲍老师和蒋老师不同，在对民办乡村女教师张老师进行访谈时，她体现出了作为一名体制外的民办教师，一次次直面社会潮流的冲击，一次次体会无奈和无力，不得已顺应国家社会大环境，更改个人目标，也遭遇了一次次生活预期的改变。在她每一次自我定位和角色调适过程中，都是与所处的时空背景，以及共和国的"大事件"联系在一起的。正如吉登斯所言：社会个人被定位于一系列丰富宽泛得多的层面上，而日常生活的琐碎细节与大规模时空延展的社会现象日益紧密地联系在一起。① 从农民身份到民办教师身份，最后又回到普通农民身份，张老师采取了更多的隐忍和自我"出世"的人生哲学来应对生命中无数次的打击和失望，逐渐形成了带有宿命色彩的人生观。

> 就怪我念书少了，人家念书多的，考出来都不错，陷入家里的都是一败涂地了。民办教师没啥保障，地位可低了，队里一说给我们涨工资，村民们就反感了，他们就不想想，如果我们老师教出一号的（能通过教育取得成功的人），当了乡长，这带来多大的好啊，他们不看这些，就看着我们多拿点钱，心里就不行（不开心）。我这命也不好，"民转公"那年大冬天，我本来身子骨就不好，在坡上送学生，下坡的时候一个不小心就滚了下来，把腰和腿都摔坏了，连着躺了好几个月，全完了，人家也不等你，好不容易等到一个指标也没挨（轮）着我。后来我老头子劝我，别争了，咱就这命，从这坡上滚下来没要了命也就不赖了，好好活着就是阎王老爷小鬼子照应你，还求啥啊，不当这老师也挺好的，再干下去，多摔几次，连小命也保不住了。我后来也把转不转公看淡了，咱这辈子里就没有啊，你争也是白搭，好好活着吧，老头子和儿子们说得对，咱就当积德了，下辈子没准能过上像样的日子。(2014 – 06 – ZXZ – 08)

---

① 〔英〕安东尼·吉登斯：《社会的构成》，李康、李猛译，生活·读书·新知三联书店，1998，第 163 页。

图7-3 张老师（前排左一）与好友合影

资料来源：该照片由张老师提供，经本人同意，笔者翻拍。

二 民办女教师身份转换的苦难

在土地改革之后，乡村的生产力得到了一定的恢复，但国家因为依然面临像朝鲜战争这样的局部战争态势，快速实现工业化、富国强兵的愿望就显得极为迫切，但国家显然缺乏启动工业化的原始资本条件。在这样的大背景下，使得农民更多地成为现代化的贡献者，国家进行了一系列的改革，其中户籍制就是重要举措之一。"从20世纪50年代后期起，由于计划经济体制的确立，户籍分为城市户籍和农村户籍，城乡二元体制形成了，城乡也就被割裂开来了。从这时开始，城市和农村都成为封闭性的单位，生产要素的流动受到十分严格的限制。在城乡二元体制下，城市居民和农村居民的权利是不平等的，机会也是不平等的。在某种意义上，农民处于'二等公民'的位置。"①

笔者在Q县访谈了三名教师（其中一名为常姓男性教师，民办后转公）对于教师"身份"的转换，常老师深有体会：

---

① 厉以宁：《论城乡二元体制改革》，《北京大学学报》（哲学社会科学版）2008年第2期。

民办老师在转公（办）的时候，女的特别难，因为她要带孩子，一个女老师转户口就得带着三五个孩子，国家哪儿有那么多指标！我念书时，学校有个姓杨的女老师，教得可好了，学历也不低，大专，广西商专毕业，但每次到了转公（办）的时候队里就犹豫，好几次都没转成。真是可惜，杨老师就是赖在这女的身上了！队里不愿意给女老师转公的指标，教得再好也没辙！（2014－06－CFL－02）

笔者几经周折找到了常老师口中提到的乡村女教师杨某，并跟随常老师一起，对杨老师进行了访谈：

我是广西人，1938年出生，（19）60年跟着我家那位（丈夫）当兵回来，他是这的人。我是广西商专毕业的，我刚到没多久村里小学没人上课就来找我，大概是（19）62年，我从一年级教到初中，队里中学也缺老师，我就这么两头担着。我教初中时，必须得住在中学，早上起来师导员天天点名，晚上一夜一盏灯，管得可严了，我都教了三年了还天天写教案。有一次地震，校长和师导员点名，发现几个女老师不在了。其实我们没偷懒，地震把学校厕所的墙给毁了，我们都就结伴去别的地方上厕所，结果迟到了，挨了批评。我们当时就这么拼命，可是民办老师地位特别低，尤其是女老师。我也报了（转公办教师），只要一提妇女转公，队里就不乐意了。我要转公，就必须带着我三个孩子。农转非，一个队里也就一两个指标，你倒好，一个人就占四个！人家谁愿意给你转！我来来回回报了六回，都没转上！每次一到转公了，队里就反复做工作："你们别急，这民转公年年有，像你们学历高，教得又好，肯定得给你们转，先让那些男老师们转，他们都是小学初中毕业，拉家带口的，女老师就等等。"一次又一次，我总共报了六次，每次名字都排在第一，但每次都被刷下来。后来我也泄气了，干脆不过问这个事儿，最后我们学校男老师们都转成功了，女的全部都剩下了。我还不死心还去县里打听，结果有个认识的学生跟我说："杨老师，你别等啦，他们把你的材料都给改了，报上我们县里的材料我替你查过了，学历啊、教龄啊，都改了，说你不符合要求。"（2014－06－YJY－01）

　　笔者之后在县教育局人事股档案室查阅民办教师档案的时候，特地去找了杨老师的档案。由于年久失于保管，具体档案册已经查无所踪了，只在该县1972年的民办教师登记表中看到了杨老师的名字，根据杨老师的讲述，笔者发现登记册上的教龄推后了整整6年（即从1962年延后至1968年），文化程度也与其表述不一致（即由广西商专（大专）变为初中学历），材料中登记的这关键两项指标与杨老师的自述严重不符（见图7－4（a）、图7－4（b））。此后，笔者又找到中间人常老师，以做"三角佐证"，再次详细询问并核实了有关杨老师的信息，证实了杨老师自述的真实性。

图7－4（a）　民办教师花名表首页

图7－4（b）民办教师登记表

　　注：图片是笔者2014年8月赴Q县，在其教育局人事股档案室查看资料时临时用手机拍摄的。第二幅图中第一行登记的教师就是笔者访谈的杨老师，其文化程度和任教年月与其所自述不符。因该档案资料为保密史料，仅用于研究，未经笔者同意不得外传外泄，不得转载引用。

我在三岔口教书时，山岭高（大队）一天就给我们女老师8分钱，一个劳动力就值8分钱！我断断续续干了21年民办（教师），现在的退休工资420块，县里规定一年给20（元），十年就是200（元），我工作了21年，每个月就给420块。公办教师按照我这教龄每个月能拿两千多。咱这情况维持最低生活水平都不够，人家低保的补助都超过咱呢！我不是夸的，那个时代乡村教育几乎都是民办教师撑起来的！（2014-06-YJY-02）

笔者在另外一个乡S村，遇到一位曾经是乡村民办女教师的王某梅（1939年出生），从事乡村教师工作12年，民转公失败后索性放弃了教师行业，担任大队会计。几年后，跟家人在村口经营起一间小卖部。谈到自己曾经的从教经验和转公经历，王老师除了不满之外，还流露出一些不屑的情绪。

我是干了十来年民办教师，心死了！农村人还是比较实际的，你卖点东西都能走个后门弄出来点啥，教师啥都没有。那会儿民办女老师地位可低了，不如赤脚医生，更不如"八大员"，你不知道啥是"八大员"吧，就是吃公家粮的，食品站的、供销社的、粮食所的……都是好单位，人家都是吃国家饭的，在那工作的都是非农户，而且最重要的是还有"实惠"，老师干不过他们，啥别的收入都没有，还不如个卖货的呢。后来我想通了，当老师也没啥好的，人家搞对象时，男的都还打听你户口呢，为啥啊，不就是为了将来孩子吗？像我们这种拼死拼活教课的，根本也没机会转公，教育干部心里咋不明白，他们清（楚）着呢，就是不跟你说，我那会儿年轻，傻乎乎地跟着后面等，等了几次我也看出来了，根本没希望转非农（户口），干脆干点实际吧，我和我老头子（丈夫）东凑西凑开了这个小卖铺，勉强能吃饱饭，还能给孩子们攒点（钱）。我们家小辈儿的都不知道我还教过十几年书呢，我都不愿意跟他们讲这些。你能找到我还挺不容易的，（我）老早就不当老师喽……（2014-06-WBM-01）

如果说这个阶段的中国社会正在进行国家合法性的建构，那么教育则是建构国家合法性的工具之一。制定带有强制性制度化的方针政策，是不可缺少的一项。虽然城乡二元分割的户籍制度并不能简单地视为教育领域中的一项政策，但它却成为制约民办女教师职业生涯发展的重要障碍。一言以蔽之，近代学校教育的实质就是国家政权建设的一个极其重要的部分，这个阶段教育的大力扩张，也是国家政权建设的必经阶段，经济的积贫积弱使国家无法负担扩大教育所需要的公办教师，此时民办教师的登场即为解决公办师资的缺乏，特别是民办女教师，从更为直白的角度讲，国家的建构需要强大的财力，而在当时历史条件下，廉价的民办女教师成为构建国家教育的有力支持者，她们为整个乡村教育的发展以及国家政权的巩固与稳定，国民经济的生产做出了巨大贡献。

第二节　乡村的变化：男教师的进退

　　市场取向的经济体制改革促进了乡村经济组织的变革，乡村劳动力开始分化。十一届三中全会之后，国家对农业进行了全面调整与改革，制定了一系列对农业、农村和农民的利好性政策，调动了农民的积极性；与此同时，个体工业的发展也开始起步。在中国现代化的进程中，乡村社会正在发生巨大变革，由于现代化本身的城市化趋向，使乡村人财物的资源不断流向城市，乡村就业格局也随之产生了较大变化。

　　贺雪峰教授称："经济地位与文化地位的相适应，构造了村庄内部的文化认同与权力结构。"① 为了谋求更高的经济收入以及与之相匹配的在村庄中的经济社会地位，更多青壮年男性选择外出进城打工，甚至放弃了乡村教师职业，这一曾经被歌颂的"普罗米修斯式的角色"。②

一　一个教师家庭的个案

　　笔者在 Q 县 G₂ 乡遇到一对乡村教师夫妇：李某平（男，44 岁）和赵某艳（女，42 岁）。李氏夫妇出生在 G₂ 乡不同的村，初中毕业后二人前后考取了 T 师

---

① 贺雪峰：《乡村社会关键词——进入 21 世纪的中国乡村素描》，山东人民出版社，2010，第 59 页。

② 刘昶先生的研究指出，在中国早期的革命实践中，乡村教师扮演了极为重要的角色。"在很多地方是乡村教师建立了当地第一个党组织，最早在农民中宣传了革命的思想，并在乡村开展了最早的革命活动。根据估计，中共早期乡村党组织有 70%～80% 是由乡村教师创建的，乡村教师充当了中国革命中普罗米修斯的角色。"

范学校（中专），经人介绍相恋，并在毕业后一起回 G₂ 村隔河头小学任教，妻子赵某艳在该村校工作十年后调入隔河头总校，任教至今。1994 年，丈夫李某平办理停薪留职，离开学校到 S 镇煤矿打工，1999 年又进入距离县城较近的 Q 镇一家港商开办的私营煤矿担任会计，2005 年以后随着国家对地方中小煤矿的管控越加严格，Q 县不少私营小型矿点相继倒闭。2008 年国家遭遇金融危机，李某平所在的企业因资金周转失灵，经营惨淡面临转产，李氏夫妇费尽周折确保了丈夫李某平再次返回学校继续做教师，现也在隔河头总校，担任副校长。

当笔者问及李老师何以做如此选择时，李老师第一句话便说：乡村已经变了！

> 咱们村已经变了！G 村原来有四个自然村，百十口人家，现在真正务农的不超过 20 家，村里几乎没有年轻男人，没结婚的姑娘都少，都出去了（外出打工），现在光靠务农维持家庭，还想过个体面的生活，几乎不可能！（2014 - 08 - LJP - 01）

笔者尝试用图对李氏夫妇的若干生命节点，即重大事件进行标注（见图 7 - 5），并将以若干阶段二人各自以及家庭收入与同一时期其他打工群体的收入做一比照。

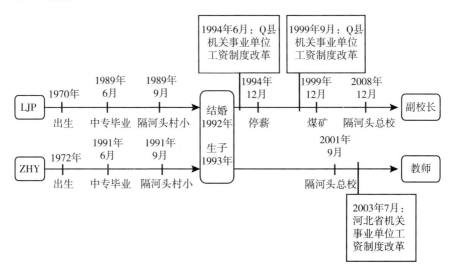

图 7 - 5　李氏夫妇职业变化

中国乡村教师性别结构的变迁

　　李氏夫妇在 20 世纪 80 年代末 90 年代初入职乡村教师岗位。根据二人的回忆，在初入职时，他们的平均工资只有每月 80 元。1992 年，二人结婚，此时的家庭收入大约 200 元/月。1994 年 6 月，Q 县机关事业单位进行工资制度改革，包括中小学等教育部门，实行职级工资制，即按照工作人员的职务、级别、工龄和实际贡献等确定工资标准。中小学教师在这次工资改革中，按统一的工资标准进行套改，套改后，在新的专业技术职务工资标准的基础上提高 10%。根据 Q 县职务工资规定，中专毕业生属于"六级职员"，职务工资标准为 145 元/月；小学课时津贴三级为 0.4 ~ 0.6 元/课时。按照"先定后套"的办法，再累加津贴，折算李老师在 1994 年工资收入 183.5 元/月（145 × 110% + 0.6 × 10 × 4）；赵老师在当年的工资收入为 172.3 元/月（145 × 110% + 0.4 × 8 × 4），全家总收入 355.8 元/月，年收入不足 5000 元。

　　李氏夫妇对当年生活境况还记忆犹新：

　　　　我俩刚结婚时连房子也盖不起，（19）93 年儿子出生，一下子多了一张嘴，我身体不好，奶水不足，孩子长得弱，三天两头闹病，学校发的工资根本就不够用，而且我们还有老人，村子里还有"人情份子钱"，差不多每个月都得借钱过日子。（2014 - 08 - ZHY - 01）

　　　　我们都是念过几年书的人，脸皮子薄，不好跟亲戚朋友张口，日子过得紧巴，没钱的日子就不体面，村里好多男人都去矿里赚钱了，我跟老婆一商量，把工（作）给辞了，跟她二哥一块儿去了矿里（打工）。刚开始我心里也不舒服，她二哥就劝我：死要面子活受罪，让老婆儿子吃饱饭，过上好日子是真活儿！在矿上那几年我没少受苦，吃住都在矿上，一两个星期才回一趟家。（2014 - 08 - LJP - 02）

　　G$_2$ 村地处山脚，多为沙土，可耕地面积少，20 世纪 90 年代初期以后，G$_2$ 村村民开始大量外出打工，也有个别经商，务工者主要从事煤矿、建筑等行业，当时距 G$_2$ 村不远的 S 镇（中间隔一个 N 乡，两地直线距离 24 公里）煤铁矿企业较为发达，G$_2$ 村外出打工村民中一半以上集中在 S 镇不同煤铁矿企业。李老师就是此时辞去了教师的工作开始打工生涯。据李老师称，在煤矿场工作虽然辛苦而且危险性较大，但收入颇丰。

　　我在昌广（煤矿）头一年里每个月就拿四五百，比她（在小学任教的妻子）多了三四倍。有了钱，日子就宽裕，回村里人家看你就不一样了。以前人家面子上敬你，称你个老师啥的，其实心里头也看不起，农村人讲究个实惠，看你家住的房子，吃得好不好，老婆孩子穿得体不体面……男人跟娘们儿（女人）还不一样，这大老爷们也天天围着娃子们转，人家会觉得是你没本事。（2014 - 08 - LJP - 03）

　　1999年6月Q县颁布《关于调整机关事业单位工作人员工资标准的实施办法》，调整了级别工资标准，一定程度提高了在职教师的工资。此时，根据Q县调整后的中小学教师专业技术职务等级工资标准，赵老师系小学二级教师工作满9年，其职务工资标准为每月收入增至405元，加上奖金与津贴，赵老师实际收入为625.8元/月。2003年7月，河北省政府颁布《河北省人民政府办公厅转发省人事厅、省财政厅关于调整机关事业单位工作人员工资标准和增加离退休人员离退休费两个实施办法的通知》，根据再次调整的工资标准，赵老师系小学二级教师工龄12年，其职务工资标准为632元/月，再加奖金与各项津贴，赵老师当年的实际收入为1002.5元/月。

　　1998年Q县招商引资，凭借其丰富的煤铁金矿资源，吸引了来自深港台等多家企业注资，很快地在Q县若干乡镇兴办了多家采矿公司与运输公司。1999年底，李老师离开S镇矿厂，进入距县城非常近的Q镇一家由某港商投资兴办的采煤企业，由于李老师具有一定文化水平，被任命为该厂会计。据李老师回忆，2000年初，他的全部收入基本保持在1500～1800元/月。2002年4月，李老师夫妇在县城通过贷款按揭的方式买了一套两居室楼房，2003年装修完毕，正式搬入。

　　要按原来（当老师）的收入，我们根本在县城买不起房。这几年出去（打工）还是对的，虽然教师工资也提了，但我们Q县中小学老师工资一直不高，顶多温饱。（19）89年我到隔河头小学的时候，11个老师，8个都是男的，等2000年底我给我媳妇儿办手续（调至隔河头总校）时，学校就剩下两个男老师了，都是我们上学时就在的老老师，至少五十多岁了。（2014 - 08 - LJP - 04）

中国乡村教师性别结构的变迁

根据李老师的描述以及前一章的数据显示，2000 年前后是 Q 县中小学教师性别结构变化的一个很重要的"分水岭"，即这一年 Q 县中小学女教师占教师总量的比重均已近半数。不少青年男教师选择离职，他们的目标十分明确，就是在外务工赚钱以补贴家用。"教师"原本在乡土社会具有极高威望、广泛的符号象征意义和文化身份，此时已接近完全丧失，特别对于乡村的男性。正如贺雪峰教授对中国乡村深入的分析：乡村经济的分化打破了传统的社会结构以及农民对这种社会结构的心理认同，[①] 一般农民开始认为，没有钱，哪里有社会地位？没有社会地位，哪有社会声望？没有社会地位和声望，哪有被尊重？教师，这个曾经被村民视为"道"之代表、"礼"之化身、"德"之典范的启蒙者，如今的村民对其社会地位和功用的认识已经不再是高度统一而无异议的了。"有本事"的男性纷纷离开了教师队伍，寻求更为"实惠"的职业。

2008 年世界性的金融危机爆发，在全球化资本的席卷下，Q 县也未能幸免，特别是 2005 年后国家对地方私营中小型煤矿采取了更为严格的管理，李老师所在的港资企业被迫撤资面临倒闭，李老师和妻子背负着银行贷款的债务危机，而 15 岁的儿子又即将上高中。面对突变，李氏夫妇最终决定让李老师重返这个"体制内"的教师岗位，以保收入相对稳定。经过二人多方疏通关系，李老师于 2008 年底正式回归教师队伍，次年被任命为隔河头总校的副校长。至笔者做访谈时（2014 年 8 月），李老师和赵老师的收入分别为 2480 元/月和 2018 元/月，共计 4498 元/月。笔者还请赵老师以"每月"为单位列了一个消费清单（见表 7-3），根据李氏夫妇的月消费情况和收入对比发现，他们每月余额只剩 698 元，赵老师称所申报费用中并不含探望双亲、生大病、重大节日等非日常性消费，可以说现在二人的收入只能维持一个家庭的正常性运转，储蓄基本没有。

对于目前生活现状，李氏夫妇并不满意，但也不得不为之，对此，李老师有自己的打算：

---

① 贺雪峰：《乡村社会关键词——进入 21 世纪的中国乡村素描》，山东人民出版社，2010，第59 页。

表7-3 李氏夫妇平均月消费情况（2014）

单位：元/月

消费项目	金额	备 注
租住民房(含水电)	450	2008年底夫妻两人同回隔河头总校任教,由于所在学校距离县城较远,每日往来极其不便,而且学校不提供已婚夫妇宿舍,二人不得不在村里租住民房,县城的房子便从此闲置,只有每个周末或节假日回县城居住
儿子学费与生活费	1200	儿子21岁,在河北省石家庄某二本高校读书,每年学费4000元,每年住宿费800元。每月李氏夫妇给儿子寄800元生活费。按照每月计算,该项月平均消费1200元[(4000+800)/12+800],这其中并不包括儿子临时和一些机动费用(如往返车旅费、购置大型物件,如手机、电脑等的费用)
夫妻日常生活消费	1550	主要是吃饭、交通(二人在2009年初为往返县城方便,购置了一台摩托车)、通信、日常用品购买和消耗
人情费用	600	乡村人情往来
总　　计	3800	不包含非日常性消费

　　我回来也差不多五年了，说实话，（课程）丢下那么久也讲不好，所以上面（教育局）让我干副校长，管管后勤和学生，我觉得没啥意思。现在自己还能干，早晚是要再出去（打工）的，儿子大学毕业后还得给他弄（找）工作，娶媳妇，这都得要钱，光靠当老师这点工资别指望了。不过，当老师有一点好，就是退休了有保障，国家管你养老。我倒是希望以后在外面干不动了，回来人家学校还能要我，不过估计不可能。（2014 - 08 - LJP - 05）

　　乡村教师性别结构"女性化"这一趋势，一定不仅仅是女性教师的增加，除此之外，男性教师的离职也是造成教师总数"女性化"现状和趋势的很重要的原因，只有这一退和一进，才最终导致了这种"女性化"的发生。通过李老师上述对未来的规划可以看出，目前乡村教师的岗位只是他迫不得已的选择，也是暂时性的选择，他"早晚是要再出去的"，即乡村教师是李老师应对不佳经济环境，全身而退的保底型选择，一旦出现转机，李老师必然会再次放弃教师职业而谋求更高报酬的工作。然而，人已近中年的李老师对未来也是担忧的，即他最后提到的"养老"问题，乡村教师这个"体制内""铁饭碗"的职业对农民最大的吸引力莫过于它安全、保障性好的退休政策。这一点无疑是李老师最看重的。不管是为了更好的生活条件，还是为了维持邻里乡间的社会地位，李老师外出谋生，但他始终要退回乡村养老，如果失去由国家提供养老保障的教师身份，李老师便和其他村民一样，即将为老去的生活而担忧。

从李老师的个案中可以发现，对于很多离开教师队伍的中年男性，教师一职恰恰似一块"鸡肋"——弃之可惜，留之无味。

二 一位乡村90后男生的选择

笔者在 Q 县教育局查资料时，遇见一位工作人员马某昌（男，50 岁），他曾经也是一名乡村教师。由于经常来访当地教育局，跟他熟悉之后，他主动提出让笔者见见他的儿子，一位毕业了三年，仍旧在外打工不愿回乡的 90 后男孩马某宝（男，24 岁）。值得一提的是，这位男孩毕业于河北省 H 师范学院小学教育专业，但从未想过从事教师的工作。

对于为什么不选择做教师，马某宝认为：

> 老师更适合女生。我考大学时成绩一般，本来想报金融或者管理之类的（专业），但怕分不够走不了，家里人商量了一下决定报河北 H 学院教育学专业，后来就被分到小学教育。我们班一共 46 个学生，男生就 6 个，而且第一志愿想读这个专业的就 2 人，其余 4 个都跟我的情况差不多。毕业以后，我爸问我想不想当老师，想当老师的话回 Q 县一小、二小都没问题，中学也行，虽然我念的是小学教育，不过好在我是本科，我爸说找人进一中也可以。我说我可不想当老师，天天教小孩子没意思！毕业后我就要出去"闯一闯"，爸妈怕我受苦，劝我说好好找份安稳的工作成家。他们的观念已经过时了，（现在）换工作是常有的事。我跟同学去过北京、石家庄（打工），爸妈隔三差五地打电话，我被他们闹得烦了，才回来 Q 市找了这家电信公司做。这几年在外面跑，啥事也都做过，大学时学的东西早都忘了，让我回县城或乡镇当个老师，我觉得不可能。（2014 - 08 - MXB - 01）

在目前师范院校中，男生几乎成了"稀世珍宝"，而且大部分即使选报师范专业的男生毕业后也未必从事教师职业。在马某宝所在的以培养小学教师为核心目标的班级中，男生只有6人，而且这6名男同学中只有2名愿意将来从事教师行业。事实上，笔者进一步追问马某宝这6位男同学毕业后的工作去向，马某宝跟笔者说，除1人最终因成绩突出，保送到东北某师范大学继续攻读教育学专业的研究生之外，其他5位男生都没有选择从事教师职业；而全班40名女生中，有32人当了老师，2人攻读了与教育学相关的硕士研究生，2人考取了公务员，4人进入其他与教育无关的行业工作。也就是说，该小学教育班里女生中有80%毕业之后进入了教师队伍。从教师的源头，即师范院校这些学生们的选择中可以看出，教师职业对男生已经失去了吸引力。

对于马某宝何以选择进城打工而不愿意回乡的原因，笔者认为这与中国乡村的变化，以及这一代年轻人观念世界的变化是密不可分的。

目前，乡村里像马某宝一样仍旧生活在当地的年轻一代已经非常少有了。他们通过考大学或者外出打工，摆脱了传统村庄的束缚，摆脱了乡土逻辑的父辈村民，他们的动力甚至不是来自于像李老师说的"让老婆孩子过上好生活"，而是源于对城市生活的向往，村庄生活已经难以为他们提供足够的意义。特别是对于年轻的男性，正如马某宝所说"好不容易考出去了，难道再回来一辈子窝在山沟里？"经过城市文明的洗礼和以城市精英为导向的大学教育，马某宝这样的年轻人的观念已经发生了很大的变化，他们对乡村生活不熟悉，也不再愿意返回村庄，而是毫无芥蒂地拥抱了现代化和城市化，投入到城市的生活中，这些年轻人越来越多，他们外出的逻辑起点和终点离乡村越来越远。最终导致村落中的男性人才不断外流，村庄变得萧条。而这一切又影响着寄居在村落中的学校，学校里难以招聘到年轻的男教师，尤其是小学和幼儿园，大量聘用女教师，她们的日常教学和生活处处遭遇困境。

第三节　孤独的女性：乡村女教师的困境

一　"男人式"的女教师

笔者有一次在Q镇中学听课，课程刚刚过半，突然听见走廊传出一阵尖涩的谩骂声，并伴有女生的嘤嘤哭泣，在校园安静的清晨显得格外刺耳。笔者探出头向教室外望去，在走廊尽头发现一位中年女老师正在厉声训斥一名女学生，女生低着头瑟瑟发抖，而一旁的女老师毫无动容之色，手里挥舞着一本教材并狠狠砸向女生脚边的地板。课后，我将看到的一幕与上课的老师反映，令我惊讶地是，这位年轻女老师的嘴角竟然露出一丝习以为常的笑容，淡淡地说："你说的那一定是王老师吧！"

经"守门员"老师（男）介绍，我结识了这位在 Q 镇初级中学工作，教学和学生工作一手抓的副校长王某萍（女，46 岁）。2014 年 8 月 24 日下午，我通过"守门员"约了王老师一起吃晚饭，晚上六点我匆匆赶到 Q 镇距离学校不远的"二姐家常菜"（饭馆名称）时，王老师和我的守门员老师已经点好了 5 大盘饺子、1 盘酱骨头肉，3 盘炒菜和 2 瓶二锅头，边吃边等我。北方的菜码大得惊人，一看这满桌子菜，特别是那 2 瓶白酒，我不由倒抽一口冷气。我很快吃好后听着二人大声聊天，谈到兴起，王老师毫无顾忌地放声大笑。我偶尔也会打断他们的谈话进行询问，不过大多数时间里我都在静听。一瓶白酒很快就被两人喝完了，王老师说胸口有点闷，两个人又要了一瓶冰镇啤酒。大约两个小时后，桌上的饭菜几乎被他们一扫而光。接近九点，我的守门员老师有了倦意，我本想再约时间做访谈，谁料王老师竟爽快拉住我表示可以继续。能够访谈到王老师不是一件容易的事，但已入夜，我又担心因她疲倦影响访谈效果与真实性。然而，事实证明我的担忧是多余的。一个半多小时过去了，访谈提纲的问题已全部问完，但王老师仍意犹未尽。从她的成长经历，到她选择从事教师职业，再到她失败的婚姻和如今在外人看来她"剽悍"脾性的养成……王老师毫无保留地向我一一道来。

　　我的性格像男人，从小就这副德行。家里仨姊妹，我老大，还有俩弟妹。我弟弟不必说了，乡下人都稀罕儿子，爹妈都觉得我没个女娃子样，太犟太莽（撞）。小时候家里穷，念不上书，可我要念，闹到九岁了，他们才同意我念，念完了小学，爹妈就不想我再念了，女孩念书也没啥用，还不如早点嫁人算了，还给家里减减负。我死活不同意退学，我娘就拿纳鞋底子的针扎我大腿，我就跟她打起来，她打不过我，我个子大，一使劲就把她推了个跟头。我爹也怒了，拿锅铲子敲我腿，小腿肚子都打烂了。

闹了老长时间，我还绝食，不吃饭，后来我跟爹娘保证，嫁人不要他们给嫁妆，他们才让我念书。读到高中，成绩不理想，没考上啥好学校。我爹娘就说：你看看，花那么老多的钱，最后啥也没用！我不甘心，就当了代课老师，那会儿80年代初，乡村老师工资待遇差，不过我干得还挺带劲儿的，总算是没白学。我看娃写字，听他们读书，心里头就亮堂了。我爱教书，虽然自己肚里也没点墨汁。不懂的我就自己琢磨，再不行了就看书。我有股子拗劲儿，不搞好不罢休。最开始在村办小学点（教学点）教，教了几年，自己攒了点钱，报了河北省T师范学院的成人自学考试，整整考了三年多，才拿到了大专的文凭，1997年参加县里组织的统一考试转成了正式教师。（2014－08－WLP－01）

王老师的求学和从教经历一路是很艰辛的。中国传统乡村以家庭为本位的文化取向，几乎不存在独立的个体意识，更加不用说个体的"女性"。个人的利益和家庭、家族利益捆绑在一起，男性承担着家庭家族的重要使命，并在财产继承、家庭延续、权力结构上占有绝对优势，女性地位低下。王老师的求学史恰恰似一部乡村女性反抗男性本位文化的抗争史。乡村女孩在成长过程中，父母会根据社会规约要求女孩的举止与品行，而类似王老师这样性格坚韧的女孩在不断地与父母的规约做斗争的同时，其成长又是通过自身不断被非女性化，抛弃女性意识，转而寻求一种中性的性别表达得以实现。正是这种"男性气质"支持着王老师突破传统乡村对女性的规训，实现了她成为教师的理想。

此后，在王老师的教育教学生涯中她始终秉承着这种男性一般的强势与固执，甚至在学生面前呈现出暴力特征，她认为只有通过如此态度与行为才能够达到她的教育与管理目的。

农村的娃们太皮！你就拿我们学校来说，初中孩子根本管不住，必须跟他们来"硬的"才行。教育局为了平衡各个乡镇间的差距，实行了配额政策，也就是说每年每个乡镇都有一定名额，考试结束后，排在前面的学生直接升入高中，不管你在全县的排名怎么样，只要能排在所在初中的前几名就成。学校这两年教学质量赶上来点，那也不行，升学率（高中）

不到 50%，有的初中没念完就着急地出去打工了，把这孩子们的心都闹得惶惶的，好学生有时候也摇摆。老师必须得压住学生，不打不骂给他们讲道理根本不顶用！我知道有些老师不赞成我的做法，反正是学生自己不爱念书的，跟老师也没啥关系，而且人家家长都不管，有些家长还催着娃儿们出去（打工）挣钱，我们何苦呢，好多学生留下来也是为了拿一个初中毕业文凭，好出去（打工），咱还不如乐得清闲。不少老师就不爱管，可我不这么看。人家上面（县教育局领导）让我当领导就是希望咱能把学校给办好，把学生给管好，我咋能啥也不管就任凭他们瞎胡闹呢。我不管其他老师怎么看我，该抓的我就得抓！（2014－08－WLP－02）

根据笔者之前跟"守门员"老师的交谈，在学校老师们的眼里，王老师是一位不苟言笑，甚至有些古板的老师，不少老师私下里都说王老师像个男人，有的男老师都对其有所畏惧，形容王老师"没有一点女人味儿"。受访的老师们都告诉笔者，学校里的学生都很"怕"王老师，一些调皮捣蛋的学生似乎也只有王老师能管得住。这也恰好印证了笔者最初在 Q 镇初中听课时看到的一幕，上课老师对此流露出习以为常的笑容就容易理解了。

王老师在恋爱婚姻上也有一段较为独特的经历。王老师的初恋发生在高中时代，男朋友既是同学又是老乡，同住在一个村。高考使两人分隔两地，男友考上东北的一所大学，男友家认为二人差距太大，处处进行刁难，阻止他们进一步发展，两人最终结束了感情，据王老师介绍，初恋男友大学毕业后在当地找到工作就再未回乡。这段感情对王老师的打击是比较大的，时隔 10 年，她都没有再接触其他男性。直到工作稳定之后，家人不停催促王老师结婚，1998 年，王老师经人介绍嫁给了一位在 Q 镇煤矿工作的男性张某，结婚时，王老师已 30 岁。丈夫只有初中文化，年长王老师 10 岁。二人在婚后生活中的种种矛盾无法协调，最终在 5 年后离婚，因婚后无子，王老师至今独自生活。提到此处，王老师的语气变得幽幽然，深深的夜幕下，她的神色也显得格外阴晦。

城乡的二元对立成为青年男女恋爱和职业生涯中难以逾越的鸿沟，彻底阻隔了王老师和初恋男友的幸福生活。这或许也是让王老师此后一直介怀的"关键事件"，即她始终不能摆脱"自己在农村在低处，男友在城市在高处"的阴影，并成为她从不懈怠一心想要跳出乡村获得体制内公办教师身份的隐性动力。在委曲求全并无"爱情"的情况之下，王老师选择嫁给一个缺乏文化、缺少共同语言的男人，步入婚姻，但最终还是以离婚收场。

> 刚离婚时，我不敢跟爹妈说，女人离婚在农村是件很丢脸的事，可我真的跟他（前夫）过不下去……我这辈子找不到男人过了，没有谁要我。学校的老师们背地里说我没女人味儿……我刚离婚的头一年里挺难受，学会了喝酒抽烟，喝酒喝得特别凶，每天晚上都能喝大半瓶子白酒；烟抽得也狠，就这么折磨自己。有一年半多的功夫才慢慢恢复过来。现在我也不想那么多了，都到了这岁数，还有啥熬不了的，好好工作教好学生这辈子也就交差了。（2014－08－WLP－03）

王老师对她失败的婚姻虽然叙述得并不具体，但从她的话语中，笔者能够感受到她所面临的困境，特别是离婚后她遭遇的来自传统乡土社会中其他人的检视。显然，对于乡村妇女而言"离婚是件很丢脸的事"。王老师一位中年妇女失婚独居，在乡土熟人社会中必然会引发各种风言风语和口舌是非。笔者推测，王老师在工作中的严肃与克己，无论对待同事还是学生都采取这种比较极端的态度和行为方式，恐怕也是她为避免口舌与话柄的无奈之举。

王老师的个案具有一定特殊性，然而它却引发了笔者对乡村学校另一个较为普遍议题的关注，即女教师的"男性化"。在Q县中小学，特别是在中学调研过程中，在笔者所走访的学校里，发现有不少女教师也存在着训斥学生，甚至不乏暴力性惩罚行为的现象。她们在管理学生时所表现出的强势或者偶尔性地采用极端行为与男教师几乎无异，有的女老师还会有打骂和体罚学生，并与学生家长发生争执的行为。恰如王老师所说：

> 学生不怕女老师，如果你不训（斥）她，镇不住他，他根本不听你的话，更别说让他们好好学习了！他学不好，家长全都怪老师，怪学校，就跑到学校里来闹，你还得应付这些无理取闹的家长。（2014－08－WLP－04）

笔者通过对其他乡村女教师的观察发现，在与学生、家长和村民的互动中，女教师经常处于不利的地位，她们的专业性和权威性也经常遭到质疑。不

中国乡村教师性别结构的变迁

少村民仍旧无法摆脱教师作为母职的延续，女教师不过是协助他们"照看孩子"的人，既不具备或极少具备专业化的知识，也缺乏道德榜样的示范力量，更加不符合乡民对于妇女的规范想象。在与学生及其家长互动过程中，为了赢得乡民的尊敬和学生的服从，女教师就必须在公共环境中将其女性意识隐藏或者抛弃，换成一副"男人的面孔"和"男人的行为方式"，以获得学生和村民的认可。尽管她们也知道这种"认可"其实是一种假象，但即便如此，这种"假象"亦能帮助她们完成正常的教学与管理。

1844 年，恩格斯在考察工厂中女工的生活境遇中曾愤怒地指出：这种使男人不成其为男人、女人不成其为女人、而又既不能使男人真正成为女人、也不能使女人真正成为男人的情况，这种最可耻地欺侮两性和两性都具有的人类尊严的情况，正是我们所赞美的文明的最终结果。① 当下，很多乡村学校中的女教师同样面临类似女工的遭遇。

> 我平日比较严肃，特别是管学生的时候，骂他们是经常的事，有时候生气了还打两巴掌。镇上留守的孩子多，而且不爱学习，都想着出去（打工），赶紧拿个毕业证算了。家长也不管，管也没能力管，想孩子好好念书吧，又怕念不好白白给学校送钱，有的家长也想通了，干脆不指望学生升学，你学校和老师就给我把孩子看好，别出岔子（出事）。有时候找家长谈话，人家还嫌耽误了他挣钱的时间。我一个女老师，说话没分量，学生和家长都不把你当回事。我们学校有好几个女老师都被他们（学生/家长）气哭过，所以，你就得跟他们来硬的，就得横一点，他们就知道厉害了。(2014 - 08 - WLP - 05)

正是破败的村落将管教问题儿童的责任几乎全部甩给学校，导致乡村女教师们必须采取与传统女性温柔贤淑截然相反的行事方式出现在公众面前，才能够实现她的教育理想与教化、规训学生使其成才的目标。但是，从女教师个人女性气质发展与获得的幸福（恋爱、结婚与婚姻生活）的角度上讲，传统性

---

① 恩格斯：《英国工人阶级状况》，引自《马克思恩格斯全集》（第二卷），人民出版社，2006，第 432 页。

别文化又使得丈夫和男性大家庭会期待她们做一位温柔、安静、贤惠的女性。因而，在乡村社会中，任何一个想要成为好教师的女教师经常会陷入这种文化规训与工作场域不相协调、不相适应的矛盾之中，陷入性别角色的经常性错位和混乱之中。

二　恨嫁的大姑娘

笔者2013年冬天第一次来Q县调研，在G_2乡初级中学遇见两位年轻的女教师邓某美和陈某思。邓某美1985年在G_2乡出生，2004年考入河北省H师范学院中文系大专班，2007～2009年在Q市一家私立学校做教师，2009年返回G_2乡初级中学任教至今。陈某思1990年在T市某村出生，2008年考入河北省T师范学院，学英语，大专文凭，2011年报考"特岗教师"来到G_2乡初级中学担任英语老师至今，2014年面临接转。

两位年轻的乡村女教师吸引笔者的是她们关于恋爱的经历。根据布迪厄分析社会的基本单位"场域"，他认为：在高度分化的社会里，社会世界是由具有相对自主性的小社会构成的，这些小世界就是具有自身逻辑和必然性的客观关系的空间，而这些小世界自身特有的逻辑和必然性也不可化约成支配其他场域运作的那些逻辑和必然性。① 因此，布迪厄认为整个大社会就是一个社会场域，即权力的场域。而这个大世界是由具有相对自主性的小世界构成的，每个小世界构成了相对独立的场域，例如经济场域、文化场域等等。场域是一个充满争斗的游戏空间，是一个各种力量不断博弈的空间。布迪厄在其理论中强调了场域的三个特征，即独立性、关系性、斗争性。独立性就是指场域是一个相对独立自主的社会空间，遵循着自身的逻辑和游戏规则。关系性是指场域不是一个可见的物质实体系统，而是一个关系系统，是各种位置之间存在的客观关系的一个网络，或一个构架。斗争性就是由于资本分配的不均，分布于场域空间中不同位置上的各种力量为了获取更多的权力和利益，而不断地展开博弈和争斗。

以G_2乡为代表的乡村性别文化和社会环境是一个大场域，乡村女教师的职场、恋爱、婚姻是一个个小场域。乡村女教师无时无刻不在面临着在这些场

---

① 〔法〕皮埃尔·布迪厄、〔美〕华康德：《实践与反思：反思社会学导引》，李猛、李康译，中央编译出版社，2004。

域中的挑战和问题。她们对这些挑战和问题的不同回应，也表现了她们获取权力的不同方式和在不同场域的博弈和争斗，并且直接影响她们的工作。

两位老师所在的 G_2 乡初级中学共有教职员工 64 人，其中男教师 34 人，女教师 30 人。在这 30 名女教师中，已婚教师 21 人，单身独居教师 9 人。申请 G_2 乡初级中学单身宿舍的女教师比较多，除了未婚女教师，还有一些已婚，但家距离学校比较远的女教师。据笔者调查统计，G_2 乡初级中学这栋新建教师宿舍楼里共住 42 名教师，常住教师共 15 名，其中女教师 12 名，除了 9 名单身教师之外，另外 3 名教师中 1 名教师的丈夫在部队，常年不回乡，只有休假才回家，因此这名女教师基本算是以校为家；另外 2 名是该校的生活教师，每周随学生住校，只有周末才回家，留校时间也比较长。其余 27 名教师只是偶尔不定期在校居住。教师宿舍每两人一个房间，内部设施和居住条件是比较好的。

G_2 乡初级中学这两栋主体建筑：教学楼和宿舍楼均是 3 年前某企业出资建造，在当地算是非常醒目的建筑，特别是教师宿舍楼，是 G_2 乡第一栋教师宿舍楼，由于居住的教师比较多，情况又比较复杂，但经常出入的基本都是女教师，所以这栋楼被乡民们戏称为"寡妇楼"。在中国传统乡土社会中，众多单身女性齐居在一室在当地是比较少见的，遭致村民的非议也难免。事实上，乡村女教师这种生活方式的选择实属无奈。

图 7 - 6 宿舍楼和教学楼

注：图 7 - 6 为笔者 2013 年冬天前往 G_2 乡调研所拍摄，两位女教师不同意将照片公布，笔者只展示学校楼体建筑。

邓某美今年 29 岁，性格爽朗活泼，毕业后在 Q 市工作过 2 年时间，见过一些世面，又是本地人，在与笔者交流时多了一份自信，说话干脆，语速也比较快。

大学毕业后本来想在城里（Q市）考的（报考Q市公办教师），但成绩一般，啥门路都没有，面试了几个学校都被刷下来了。后来实在找不到好工作，辅导员就介绍我去了一家私立学校，有点补习班性质的，我在那干了两年，工资倒还可以，但啥也不管，租房，水电费啥，乱七八糟算下来基本一个月也没剩几毛钱，而且累得不行。我爸妈就劝我回来，乡里中学缺老师。我去考，就考中了。（2013－12－DHM－01）

通过邓某美的毕业求职经历可以看出，对于绝大部分乡村女生而言，在我国城市劳动力就业市场上，她们几乎没有任何优势，处于劳动力就业市场的最底层，这种分层和排序是按照：城市男生—城市女生—乡村男生—乡村女生，这样的区隔规律进行人才筛选的，乡村女生无疑处在被城市劳动力市场"甩"出来的最末端劳动力的位置。她们只能进入到一些其他人不愿意做的临时无保障的、条件较差的、收入不高的、社会地位较低的行业和职业中。回乡是她们迫不得已的选择。在邓某美谈到回乡任教后的经历，从她的话语中得知她还是比较满意现在的工作状态和生活环境，她的父母也认为她回乡任教是比较好的选择。然而，有一件事一直困扰着邓某美和家人，就是她的婚嫁问题。

自从回来工作后我爸妈都挺满意的，但就是怕我"嫁不出去"。人们都说"门当户对"，我倒也没太介意，只是觉得自己念了这么多年的书，又在外面生活过，不想找个养鸡喂猪的农民。我不会找农民，就算他有钱，我也不想找。他（理想男友）最好能大学毕业，起码也得是大专，有个稳定的工作，性情脾气好一点，不用挣大钱，跟我收入水平差不多吧。（2013－12－DHM－02）

择偶是一种心理的，更是一种文化的和社会的现象，从择偶过程可以折射出社会文化的思想标准及价值取向。一般来说，人们的择偶模式及标准会受到其人生观和婚姻观显性亦或隐性的影响。邓某美老师的择偶观念就体现了"同类匹配"和"男高女低"的特征。首先，作为乡村知识女性，邓某美很看重男方是否具有与其相同或高于自己的文化水平，而且因为有一段在城市中生活的经历，使得她很排斥找对象带"农"字，似乎"农"就意味着农民，农民就意味着较低的文化素质与生活品质，这是认为自己已经"离农"的邓某美老师所无法接受的；其次，在门当户对的基本条件下，她又期待男方在各个方面能够比自己条件好一些。

然而，现实让邓某美及其家人极为担忧。对于日渐荒凉衰败的乡村，成年男性越来越多地外出务工，村落中只剩下老人、妇女和孩子，不要说具有较好的条件，即使适龄男子在村落中也不多。对此，邓某美和家人逐渐知晓，这也正是包括邓某美本人在内的全家人最为担忧的。

> 过了今年我就30岁了，在乡村，像我这么大年纪还没有对象的女的很少。爸妈天天发愁，这几年给我说过好几个（对象），但都不太合适。家里让我别再挑挑拣拣，差不多就行了，难道一辈子做个老姑娘！可我能咋办呢，总不能上大街随便拉个男人嫁了吧！村里的男人越来越少了，而且很多男的连初中都没毕业就出去打工了，说实话，不是我挑剔，真是没遇上个对上眼的。（2013 - 12 - DHM - 03）

在笔者对邓某美访谈的整个过程中，笔者注意到她的情绪变化，由最初轻松欢快的神情和语调，到后来渐渐变为阴郁和淡淡的忧伤。根据调查，Q县还有许多类似邓某美这样年轻的乡村女教师，她们普遍年龄较低，97%在30岁以下，其中超过50%以上的女教师未婚。随着乡村学校女教师的增多，她们的婚恋问题日益突出，这也成为影响其稳定的很重要的因素之一。

笔者在 G_2 乡遇到的另一位"90后"女教师陈某思就是因为难以找到男朋友而不止一次想要离开学校。

> 毕业那年老家不招老师，我没办法找到更好工作，就报了"特岗（教师）"来到这儿（G_2 乡初级中学）教英语。大学时谈了个男朋友，毕业就分手了，一直没再交往其他男生。到了 G_2 乡，我不是本地人，人生地不熟的，除了学校里的老师和学生也不认识别人，很难找到合适的男朋友。同事给我介绍过几次，但都不大满意。我不想窝在这穷乡僻壤！这两年我啥考试都没放过，公务员啊，市里事业单位招考啊，能参加的我都去，只想快点离开。明年"特岗"服务期满三年就

要接转了，我想今年还得报（名考试），真希望早一点走！（2013 -
12 - CJS - 01）

近些年来，根据笔者调查发现乡镇一级学校的男教师与女教师数量上基
本持平。有的地区女教师数量已远远超过男教师，但大部分村一级学校的男
教师偏多，年龄大，以当地并未受过正规教育的人或民转公教师为主。女教
师特别是年轻女教师派下去之后稳定性较差，流动频率极高。女教师不断流
动有多方面的原因，但婚恋问题得不到解决无疑是其中不可忽视的因素之
一。笔者在Q县教育局做调查时，也与教育局相关领导和工作人员谈到这个
问题，他们普遍认为，不少年轻的乡村女教师留不住主要是因为在当地无法
找到合适的对象，得以顺利组建家庭。尤其是近些年毕业的大学（专）生，
虽然她们出身乡村，但在城市中接受了三到四年的大学教育之后，其生活习
惯、价值观念、择偶取向等都发生了较大的变化。大部分毕业生因在城市择
业的困境才致其返乡。然而，在她们返回乡村之后，随着大批青壮年男性离
开故土进城务工，这些女孩子根本无法再在乡村里找到合适的男性。再加之
近年来大众媒体中所宣传和演绎的各种以城市浪漫爱情为主题的电视剧、电
影，使得这些年轻女孩对恋爱和婚姻已不再像她们的父母辈一样，持有务实
的态度，她们几乎和城市中的青年女孩无二，渴望一份浪漫美好的爱情，但
是返回乡村之后发现现实与理想形成巨大落差，在这种情况之下，不少年轻
女教师就会像陈某思一样，静悄悄地谋求改善现状的机会。这些年轻女教师
不安于乡土生活悸动的心，以及她们所面临的真实困境都会带入她们的工作
之中，不仅影响其教师职业生涯的发展，也会对乡村教育、乡村学校和学生
们带来不利的影响。

第四节　本章小结

新中国成立后，由于一穷二白的帽子没有摘掉，如何组织师资筹集经费发
展穷国的大教育，这是中国政治决策者们亟待解决的问题——民办教师应运而
生。笔者访谈了三位教师，三位教师的家庭出身与求学经历，工作获得、稳定
性和工资收入，教学和班级管理，自我认同与个体调试策略这四个方面均存在

较大差异。接着，笔者又访谈了三位民办教师，探究户籍制对于民办女教师进入体制内获得教师身份的影响，城乡二元分割的户籍制度并不能简单地视为教育领域中的一项政策，它已经成为制约民办女教师职业生涯发展的重要障碍。

在中国现代化的进程中，乡村社会正在发生巨大变革，由于现代化本身的城市化趋向，使乡村人财物的资源不断流向城市，乡村就业格局也随之产生了较大变化。笔者在 Q 县访谈的一个教师家庭中男性几次进出教师岗位，均是由于经济的原因。通过这对夫妇二人不同的选择发现，对很多离开教师队伍的中年男性而言，教师一职恰恰似一块"鸡肋"——弃之可惜，留之无味。

90 年代以后出生的男孩马某宝，虽然毕业于师范院校但却并不愿意从事教师工作，而希望能够在城市打工。乡村年轻一代通过考大学或者外出打工，摆脱了传统村庄的束缚，摆脱了乡土逻辑的父辈村民，他们的动力甚至不是来自于父辈的"让老婆孩子过上好生活"，而是源于对城市生活的向往，村庄生活已经难以为他们提供足够的意义。

笔者在最后呈现了三位乡村女教师的生活困境，虽然三位教师各有不同的经历，但乡村传统性别文化规训使女教师陷入深深的矛盾之中，特别地，随着城市化进程以及劳动力就业市场的性别隔离，教师成为现代乡村女大学生无奈的选择，而且面临越来越萧条和荒凉的村落，青壮年男性越来越少，这些年轻女教师们的婚嫁也成为困扰她们的问题。

第三部分

第八章
乡村教师性别结构女性化的影响与对策

性别结构是社会群体中不同性别人群的构成及其比例关系。表面上看，它是社会群体根据其先天特质所形成的不同生理性别的构成与比例关系。实质上，它却是后天社会性别构成与各种社会关系的反映。同理，在对乡村教师队伍的性别结构研究中，教师性别结构表面上看是乡村教师队伍先天形成的不同生理性别构成与比例关系，实际上它反映了教师队伍后天的社会关系。因此，乡村教师性别结构是整体教师群体结构的重要组成部分，其研究目的是呈现和说明乡村男女教师的数量差异以及由此导致的结构功能差异，即这种乡村教师性别结构的"女性化"趋势对乡村社会与教育、学校与学生、教师群体内部的影响。

随着近年来我国教师队伍性别结构整体呈现"女性化"的趋势，不少专家学者均对这一现象给予了重视，并主要针对其负面影响展开了论述，诸如男教师过少，学校很多活动难以开展，教师队伍的女性化不利于学校的发展；教师队伍的女性化不利于学生认知的发展，尤其是不利于培养学生的创新与实践能力，[①] 等等。笔者通过对 Q 县教师性别结构变迁的历史事实进行梳理与分析之后，发现在乡村教师队伍性别结构演变的任何时期、任何教育阶段，男女教师数量发生的改变都是嵌套在乡村教育变革之中的，也是与乡村社会乃至国家的发展变化息息相关的。笔者认为中国乡村教师队伍性别结构的变迁有一种内生的逻辑与实然的合理性，不能仅仅看到它的不利与负面影响。

本章基于对河北省 Q 县乡村教师性别结构变迁的历史事实的描述与分析，

---

① 傅松涛：《教师群体女性化现象初探》，《教育评论》1997 年第 5 期。

首先分析这种"女性化"趋势带来的影响，进而尝试对此提出若干建议与对策，以促进乡村教师队伍性别结构的合理化发展。

第一节　乡村教师性别结构女性化的影响

以 Q 县历史事实为例的乡村教师队伍性别结构变迁在任何时期、任何教育阶段，均呈现出一种实然的理性。在动荡的政权、薄弱的经济与固执的传统文化等诸多因素影响下，在新中国成立前相当长一段时间里，乡村中小学女教师匮乏，教师队伍性别结构未达到一种应然的理性。新中国成立以后，受国家对乡村政策的影响，20 世纪五六十年代，乡村中小学女教师获得了较大的补充，其比例有了明显提高。60 年代中期以后，乡村地区中小学，特别是中学女教师的数量及所占的比例在下放支援教师的补充下，得到改进，教师性别结构趋向较为合理。20 世纪 70 年代以后，乡村中小学女教师数量一直呈现较为平稳的增长趋势，并逐渐占教师总数 50% 以上。从 90 年代后期开始，女教师数量递增幅度加大，已经成为乡村教育教学的一支重要力量。从这一变迁的历史进程来看，国家政策、政治制度的改善，经济水平的提高和乡村教育的发展都对乡村教师性别结构比例的改变起着重要作用。然而，进入新世纪以后，乡村中小学女教师数量与比例增长速度加快，特别是县镇，不利于乡村地区未来教师性别结构的发展。根据近 10 年教师性别结构变化情况，预测未来 20 年乡村地区可能会有更多的女性参与到当地的中小学教育中，女性教师队伍将更加庞大，女教师数量超过男教师将成为一种必然的趋势，届时，乡村教师性别结构将呈现另一种不合理性。

20 世纪 90 年代以后，乡村中小学教师队伍性别结构呈现出"女性化"的趋势，这一现象首先揭示了当前女性在义务教育阶段所发挥的巨大作用，随着新中国成立以后平权平等思想的渗透以及妇女解放问题越来越受到重视，且中国妇女解放的根本途径就是教育，女性在教育领域发挥的作用不容置疑，女性在教育领域中也肩负着责任和使命。当前乡村中小学女教师数量增加对于促进妇女自身的解放起了积极作用。

然而，过分的女性化趋势也会导致若干负面影响。它会在事实上加剧男女的不平等，不利于女性进一步发展，而且这种过度"女性化"造成了教师性别结构的失衡，对乡村学校和学生，及乡村教育的发展也产生了一些不利的影响。具体体现在以下几个方面：

第一，教师数量的过分女性化趋势会加剧男女不平等。中国乡村社会传统观念中推崇"女子无才便是德"，不重视女性教育，也不愿花费钱财培养女儿，即使女子有所发展，家庭也只期待她有一份较为稳定的工作安身立命即可，这种文化为女性的发展带来了重重障碍。比如，很多职业妇女在社会和家庭双重期待下面临冲突，从很大程度上讲是传统性别文化的产物。所谓双重角色指的是家庭中的贤妻良母与社会分工中的职业女性，在家庭与工作双重压力之下，许多女性选择"教师"职业作为她们双重角色冲突的缓冲地带。[①]

在现代社会职业中，教师，尤其是中小学教师被认为缺乏专业性，九年义务教育的普及也减少对教师的一些硬性指标要求，而且进入新世纪以后乡村教师工资拖欠问题也得到了一定的解决。因此，女教师数量的持续增加在某种程度上反映了女性对传统性别观念的认同与接纳。教师职业具备的稳定、耐心、平淡、奉献的特征也符合社会对女性的规约。除此之外，西方发达国家的若干现象也能够引发对我国教师女性化趋势的思考。在西方国家，如打字员职业，产生初期多由男性操作，且薪水高、待遇好，但随着女性在这一职业中的优势得到公认并且大量加入该职业后，打字员的待遇便不如男性操作时优渥了。这种现象从一个侧面反映了职业地位的高低随着从事该种职业的男女比例变化而变化，也反映了西方社会对女性的歧视。

第二，教师队伍过分女性化给学生带来负面效应。首先，不利于学生认知的发展。不同性别在认知方面存在着差异，这种差异是多方面因素导致的。男女教师在认知能力、结构、风格等方面所存在的差异是影响学生认知发展的要因。教师作为一个成熟的社会化个体，女性有其惯常思维和认知偏好。因此，在教育教学活动中很有可能无法给男生以男性思维方式和解决问题的方法，在一定程度上限制了学生的多向思维和灵活性的发展。有研究表明，女教师性格中的顺服特征会无意识地抑制学生的创造性。另外，相较于男教师而言，女教

---

① 熊杰：《教师女性化趋势对妇女地位的影响——西安市教师女性化趋势现状分析》，《现代教育管理》1996 年第 4 期。

师一般会给学生提出"是"或者"不是"的问题，不利于学生探究精神的培养。①

　　其次，不利于学生交往行为的发展。班杜拉的社会学习理论指出，学生社会性发展依赖观察学习，模仿是观察学习的一种重要形式。通过模仿，学生获得一定被社会认可的行为方式。因而，良好的可供模仿的榜样对学生社会性发展非常重要。幼儿园、中小学女教师过多，使女教师成为学生主要的模仿对象，而缺乏与男教师交往的经验，再加上很多乡村学生的男性家长都外出务工，长期处于缺位状态，鲜与儿童接触，特别是对于男孩，他们会因缺乏男性榜样的模仿而产生很多负效应。对女生而言，因较少与男性交往，也会导致她们出现若干心理问题，甚至影响到她们在青春期后与异性朋友建立关系。

　　再次，在学生行为发展方面，教师队伍过分女性化也会产生很多负面效果，尤其体现在男学生的行为发展上。在幼儿园，甚至小学阶段，男生较之女生会更多地受到批评与责罚，这固然有男生本身的原因，也与教师群体的性别构成有密切联系。女教师经常会用女性的行为标准和规范来约束男生，比如顺从、规矩、听话等，因而对男生的某些行为，如好动、好奇心强、喜欢刨根究底等加以否认，并鼓励和规训男生朝向驯服的方向发展，由此出现男生无法像女生那样适应女教师的管理方式，也无法与女教师保持良好关系，并因得不到女教师的认同产生压力，表现出焦虑、攻击性行为。

　　最后，不利于学生性别角色的形成。性别角色是人的非生物特征，严格意义上来讲是指属于特定性别的个体在一定的社会和群体中占有的适当位置，以及被社会和群体规定了的一整套行为模式。男女学生性别社会化是其个体社会化的一个重要内容，它经历了一个从无意识到自觉、由外向内的转化过程。教师在学生性别社会化过程中发挥着重要作用，他/她是学生性别认同的榜样和行为学习的媒介。学生在受教育的过程中，也会向同性别的教师学习性别规范。因此，在学校中教师所构成的性别规范就成为学生性别角色形成的定型机制，如果学校中女性教师数量过多，对于男生来说，长期缺乏可供模仿的男性

---

　　① 熊杰：《教师女性化趋势对妇女地位的影响——西安市教师女性化趋势现状分析》，《现代教育管理》1996 年第 4 期。

榜样，会缺乏男性的勇敢、坚强、独立、豁达等男性气质中的优点，给其性别
角色认同带来障碍。而对女生来说，女性气质的形成也需要在与男性交往过程
中得以内化和学习。

所以，教师群体过分女性化对学生整体心理发展、社会适应、性别角色习
得等若干方面都将产生不利影响。

第三，教师队伍过分女性化使女性受教育的范围受到局限，加剧了女性就
业的不平等。当前，我国女性受教育的一个突出特点是学历越高，女性所占比
例越低，特别是在高等教育方面，专业程度、学历层次越高，女性学生所占的
比重就越低。① 这种"宝塔型"分布显示了女性受教育上的不利地位，各级各
类中小学教师也呈现"宝塔型"分布，即随着学校层级的升高，女教师人数
和比重逐渐递减。

以上两个"宝塔型"显示了教育与就业之间的密切关系。由于受教育机会
的差异，男女两性在就业时也会出现差别，女性就业范围与机会都十分有限。一
方面，女性总体就业率低于男性；另一方面，女性就业层次也明显低于男性，妇
女一般从事劳动密集型、较低技术水平和较低技能要求的工作，且类似管理与技
术层和其他需要较高技能与较多权力的职业中，女性比例一直偏低。

同时，就业的不平等会直接影响到女性的读书与升学。许多用人单位拒绝
录用女性或提高女性入职门槛，提高女性录用标准，导致女大学生就业困难，
已是目前一个非常普遍的现象。正因如此，中小学教师队伍的过分女性化会把
女性受教育的范围越来越多地限制在师范体系中，如此，再导致女性在教育上
的不平等，从而形成"女性－就业"的恶性循环。

第四，教师队伍的过分女性化，制约女教师职业生涯发展。受传统家庭观
念和性别偏见的影响，很多乡村地区女性承担着家庭中大部分的劳动，包括农
业劳动，尤其是对男性外出务工的家庭而言，结婚生子和料理家事大多由女性

---

① 根据我国教育部官方统计，截至 2013 年，高等教育中，本科层次学生共计 24680726 人，
其中女生 12769199 人，女学生占学生总数的比重为 51.74%；硕士研究生共计 1495670 人，
其中女生 768408 人，女学生占学生总数的比重为 51.38%；博士层次在校学生共计 298283
人，其中女生 110076 人，女学生占学生总数的比重为 36.90%。可以看出，随着学历层次
的升高，女学生所占比例是呈现下降趋势。该数据来自教育部官方网站：http：//
old. moe. gov. cn/publicfiles/business/htmlfiles/moe/s8493/201412/181716. html。

承担。虽然现代乡村计划生育政策致使一部分农户子女数量减少，但大多数乡村家庭还有两个以上子女，而祖父母辈却因为年龄、身体及乡村分家习俗的影响，并不能够完全帮助抚育第三代，所以，家务处理和家庭建设在乡村女性的生活中占有重要位置，她们对生活的满足感越来越具有"家庭中心"的色彩。作为乡村教师，这些因素无疑弱化了她们的工作付出，使女教师群体缺乏生机活力，也缺少内部竞争和成员间的协作共进，致使她们无法完全投身于教育事业，成就感较低，甚至不少女教师放弃了自身专业成长与发展的机会。笔者在 Q 县调研时该县教育局李局长说道：

> 这些乡村的女老师有时候真拿她们没办法！你让她们当当老师、教教书或许还行，但当领导根本不行，连个教务主任都干不好。不是我们县里不重视女教师，不重视她们的发展，我个人觉得很多女老师就压根儿"不务正业"，不专心她的业务。比如说，县里每年都举办不少各类教师培训，我们就怕老师们不去，每个学校都给派指标，可总是女老师请假，这事那事，不是丈夫就是孩子，要么就是家里乱七八糟的事，你给她机会，让她提高，她自己还是一个劲地往后退。其实，县里的领导们也都能理解她们的处境，家里人多事杂，顾得了学生就顾不上家，所以，她们自己的目标也不高，教点书挣点钱打发日子就行了，你再让她们有所提升，好好钻研钻研业务，往上走就不行了。这是个恶性循环。（2014 - 06 - LSG - 01）

笔者在对贵州省 W 县 S 乡的女校长进行访谈时，她一边工作，背后还背着一个不到 2 岁的孩子。当问及有关她身为教师和教育管理者的困境时，这位 W 县唯一一名女性校长无奈地道出了乡村女教师试图进行自我发展和成长的瓶颈："我们村里的女人本来出门工作就不容易，做领导更是难！家里、学校两肩挑，两头都要管，都要付出。家里的事管不好，人家会笑话你，丈夫公婆也不乐意；工作如果干得不像话，人家也会说三道四。男人们在外面，只要工作上干得好就体面。女人就不同，我是自己要强，两面都想做好，所以过得就特别累。"

第五，乡村女教师增多，其婚恋与人身安全成为制约女教师群体稳定的重要因素。乡村女教师人数总体偏多，但从实际分布来看，偏远村小、教学点的女教师较少，而且即便这些地区有女教师，她们也很难长期坚持，主要是因为人身安全得不到保障。笔者在 2012 年赴贵州省若干县乡村中小学进行调研时发现，很多村小、教学点地处偏远，条件艰苦，特别是那些高海拔山区，高寒缺水，80% 以上的农户吃不上自来水，都是靠储水小水窖不加任何处理地食用"望天水"，更谈不上洗澡清洁。

图 8 - 1　2012 年贵州省 W 县 X 乡中心学校教师宿舍

注：这栋教师宿舍是由教师改造而成，中间用塑胶袋隔断，条件异常艰苦，而且这里缺少自来水，每个教师宿舍都会有很多水桶、脸盆进行储水。

在笔者进行基线调研的贵州省 W 县 X 乡华沙小学，除校长是一名男性外，其余 4 名教师均为女性。学校无力安排教师住房，这 4 名年轻的女教师不得不寄居在该村已废弃的村委会两间破败的旧房子里，与这所学校洋气的校名形成鲜明对比，校舍和教师宿舍上漏下湿、不蔽风雨。两位已婚的女教师的丈夫、子女和家人均不在身边，其中一位谈到此处流露出无奈与痛苦："我家是外乡的，爱人在家照顾老人和孩子，小孩一岁多一点，这路不好，他们过来不方便，我每月回家一趟看娃娃。娃儿断奶断得早，只能给他喝奶粉。有时候听到娃儿、家人身体不好，心里真的特别难受，想回家。"

河北省 Q 县 G$_2$ 乡三面环山，而且山里开采金矿，该乡的几所村小就坐落在山坳里，面对这样的自然环境，笔者在 2013 年底赴该乡调研时，G$_2$ 乡总校校长十分担忧地称：

我们真是不敢把女老师单独派下去（偏远村小），她们年轻，就是派两三个（女教师）下去也不敢，晚上让她们睡在学校里面，后山就是矿，那么多矿工，万一出个啥岔子……我想都不敢想。（2013 - 12 - ZSN - 02）

图 8 - 2　当地民房改建的教师宿舍

注：前排左一为笔者，其余四位女教师就是在华沙小学任教的老师，后排左一和左二分别是此次贵州调研团队中笔者的师弟与师兄，左三就是华沙小学的校长，左四为贵州 W 县 X 乡另一所学校的教师。

与县城相比，该乡镇一级的学校男教师与女教师从数量上基本持平，但大部分村一级学校的男性教师偏多、年龄大，以当地并未受过正规教育的人，或民转公的教师为主。女教师特别是年轻女教师派下去之后稳定性较差，流动频率极高。尤其在乡村学校布局调整"撤点并校"以后，临近的两个或三个村子设一所小学，而基于土地的争端，不得不把学校建在村与村的交界处，使学校距离每个村子都遥远，教师还承担着一部分接送学生上下学的责任，对女教师而言压力巨大。

另外，随着乡村女教师的增多，女教师纷纷出现"愁嫁"问题，女教师进入"剩女"的群体越来越大。笔者 2012 年在对贵州省 W 县 S 乡中心校进行调研时，该校校长面对近年来连年分配而来的年轻女教师连声叹息："我们中心校 2009 年分来 9 名年轻的特岗女教师，结果，来了一年不到一下子跑了 6 个，现在还剩的 3 个（女教师）至今都还没找到对象。今年（2012 年）又来了 6 个，她们的婚恋都成了我一件'头疼的大事'，我经常给她们撮合对象。要想留住这些女教师就必须得替人家考虑，这么年轻的女孩子，在村子里没有合适的对象，根本留不住。"

在贵州 X 乡调研时，笔者遇见一位"90 后""特岗女教师"张某，正值青春年华，在对她个人恋爱问题进行访谈时，她有些惆怅地说："乡村学校教学任务重，一个教师要上好多门课，学生又多，还要批改作业，而且这里太偏僻，路不通，基本没有与外界接触的机会，村里的年轻人（男性）又少，都出去打工了，合适的人特别少，找对象不容易啊！"笔者在结束调研之后加了这位年轻女教师的 QQ，在张老师 QQ 空间里，笔者看到这样一段话：大学学历，工作稳定，收入虽然不高，但还好，自己长得也算是"年轻美貌"，总觉得像自己这样的条件应该比较抢手，但没想到工作后却成了无人问津的"剩女"，找个男朋友咋就这么难啊！

调研发现，女教师张某的情况并非个案，事实上，乡村女教师"愁嫁"问题，已经成为乡村学校里一个普遍现象，这些女教师年龄普遍较低，97% 在30 岁以下，其中超过 65% 的年轻女教师未婚。[①] 近年来，乡村教师呈现"阴盛阳衰"的趋势，这一职业越来越不被男性看好，乡村男性纷纷走出村落外出务工，比较合适的未婚男性更可谓是凤毛麟角。加之教师工作环境较为简单，多数在学校，许多年轻未婚女教师也住在学校或者学校附近，过着教室与宿舍两点一线的生活，几乎没有机会结识适龄男青年。随着乡村学校女教师的增多，即"剩女"人数的增多，不仅关系女教师个体的婚恋与幸福，更是直接关系到乡村教师师资的稳定。由于乡村学校相对偏远贫困，如果个人婚姻家

---

① 郑新蓉等：《中国特岗教师蓝皮书》，教育科学出版社，2012，第 165 页。

庭问题难以解决，一些女教师尤其是外地的女教师往往在乡村学校工作不足两年，就纷纷想要调离。有的女教师无法实现调动，干脆一走了之。"如果这些女老师能在当地有个男朋友，成个家，她们就能安心扎根乡村学校了，这对加强乡村教师队伍建设是非常有利的！"笔者在 W 县调研时，该县教育局一名负责人忧虑地说。

图 8 - 3　90 后特岗教师

注：笔者在贵州省 W 县 X 乡华沙小学调研时所拍摄的，照片人物是该校一名"90后""特岗教师"张某。经其同意笔者将张老师照片收录论文中。

第二节　对策建议

一　乡村教师性别结构合理性思考

教师性别结构的合理性是合教师性别结构存在目的，合教师性别结构形成规律，也是合学生培养目标与与学生发展规律的"理"。[①] 由于小学、中学教育培养目标存在差异，其教育发展规律也不尽相同，所以，在不同的教育阶段

①　王安全：《一个西部县农村教师结构五十年的变迁》，陕西师范大学博士学位论文，2012。

形成不同的教师性别结构标准是教师性别结构合理发展的前提条件。一般认为，在小学阶段，学生年纪较小、依赖性较强，需要细致入微的关怀，因此，需要较多女教师是一种合理性；在中学阶段，学生独立性有了一定发展，依赖性减少，而且需要吸取大量知识和接受多项训练与各种能力的培养，保持男女教师的均衡状态，实现"管"与"放"相结合的方式亦是一种合理性。统筹义务教育阶段男女教师的比例关系，保持男女教师性别结构的比重相对平衡是教育生态建设的基本需求。

具体来说，小学教师性别应以女性为主，女性人数占教师总数的2/3，男教师人数占总数的1/3是较为合理的教师性别结构构建标准。小学阶段的儿童年龄小，生活依赖性较强，在这个阶段保持较大比例的女教师是能够顺应儿童身心发展规律和需求的。女教师擅长形象思维，有利于培养儿童的具象思维品质，也有利于儿童习惯的养成，符合小学阶段的教育目标。国内有研究者也认为，在小学阶段当男女教师的比例为 3∶7 时能够达到教育生态结构的平衡状态。20 世纪 90 年代至 2000 年前，我国福建省在小学教师招录政策中曾明确规定男性教师必须占教师招录总人数的 30%。[①] 如果女教师缺乏，则无法满足小学生需要关心照料的要求；而如果女教师比例过高则不利于儿童男性性格的养成，更加不利于男女教师基本性别生态结构的形成与发展。综合其他学者的研究，以及小学教师队伍建设的实践，笔者认为在小学阶段男女教师性别构成保持男女 1∶2 的比例应是比较适当的。

初中阶段是人生成长的关键时期，该年龄阶段的青少年在生理上从不成熟逐渐走向成熟，但性格容易冲动，造成在这个阶段的学生将面临其人生发展的种种危机。在这一个时期如果女教师数量过多，学生会被迫遭遇大比重女教师天性中不可避免的过度细致，甚至婆妈唠叨的管教方式，往往更加容易引起逆反心理，特别是对于处于青春期的男生，而且女教师的柔弱又难以遏制部分顽劣暴烈的男生。如果这一时期男教师数量过多，男教师普遍比较严厉的品质也会引发学生不满以及对抗，而且男教师在教育活动中相对粗放的管教行为和部分较为放任的领导方式又会引发学生的放荡不羁。因此，在初中阶段，教师性

---

① 吴郁葱：《一个应令人警觉的问题——从乐清师范招生男女生比例看教育生态环境的平衡》，《教学与管理》2000 年第 11 期。

中国乡村教师性别结构的变迁

别构成应以男女对半为宜。这种平等、协调和均衡的教师性别结构，可以将男教师的严肃苛责和女教师的温和柔弱，男教师的粗放宽容和女教师的细致入微相结合，弥补男女教师各自的缺点，帮助学生平稳度过躁动不安的青春期，也是满足学生身心发展需要、实现初中教育的人才培养目标。

为形成合理的教师性别结构，需要从政治、经济、文化以及教育自身发展等诸多方面采取措施。我国长期处于城乡二元分隔的局面，城乡经济状况悬殊，乡村贫弱难以留住男性，因此，改善乡村教师性别比例构成首先需要从大力发展乡村经济入手，以经济发展带动乡村传统文化观念，尤其是两性观念的变革，促进家庭教育投资比重的提升，进而促使乡村女童接受教育的层次和年限提高，这也可以间接提高女教师的数量。另外，落后的经济生产条件和生产方式是传统两性观念和文化赖以存在的基础，因此，经济是变革文化的根本动力，也是提高乡村家庭经济实力的基本保障。发展乡村地区经济的根本方式，贺雪峰教授认为应该从资源节约和环境友好的角度，从人的真实需要的角度，促进传统乡村生产方式向现代农业生产方式转变，提高农业生产效率和农民收入，[①] 这也是从根本上解决乡村男女性别偏见和教师性别比例问题的途径。

从政府和教育行政管理部门层面看，需要采取一定的有效措施，既要维持女教师的基本增长速度，又要避免女教师增长过快和比例过高的现象。按照河北省 Q 县中小学近十年来女教师数量增长趋势，未来十年该县中小学女教师数量将超过男教师，由之前的几乎全部被男性垄断的不合理状态，再次走向女教师占据大半壁江山的不合理局面，为此，教育行政管理部门应在师范生报名、招生、教师招考录用等方面，树立性别意识，从教师源头上抑制这种现象的发生。另外，在教师退休上也可以通过采取延长或缩短不同性别教师的年限等方式，及时做好教师性别比例的调控与监督工作。但在这一过程中需要警惕，在确保女教师数量、比重持续稳步增长的同时，避免其增长过快，及男教师数量下滑过快，避免出现新的教师性别比重失衡。

从乡村地区当下教师性别结构发展状况来看，女教师总量逐渐过盛，而出现结构性不均，即各区域女教师分布不均衡，因而，合理调整女教师分布是促

---

① 贺雪峰：《乡村社会关键词——进入 21 世纪的中国乡村素描》，山东人民出版社，2010，第 56 页。

进城乡之间、区域之间、学校层级之间教师性别结构合理化、均衡化发展的重要途径。将各地区的女教师资源尽量分布在较多的乡村中小学，使她们发挥更为广泛的作用，特别注意在行政村村小、教学点女教师缺乏的情况下，县镇及以上区域学校集中和过高比例任用女教师。城乡女教师比例失调的一个很重要的原因是乡村学校安全环境差，教育经费和住宿条件严重不足，无力聘请专职的安保人员，因此，教育行政与管理部门为了防止安全隐患的发生，就不愿也不能够把年轻女教师派放至村小、教学点，而女教师为了自身的安全着想也不愿意扎根村小、教学点，这就形成了一个恶性循环的怪圈。教育行政管理部门应意识到这个问题，并能够协调公安部门、司法部门等优化乡村教师的工作环境，消除基层学校领导与女教师自身对于其工作环境的恐惧与疑虑。乡村学校需增设一定的保安人员，或者整顿后勤，形成保安、门卫一体化的人员配置，并消除其中老弱病残人员，提高安保人员的工作质量和个人素质，确保女教职员工的安全工作环境，[①] 这也是协调男女教师性别比重，稳定乡村女教师队伍的重要方面。

　　从教育系统内部来看，积极消除性别角色刻板印象不容滞缓，努力实施无性别偏见的平等教育，是消解性别结构变迁负向功能的根本途径。联合国妇女大会在《性别的非正式接触组织报告》中指出：女人和男人的角色以及社会地位都是社会性地建构起来的。[②] 从性别理论上看，男女后天所处社会环境和教育会影响其性格气质的形成，因此，为了消除性别角色刻板印象，就需要在义务教育阶段实施无性别差异的自然平等主义的教育，消除教师性别比重对儿童、对教学活动的负面影响。在儿童成长的早期阶段，抚育者和教师应有意识地培养他/她两性性格特质，即不管男女童，均应培养其具备勇敢、坚毅、豁达、温和、认知、踏实、细致等优秀的品质，鼓励女童积极参加传统男孩子的游戏项目，鼓励男童参与传统被认为女孩儿的游戏项目，在跨性别的游戏与活动中使他们相互认知和体察对方的性别气质，从而避免成年后特别是选择教师职业并成为教师之后形成不正确的刻板印象，对学生的发展带来负面影响。

---

① 王安全：《一个西部县农村教师结构五十年的变迁》，陕西师范大学博士学位论文，2012。
② 〔美〕朱迪斯·巴特勒：《消解性别》，郭劼译，上海三联书店，2009，第87页。

二 乡村女教师的发展策略

面对当前我国乡村教师性别结构的女性化趋势，以及女教师已占乡村中小学教师队伍半壁江山的状况，女教师的发展成为乡村教育面临的一个崭新课题。

第一，重新认识新的经济体制和社会运转机制的特点与规律，认识这种新体制与机制对人才需求的新特点，转变传统的教育职能观，是改变乡村教师群体性别结构女性化的起点。

以竞争为根本特征的市场经济所需要的人才是竞争型的、应变型的、创造型的，这种复合型人才需要大量男性教师参与培养，因此，改变教师性别结构的过分女性化特征，增加中小学男教师的比例，是社会主义市场经济的必然要求，这一点必须得到足够的认识与重视。

第二，构建乡村平等的性别文化，建立相应的性别支持系统，是促进乡村女教师发展的基础。

要改变社会环境，构建先进的两性文化，发挥教育与传媒的作用，在乡村加大力度宣传男女平等观念，改善对女性的刻板偏见，树立两性合理分工、相互合作的意识，为乡村女性追求独立自主营造良好社会氛围。乡村文化的变革不仅能促使男女传统角色的变化，也能提高女教师的认同感，减少其因社会价值与个人价值冲突所造成的各种家庭和社会矛盾。应该看到的是，要求女性同时兼顾家庭与工作，并均有突出表现的这种期待亦是不现实的。个体生命的有限性和时间、精力的过度消耗使女教师疲于奔命，应接不暇。因此，应逐步改善社会对于职业女性过高的期望值，以缓解女性工作与家庭的冲突。

当"乡村"和"女性"两个词同时出现在一起时，这个群体注定在当代社会的语境中遭遇困境。人们对乡村女教师的发展认识不足，没有意识到女教师的发展对整个乡村教育的作用，也没有意识到女教师发展的独特性，因此，要切实重视乡村女教师的职业发展，积极构建性别支持系统。

政府部门要把两性平等意识纳入决策系统，制定可操作性政策保护女教师的合法权益。比如，教育主管部门制订教师培训计划时，需要考虑女教师的特殊性；在人事调动中适当向女教师倾斜，避免女教师在事业发展与家庭生活的两个关键期相重叠、矛盾；女教师在中年以后因缺乏机会导致对自身发展失去信心与动力，基层政府和教育主管部门，以及县乡镇妇联要积极开展对妇女的教育与帮扶，为女教师提供缓释压力的渠道和方法，应积极帮助其进行调适；政府要鼓励支持含有托儿所、养老院等项目的服务中心，通过规范的社区服务，减轻女教师的劳动压力，使她们可以和男教师身处一个相对公平的竞争环境，得到较为同等的发展机会。

第三，在政策层面上加大对乡村教师的整体扶植，是促进乡村女教师发展的重要保证。

改变乡村教师工资标准过低的情况，提高乡村教师整体待遇，特别是偏远贫困地区。2009 年实行教师绩效工资改革后，中央仍按人均年 2 万元标准与地方财政据实结算，社会保障待遇水涨船高，县级财政的负担较重，特别是对于一些连片贫困地区，需要加强生活补贴，补贴标准应根据当地实际情况制定。值得欣慰的是，2013 年，教育部已发布七项措施提高乡村教师待遇，涉及职业培训、薪酬补贴等方面，应将政策加以落实，切实保证乡村地区教师工资待遇得以提升。2014 年连片贫困地区乡村教师的补贴政策也将逐步落实。①

在薪酬体系构建政策上，建议在绩效工资上辅助以各种机会成本补偿金。考虑到乡村偏远地区的特殊性，可以在薪酬体系中划拨一部分作为机会成本补偿金。根据不同级别的乡、镇、村（划分可依据地区条件的艰苦程度），在补贴金额上适当区分等级，越偏远、条件越艰苦地区的乡村教师补贴应越多，通过这种补偿使这些教师得到真正实惠。比如，可以将乡村地区教学岗位按照距离中心县镇的艰苦边远程度分为若干类，那么以中心县镇的同类教师收入为基准，每类地区岗位津贴递增额为基线收入水平的 15% ~ 20% 递增。另外，除货币津贴之外，有必要通过其他形式为艰苦边远地区岗位的乡村教师提供补贴，例如教师校车或交通津贴，特别是对于乡村女教师，在其怀孕、哺乳阶段都应给予一定补贴和不同形式的照料。

在制定和实施"教师安居工程"和"教师周转房"政策上，要进一步改善教师住房条件，特别是对中青年乡村女教师。大多数乡村学校没有专为乡村教师修建的宿舍，很多教师只能靠租赁民房，或投亲靠友，或走教。鉴于很多乡村地区山大沟深，地处偏远，住房困难，对于乡村大量中青年女教师的驻留

---

① 郑新蓉、武晓伟：《善待农村女教师：让政策更温暖》，《中国妇女报》2014 年 9 月 9 日。

中国乡村教师性别结构的变迁

十分不利，甚至会影响到她们的人身安全。建议采用与"义教工程"类似的方式，由国家设立专项资金、地方政府配套，实施"乡村中小学教师安居工程"。可采取"乡镇拨地、住房校出、教师集资、政府补贴、周转使用"的模式建设，大面积改善乡村教师的生活条件，使其"安居乐教"，同时保障夫妻教师和有孩子的教师优先，并在周转房的设计上尽可能温馨宜居，减轻教师的因车马劳顿而产生的疲惫。

在极端贫困地区，建议实行教师轮岗政策，以妥善解决青年男女教师婚配等困难。很多乡村地区大量未婚男性外出务工，使得当地年轻的女教师没有合适对象，无法解决其婚恋问题，建议对立志于从事教育事业，并在偏远贫困地区工作一定年限的男女教师实施轮岗制度；对于夫妻双方均为乡村教师，但不在同一地方工作的，尽可能照顾到一个学校或学区，稳定现有乡村学校师资人才，并吸引更多优秀毕业生投身乡村教育。

在制定教师流动政策上，需要进行试点省市统筹，教师跨县流动，对工作一定年限的女教师给予政策上的体恤优待，以解决其婚恋等生活问题。目前我国基础教育和教师管理都是县级管理，不能实现教师跨县流动或调动，随着社会的变化，教师队伍也出现新的特质，例如，"80后"多数青年教师是农家子弟，同时很多又是独生子女，都有养老的义务。另外，教师们异地恋的婚姻形式增多，要真正能够解决教师的工作和生活困境，应该增强地区政策的自由度，根据当地青年男女教师的特殊情况给予一定政策试点空间。由于中国广大乡村地区的情况非常不同，地区文化、教育、经济差异较大，乡村教师的性别比例在各地也不一样，可以适当给予地方政策一定的宽容度和理解度，发挥地方积极性和主动性，以及本土优势，鼓励其在政策允许范围内，根据本地区女教师的特殊情况予以政策关怀。

在完善乡村教师培训的政策上，需要提升女教师的专业成就意识，鼓励其继续攻读专业学位。针对乡村教师的实际情况，制订切实可行的培训计划，增加更多在岗培训机会，构建"县－乡－校"三级教师培训管理网络，以提升乡村教师的专业水平。针对乡村女教师成就感较低的现状，应对其进行鼓励，帮助其树立自信心和成就意识，并建议相关师范院校可以为有专业进修意向的教师提供一定名额的教育硕士，以保证其有效提高乡村教师专业素养。

第四，加强对教师队伍建设与专业发展的性别关注，是促进乡村女教师发

— 236 —

展的根本途径。

乡村女教师的数量不仅在逐年增多，而且她们承担着教学一线和班主任的大量工作，因此，更要关注女教师的发展，给予更多关怀。比如，在职称评定方面，要给女教师在政策许可内的一定倾斜；在培训方面，适当加大女教师培训力度；在评价方面，用过程性、发展性评价代替绩效评价，减轻女教师压力；在人员配备方面，鼓励女教师参加学校管理工作，吸纳优秀女教师担任领导；在待遇方面，对有特殊需要和条件困难的女教师以一定津贴和补贴，提高她们的工作满意度；在医疗保健方面，切实保障女教师每年一次的身体体检，关注其健康状况；在心理咨询方面，给予有需要的女教师更多心理疏导，改善她们的自我评价系统和成就期待；在环境改善方面，积极为女教师营造轻松和谐的工作环境，定期开展文化娱乐活动。

女教师的专业发展也是当前一个不容忽视的问题，在教师专业发展上，要适当向女教师倾斜，肯定女教师的成就；在教师专业发展的组织上，相关教育部门要成立专门负责女教师发展的机构，为女教师长期发展制定切实方针、方案、行动计划；在教师专业发展地位上，重视女教师的积极性，鼓励她们参与培训、进修和深造；在教师专业发展的具体环境上，树立全社会的性别平等意识，建立民主、和谐的文化氛围，为女教师的发展创造条件。

第五，完善学校制度与管理模式、方法，是促进乡村女教师发展的关键。

学校是乡村培养人才、传承文化的主阵地，也是乡村女教师提升自我的场所，学校制度与管理的改善，学校领导对女教师的理解和支持会对女教师产生重要作用。鼓励优秀女教师参与管理，女教师需要来自男性领导与教师的理解，对担任管理工作的女教师适当减少其课时量，打破男性"一统学校"的面貌，发挥女教师的工作细心、耐心、认真等优势；在管理方式上，既要关心，也要严格要求，平等对待，并照顾其特殊困难。此外，需要维护女教师特殊利益，比如，在女教师怀孕、分娩期保障其合理待遇，在保证完成工作任务的前提下，应允许家有婴儿或残病老人的女教师在一定程度上安排工作时间，使她们有一定空余时间处理家务，以缓解乡村女教师在非常时期的焦虑感。

学校定期为女教师组织一些交流互动活动，为女教师提供一个互相学习、互相分享的平台，也可以邀请一些工作和家庭处理得当的女性"榜样"传授经验，共同探讨大家遭遇的普遍问题。如果条件允许，还可以邀请一些学者、专家为基层女教师解惑答疑。

在班主任工作方面，一般地，在很多乡村学校里班主任都为女性，因为女教师耐心细致，与学生沟通较为融洽，而且女教师担任语文、数学这类主科的教学较多，课时多，有更多的机会能够了解学生，便于班级管理。女教师担任班主任的确有一定优势，但也不能将所有的班主任工作全部都推给女教师。学校管理者要考虑性别因素和教师的实际情况，如能力、专长、身体状况和工作量合理安排。选择班主任时也要选任男教师，发挥其活跃、阳刚等性别优势。一方面减轻了女教师的工作负担，另一方面也有利于学生的性格发展。另外，虽然班主任工作量大，但在很多考核中班主任跟其他教师绩效几乎没有差别，而且有些教师兼任学校其他部门工作，如会计、图书管理员等，年终绩效远高于班主任，所以很多老师宁愿兼职也不愿做班主任。学校应考虑这些实际情况，给予班主任一定奖励和经济上的补贴。

在家校合作方面，家庭和学校是促进学生发展的重要场所，在很多乡村地区，人们往往忽视家庭这个资源，很多家长不重视子女教育，农忙时甚至召回孩子干农活，而且不少家长宁愿让男孩尽早出门打工，女孩尽早出嫁。现在越来越多的年轻夫妇外出务工，把孩子留给隔代老人看管，对孩子的心理和生理都造成了一定损伤。学校要加强与学生父母的沟通和交流，定期组织家长会，及时了解学生情况，做好学生的心理辅导。这些家校合作的任务大多会落在女教师的身上，因此，学校应给这些教师一定的支持，对于棘手复杂的问题，学校应出面协助女教师进行解决，并对为这项工作付出辛劳的女教师给予鼓励和奖励。

第六，加强女教师的自我规划与管理，是促进乡村女教师发展的内在动力。

女教师自身要树立主体观念，加强性别意识，乡村女教师要敢于打破传统文化对自身的束缚，增强自我发展的动机与信心，树立积极进取的女性群体形象，消除性别刻板印象，从传统乡村妇女的偏见与定型中解放出来，不断学习，尤其要加强教育理论和教育心理学的学习，加强社会知识的学习，平时要增强阅读，开阔眼界，另外，女教师要积极参与培训，在培训中与专家、学者和同行加强交流联系，在教学观摩中看到差距，弥补不足，提高自身的业务修为。

　　女教师需要处理好工作与家庭之间的关系，因为这两者是女教师发展的动力源，也是其人生幸福的保障，处理好这两者之间的关系至关重要。具体而言，首先要打破和消解"男主外，女主内"的传统观念和家庭角色定型，同时也要改变文化中女性作家务劳动的主要承担者的现状，要对家务劳动进行合理分工，加强男性参与。同时，女教师也要做好自我管理和规划，有效地规划自己的职业生涯发展，把家庭与工作合理结合起来，优先重要事件的排序，尤其是生育和哺育期间，应避免与事业的关键期重叠。最后，女教师要构建实际合理的角色期待。在多重角色中，合理定位，并意识到角色的代偿性，即在工作中为了实现某个角色必须要暂时放松对另一个角色的要求。在不同生命周期中做好调节，提高工作与生活的满意度。

　　女教师需要提高自身的心理素质，学会释放和缓解压力。乡村女教师的压力大是不可争辩的事实，除了要完成学校日常的工作和教学任务之外，还要做家务，甚至在农忙时节支援家庭农务，并且还有负担照顾老人、抚育子女的重任，工作和家庭的冲突，以及工作本身的繁重使其身心疲惫。因而，女教师要提高自身的心理调适机能，学会放松与缓释压力，保持健康心态，体会工作与生活的快乐。

附　录

附录一　Q 县教育与女教师大事记

时间	教育大事记	女教师大事记
清末民国初年	Q 县初等教育以私塾为主,私塾以男学童为主,中日甲午战争之后,开始逐步招收女学童。	
清光绪二十八年(1902)	邵庄、七道河、醵杖子三村始建初级小学堂,共计招收女学生 31 人。这是 Q 县境内第一批公办小学。	
1905 年	美国传教士以基督教会的名字在大杖子村建立"贵贞女子小学堂",招收女学生。	"贵贞女子小学堂"有美籍女教习 6 人,中国籍女性 2 人,具体课程教学与学校管理均由美籍女教习负责,中国籍女性为当地教徒,扮演辅助性角色,不算正式意义上的教师。
民国 7 年(1918)	杜汉川创立第一所高等小学,即龙王庙(后改为"龙山")高等小学堂。	龙王庙高等小学堂开始聘用女性担任教师。是年,又有几所初级小学堂里相继出现女教师。1918 年,全县境内共有 4 名女教师。这是该县最早一批女教师。
民国 21 年(1932)	日本侵略军占领县境,驻地大杖子,属"满洲国"热河省辖。3 月,伪县公署建立乡村师范学校。Q 县师范教育始于该年。9 月,伪满为次年兴办小学教育,特举办了为期 4 个月的教师讲习所,培训教员 60 名。	虽然没有具体数据,但日伪政府倡导兴办女子师范教育,在"教师讲习所"中提出专门招收女学生和女教师进行培训。
1938 年	伪满实施新学制,官办小学增至 120 所(其中高小 5 所)	该年,全县小学共有女教师 42 名。

时间	教育大事记	女教师大事记
伪康德八年(1941)	Q县中学教育肇始于该年,当时学校名称为"Q县农业国民高等学校"。学制4年,具有职业教育内容和性质,共有教师5名,全为男性。	
1941～1945年	日伪政府在Q县大力兴办师范学校。1941年兴办龙山国民优级学校师道补习科,1944年在大杖子国民优级学校设师道训练所,培训教师。	这些师范学校均主张招收女教师,以龙山国民优级学校师道补习科为例,从1941年到1945年,招收了3届学生,共120人,其中女性48人。
1945年8月	日本宣布无条件投降,并撤出Q县,Q县解放。新中国成立后,人民政府着手恢复教育,整合教师队伍。	是年末,Q县共有28名女教师。
1946年入秋后	县政府发动农民兴办冬学,开始全县域内成人扫盲教育。	
1947年1月～1949年9月	全县共办冬学147处,参加扫盲学习的农民5929人,扫盲教师175人。至新中国成立之前,Q县分夏、冬两季办识字班,共有男子扫盲班350个,妇女扫盲班680个,学员达35075人。	全县女教师均被分配投入成人扫盲教育。
1950年	县政府调整县域内小学校,共撤销4个中心学区,合并77所学校,兴建民办小学11所。	
1952年	发展小学高级班26所,12月,在大杖子、龙山、白家店、南杖子4所完小办高小速成班。	
1953年春	Q县成立扫盲委员会,在试点单位配备扫盲专职教师。	当年全县58名女教师作为专职教师被分配到各乡镇村落完成扫盲任务。这些乡村女教师不仅承担着文化课程的讲授和科学知识的转播,还作为"榜样"在乡村妇女扫盲工作中发挥了重要作用。
1956年	Q县小学建立二部制校点11个,巡回小学15所,完小、初小学校达到475所,学生37456人,适龄学生入学率首次达到66.4%,适龄女童入学率也一直处于上升趋势。	受新中国男女平等的妇女理论及毛泽东平权平等的教育民主化思想的影响,党和政府在重视乡村女童教育的同时也十分重视对女教师的培养。这一时期Q县女教师数量稳步增长。

中国乡村教师性别结构的变迁

时间	教育大事记	女教师大事记
1957~1960年	Q县教育全面进入"大跃进"。学校数量猛增，至1960年，小学发展到699所，学生69032人，教师2052人；中学发展到14所，学生5563人，教师349人。 为了弥补公办教师不足，1957年，Q县教师队伍中出现民办教师。	女教师数量持续上涨。 1958年，该县出现民办女教师。从1958年到1960年，该县民办女教师数量激增，从11人增至162人。
1961~1963年	Q县贯彻中央调整的方针，合并压缩学校，精简和下放教师529人，转吃农村口粮438人。	女教师人数迅速下降，下浮比例远高于男教师。1961年和1962年两年，女教师减幅都超过50%。
1964~1965年	大办半耕半读小学和农业中学。至1966年，耕读小学达461所，学生2200余人，适龄学生入学率达到94%，基本实现普及小学教育的要求。	原有公办教师数量严重不足，大量民办教师、临时教师涌入，其中女教师数量成倍增长，至1965年，该县女教师增至208人。
1966~1976年	十年"文化大革命"Q县中小学教育处于瘫痪状态，无人问津教师队伍建设。 1966年，全县小学以学"毛泽东语录"和开展大批判维持教学。中学在校应届生不得毕业，留校"闹革命"，同时停止招生。 1968年，实行贫下中农管理学校，年底，响应"王侯建议"第二次下放教师，566名公办教师回本大队挣工分，吃农村口粮。年底，全县开始大办中学，"社社办高中，队队建初中"，共建初、高中82所。 1971年，县教育局制定"中小学教学计划和要求"，各学校整顿纪律，逐步开始恢复教学秩序。当年学校在校人数达65136人，适龄学生入学率恢复到86.3%。 1973年，该县连续开展"反回潮"、批"师道尊严"、"批林批孔"、"评法批儒"，教育秩序又重新陷入混乱。	1967~1969年，政治运动最激烈的三年里，该县教师总数出现回落，不少男性离开教师岗位，然而，这三年女教师增幅远高于其他年份。Q县小学阶段男女教师比重第一次出现接近水平。 "文化大革命"开始后，知识青年下乡进入高潮。"文革"期间下放的女知识青年成为该县一个非常有益的教师来源。
1977年底	调整、整顿全县中小学，重新配置中心校校长、主任，取消了103所小学附设的初中班，确定80所条件较好的小学为"小宝塔学校"（即重点小学），抽调400多名中学教师充实小学，辞退一些不合格的民办教师。	
1978年	贫宣队、管校组撤离学校。	

时间	教育大事记	女教师大事记
1979 年	确定卫东小学（镇一小）、肖营子小学为省重点小学。是年，县文教局制定《中小学调整规划意见》，统一规划中小学布局。	
1981 年	至该年年底，小学调整至 599 所，在校学生 59836 人，入学率为 95.8%，在校生巩固率为 65%，合格毕业率为 22.9%。 4 月，河北省政府发出整顿民办教师队伍的通知，各地将民办教师的整顿工作列入中小学教育工作的一项重要任务。	被清退的民办教师中女教师比例非常大，从 1978 年以后，被清退的民办女教师占被清退教师总数的过半。
1983 年	全部撤销附设的初中班，村小调整到 404 所，为使低年级学生就近入学，另设分校点 243 个。此后，小学布局日趋合理，教学质量稳定提高，至该年年底，学生的入学率、巩固率、合格率均在 90% 以上，达到普及小学的标准。	
1984 年	落实省委书记高扬的"八条意见"，农村中小学下放给乡、村办，对教师实行招聘制。是年 8 月，改 63 所小学为满族小学。12 月，国务院下达《关于筹措农村学校办学经费的通知》，高扬的"八条意见"停止实施。	
1985 ~ 1998 年	国家提出实行九年义务教育的论题，农村女童入学率有了大幅度提高。 进入 80 年代以后，各地陆续兴办了一批"应急性"的中等师范院校。 到了 1990 年，中等师范学校在校学生的性别分布逐渐开始向女生倾斜。 1994 年 6 月和 1999 年 9 月，Q 县所在的 Q 市机关事业单位实施工资制度改革，实行职级工资制，即按照工作人员的职务、级别、工龄和实际贡献等确定工资标准。中小学教师在这次工资改革中，按统一的工资标准进行套改，套改后，在新的专业技术职务工资标准的基础上提高了 10%。	这一时期，Q 县中小学女教师比重逐年升高。 1990 年以后，该县小学阶段男女教师数量基本持平。而且这一时期该县中小学女教师的学历合格程度也呈现逐渐升高趋势，高学历层次的女教师人数不断增加。以小学为例，中等师范毕业的女教师由 1978 年的 20 人，增加到 1998 年的 541 人；高中毕业的女教师由 1978 年的 11 人，增加到 1998 年的 180 人；值得一提的是，至 1998 年，该县小学阶段已有 38 名大专以上学历的女教师。 市场经济体制初步改革，促进农村女性劳动力就业水平，教师工作受到青睐，在 90 年代初，中小学教师成为受教育的农村女性就业的首选。

中国乡村教师性别结构的变迁

时间	教育大事记	女教师大事记
2000 年以后	1999 年中央扩大高等学校招生规模,2003 年毕业生面临进入劳动力就业市场的筛选,农村女大学生面临找工作难的现实。 2001 年 5 月《国务院关于基础教育改革与发展的决定》指出,乡村义务教育实行在国务院领导下,由地方政府负责,分级管理,以县为主。 2003 年,国务院《关于进一步加强农村教育工作的决定》落实以县为主的乡村义务教育管理体制。县级单项负责体制导致教育管理不力,县级财政入不敷出导致教育投入不足,教师工资发放受到严重影响。	2000 年以后,Q 县女教师逐年增加,男教师数量持续下降。 2010 年前后可能是 Q 县男女教师比值增减的分界线,即在 2010 年前后,该县小学和初中女教师数量开始超过男教师。小学女教师当年占教师总数的 52.58%;初中女教师占教师总数的 50.32%。

附录二　正式研究样本说明（按访谈时间排序）

序号	访谈时间	被访者（已编码）	性别	年龄	被访者简况
1	2013 年 12 月	DHM	女	29	H 师范学院毕业(大专)后回到 G₂ 乡初级中学任教,"85 后",一直未谈恋爱。
2	2013 年 12 月	CJS	女	24	T 师范学院毕业(大专),到 G₂ 乡初级中学任教,"90 后"特岗教师,但一直想要离开。
3	2013 年 12 月	ZSN	男	46	G₂ 乡总校校长。
4	2014 年 6 月	YMS	男	72	G 村一位私塾先生,当地秀才后裔,在自家私塾念书后,担任教书先生。
5	2014 年 6 月	GYS	男	76	N 村村民,其姑表姐是该村第一位读书的女性。
6	2014 年 6 月	YQX	男	不详	N 村村民。
7	2014 年 6 月	WXB	男	不详	N 村村民。
8	2014 年 6 月	CWC	男	不详	N 村村民。
9	2014 年 6 月	GWS	男	不详	N 村村民。
10	2014 年 6 月	ZYL	男	74	G 村村小教师,曾在私塾念过书,后读了初中,毕业之后一直为该村民办教师,90 年代初才转为公办,现已经退休在家。

序号	访谈时间	被访者 （已编码）	性别	年龄	被访者简况
11	2014 年 6 月	WXZ	男	81	X 村村民。
12	2014 年 6 月	WLZ	女	83	X 村小学念了 5 年,毕业后在本村做了 4 年幼儿教师,之后又在丈夫所在村做了 5 年幼儿教师,一直为民办,因家里公婆和丈夫反对离岗。
13	2014 年 6 月	ZXZ	女	75	民办女教师,1960 年小学六年级毕业后在娄子石乡任教,断断续续工作不足 20 年,未有机会转为公办。
14	2014 年 6 月	YJY	女	76	广西商专毕业,外乡人,随当兵丈夫到 Q 县,一直为民办教师。
15	2014 年 6 月	YCZ	女	75	S 村小婴班任教,民办女教师。
16	2014 年 6 月	BWG	男	73	公办教师,平泉师范毕业后直接分配到双山子国中教书,从 1960 年工作到 2002 年,42 年工龄,60 岁退休。
17	2014 年 6 月	JGR	女	76	公办教师,平泉师范毕业后直接分配到三岔口国中教书,从 1960 年工作到 1992 年,32 年工龄,55 岁退休。
18	2014 年 6 月	WBM	女	75	S 村民办教师,转公失败后放弃教师行业,现在经营小卖部。
19	2014 年 6 月	LSG	男	52	Q 县教育局局长。
20	2014 年 6 月	CFL	男	57	民转公教师,现已退休,在"滋根"担任办事人员。
21	2014 年 6 月	GXZ	女	82	初师毕业后分配到 N 小学任教,28 年的教学生涯,辗转 12 所学校,51 岁因病提前退休。
22	2014 年 8 月	ZSN	男	33	ZYL 之子,高中毕业后在家务农一段时间,之后外出打工,现在县城某矿业企业跑运输。
23	2014 年 8 月	ZXX	男	12	ZYL 之孙,G 村小学读书,现读小学六年级。
24	2014 年 8 月	WDS	男	86	S 村村民。
25	2014 年 8 月	MCH	男	67	M 村民办教师。
26	2014 年 8 月	MCF	男	66	M 村民转公教师。
27	2014 年 8 月	CEG	男	64	X 镇公办教师,在 X 镇小学教书 30 余年,担任校长十余年。
28	2014 年 8 月	YSY	女	80	小学念到五年级后又读了一年简师,在 X 村小学任教,之后因教学表现好被调进县一小任教至退休。
29	2014 年 8 月	CXM	女	35	X 镇一私立幼儿园园长,高中毕业后外出打工,5 年后返乡结婚,与同乡一起开办了一所幼儿园。

序号	访谈时间	被访者（已编码）	性别	年龄	被访者简况
30	2014 年 8 月	WXF	男	86	Q 县 S 村村民
31	2014 年 8 月	LL	女	25	Z 乡村妇女,本县职专毕业后外出务工一段时间,因婚姻返乡,现无业。
32	2014 年 8 月	WMF	女	26	L 乡乡村教师。
33	2014 年 8 月	WMX	女	22	T 师范毕业,希望在县城小学做教师。
34	2014 年 8 月	SQ	男	27	S 镇一名外出务工者。
35	2014 年 8 月	WBW	男	48	S 镇一名外出务工者,曾做过教师,后辞职,现在镇煤矿打工至今。
36	2014 年 8 月	ZHY	女	42	1989 年初中毕业考取 T 师范,中专,G_2 乡隔河头小学任教,工作 10 年后调到隔河头总校任教至今。
37	2014 年 8 月	LJP	男	44	与 ZHY 是夫妻,中专毕业后在 G_2 乡隔河头小学任教,90 年代办理停薪留职外出打工,因各种原因,5 年前又返回隔河头总校当教师。
38	2014 年 8 月	YLS	女	34	Q 乡七道河小学担任教务主任,教龄 10 年,离异,带一男孩,该男孩在其任教的班上读书。
39	2014 年 8 月	MXB	男	24	H 师范学院毕业(本科),先后在石家庄、北京两地打工 3 年,所学小学教育专业,但却从未想过从事小学教师工作,现在 Q 市一家电信公司就职。
40	2014 年 8 月	MWC	男	50	MXB 的父亲,最初也是一位乡村教师,后调到 Q 县教育局工作。
41	2014 年 8 月	WLP	女	46	成人自学考试大专毕业,Q 镇中学副校长,离异,无子,目前单身。
42	2014 年 8 月	LGR	女	67	M 村民办女教师。
43	2014 年 11 月	SLQ	女	66	G_1 乡知青女教师,北京大学毕业。
44	2014 年 11 月	LSH	女	64	N 乡知青女教师,华东师范大学毕业。
45	2014 年 11 月	ZNF	男	56	G 村村民,孙老师学生,现就职于秦皇岛市园林局。
46	2014 年 11 月	SXQ	女	66	某镇小学教师
47	2014 年 12 月	SXR	女	71	T 乡公办女教师。
48	2014 年 12 月	YJQ	女	87	30 年代末上学,简师毕业后在 N 镇小学任教,从普通教师、教学主任一直到主抓教学的副校长。

附录三　访谈提纲

基本情况——

1. 您多大年纪了？

2. 您是哪一年上学的？

3. 您是哪一年当老师的？

4. 您在这一行做了多少年？

5. 您当初为什么想做一名教师？

6. 您能简要地介绍一下您的受教育经历吗？

原生家庭考察——

7. 您兄弟姐妹几人？您在家中排行第几？

8. 家中兄弟姐妹都读书了吗？请您简单介绍一下他们读书的情况？

9. 您父母都是做什么工作的？

10. 您父母家人在子女读书的问题上怎么看？支持还是反对？

11. 您父母家人对女孩读书的态度如何？

12. 您在读书的过程中，有没有受到来自父母家人的阻力？

13. 您家里有没有辍学的孩子？他/她们后来都做什么了？

14. 您的家乡有什么样的名人？历史上重视教育吗？

村落与学校、教师考察——

15. 您知道村里最早的学校吗？

16. 您觉得村民与学校的关系是怎样的？村民与教师的关系是怎样的？旧时的学校和教师与现代的学校和教师在这两个问题上有差别吗？如果有，您认为是什么？

17. 您读书时当地的村民文化程度如何？您教书时当地的村民文化程度如何？

18. 您知道"扫盲"吗？您参加过"扫盲"吗？有没有什么故事？

19. 您知道"普九"吗？您知道乡村是何时开始"普九"的？有没有什么故事？

20. 您知道"知青"吗？您村里有过"知青"吗？有没有关于他们的故事？

21. 您知道"撤点并校"吗？您村里的学校有没有被撤并，有没有什么故事？

22. 您读书和教书的时候，村（队、社）干部与教师的关系怎样？

从教经历考察——

23. 您是公办教师，还是民办教师？

（如若是公办教师，回答以下问题）

（a）您是如何当上公办教师的，是毕业分配的还是招考的？

（b）您那个时代公办教师多，还是民办教师多？

（c）您知道公办教师和民办教师具体都有一些什么样的差别吗，比如工作要求、工作环境、待遇等方面？

（d）您的待遇如何？

（e）您在当教师的这些年工作调动是否频繁？能简要描述一下您的调职情况吗？

（f）您认为这种工作调动的原因是什么？

（g）在公办教师群体中，男女在数量上有差异吗？

（h）在教育教学上，您认为公办教师相比民办教师，哪一类教师表现更好？

（i）您现在退休后的收入大概是多少？

（如若是民办教师，回答以下问题）

（a）您是如何当上民办教师的？

（b）在您做民办教师的过程中，有没有机会转正？有几次？您是否转为公办了？如果没有转，为什么？

（c）您从教生涯中是否有间断？为什么？

（d）您知道公办教师和民办教师具体都有一些什么样的差别吗，比如工作要求、工作环境、待遇等方面？

（e）您的待遇如何？

（f）在教育教学上，您认为公办教师相比民办教师，哪一类教师表现更好？

（g）在民办教师群体中，男女在数量上有差异吗？

（h）您何时离职？请简要谈谈您离职的原因。

（i）您现在退休后的收入大概是多少？

24. 您能讲讲教材和教辅资料的故事吗？

25. 您能讲讲黑板和粉笔的故事吗？

26. 您能讲讲教师和学生、教师和家长的故事吗？

27. 您能讲讲教师和同事、领导之间的故事吗？

28. 您能讲讲上级（县、市）领导是如何检查工作的？对教师和学校的要求是怎样的？

29. 您能讲讲在您从教时间里最难忘的事吗？

读书时代所在学校的性别状况考察——

30. 您在读书时（不同的时期：小学、初中、高中、大学）班上的男女生比例是怎样的？

31. 您读书时男女生在学习投入和学业表现上有差异吗？

32. 教师对于男女同学的期待一致吗？

33. 您读书时男女教师在数量上、教学质量和对学生的管理上有没有差异？

34. 您读书时更喜欢男教师还是女教师？

从教时代所在学校的性别状况考察——

35. 您当老师时学校男女教师的比例是否相同？

36. 您当老师时学校男女领导的比例是否相同？

37. 您在当老师时学校对女教师有所照顾吗？女老师在工作质和量上的要求跟男教师一致吗？

38. 您认为作为男女教师在工作投入上是否相当？

39. 作为女教师，您在工作时有没有遇到什么特别的困难？您有没有动摇过或者放弃过当老师？您认为这些困难主要来自哪里？您又是如何克服的？

40. 您在从教生涯中，如何进行专业发展的？是否遇到过职业发展的瓶颈？

个人生活经历与生活现状考察——

41. 你是本村人，还是外嫁人？娘家距离现住地远近情况？

42. 本村与嫁入村的经济水平、文化状况、教育水平各是如何的？

43. 您生育了几个孩子？您是自己照料孩子，还是有人帮助？

44. 您家人有外出打工的吗？他们从何时起外出？到哪些地方？

45. 家人支持您的工作，愿意为您分担吗？请您谈谈如何平衡家庭和工作的？

附录四　Q 县乡村女性劳动力就业调查问卷

您好，为深入了解我县乡村劳动妇女的就业现状，特此展开此次问卷调查。该问卷系无记名方式，凡涉及个人隐私资料，将为您保密。请您在相应位置划√。

感谢您的合作！

——北京师范大学教育学部

2014 年 8 月

一、基本情况

1. 您的年龄（周岁）：

A. 16～25 岁　B. 26～35 岁　C. 36～45 岁　D. 46～55 岁　E. 56～65 岁

2. 您的文化程度：

A. 小学及以下　B. 初中　C. 高中/中专/职高　D. 大专/高职　E. 本科及以上

3. 您的婚姻状况：

A. 已婚　B. 未婚　C. 丧偶　D. 离异

二、就业情况

4. 您目前的职业：

A. 务农　B. 外出务工　C. 个体经营者　D. 村干部　E. 医护人员

F. 教师　　G. 家庭主妇　H. 其他

5. 如您是在外务工人员，请问您务工地点：

A. 本乡镇　B. 本省　C. 外省

6. 如您是在外务工人员，请问至目前为止，您从事过____工作？

A. 1个　B. 2个　C. 3个　D. 4个　E. 5个　F. 5个以上

7. 您目前的个人收入____元每个月？

A. 无收入　B. 0 ~ 500元　C. 501 ~ 1000元　D. 1001 ~ 1500元　E. 1501 ~ 2000元　F. 2000元以上

8. 您个人收入占家庭收入的比重：

A. 0　B. 30% 及以下　C. 31% ~ 60%　D. 60% 以上

9. 您的就业信息渠道（多选）：

A. 亲友介绍　B. 自己打拼寻找　C. 中介组织介绍　D. 政府提供　E. 单位招考　F. 其他

10. 您对目前工作满意度：

A. 非常满意　B. 满意　C. 一般　D. 不满意　E. 非常不满意

三、就业评价与预期

11. 您目前的职业是您的理想职业吗？

_____

_____

_____

12. 如果您有机会再次选择职业，您会选择从事何种职业？为什么？

_____

_____

_____

再次感谢您的合作，祝您生活愉快！

附录五　统计数据收集汇总表

表1　Q县分性别统计中小学教师学历变迁情况（1949～2014）

时间 / 项目	1949 年		1958 年		1968 年	
	小学(人)	初中(人)	小学(人)	初中(人)	小学(人)	初中(人)
研究生						
本科						
大专						
中专(中师)						
高中						
初中(初师)						
小学						
总计						

（男/女教师）

时间 / 项目	1978 年		1988 年		1998 年	
	小学(人)	初中(人)	小学(人)	初中(人)	小学(人)	初中(人)
研究生						
本科						
大专						
中专(中师)						
高中						
初中(初师)						
小学						
总计						

（男/女教师）

时间 / 项目	2002 年		2008 年		2014 年	
	小学(人)	初中(人)	小学(人)	初中(人)	小学(人)	初中(人)
研究生						
本科						
大专						
中专(中师)						

（男/女教师）

表 2　Q 县分性别统计中小学教师年龄变迁情况（1949~2014）

时间\项目		1949 年		1958 年		1968 年	
		小学（人）	初中（人）	小学（人）	初中（人）	小学（人）	初中（人）
男/女教师	25 岁及以下						
	26~35 岁						
	36~45 岁						
	46~55 岁						
	55 岁以上						

变迁情况\项目		1978 年		1988 年		1998 年	
		小学（人）	初中（人）	小学（人）	初中（人）	小学（人）	初中（人）
男/女教师	25 岁及以下						
	26~35 岁						
	36~45 岁						
	46~55 岁						
	55 岁以上						

变迁情况\项目		2002 年		2008 年		2014 年	
		小学（人）	初中（人）	小学（人）	初中（人）	小学（人）	初中（人）
男/女教师	25 岁及以下						
	26~35 岁						
	36~45 岁						
	46~55 岁						
	55 岁以上						

表 3　Q 县分性别统计中小学教师身份变迁情况（1949~2014）

年份	教师总数	正式教师数			非正式教师数		
		总数	男教师数	女教师数	总数	男教师数	女教师数
1949							
1958							
1968							
1978							
1988							
1998							
2008							
2014							

参考文献

英文主要文献

[1] Acker, S., "Creating Careers: Women Teachers at Work," *In Women, Teaching and Feminism*, Philadelphia: Open University Press, 1994, pp. 105 – 121.

[2] Altenbough, Richard J., "The Irony of Gender," In *The Politics of Educatior's Work and Lives*, Garland Publishing, In C. NewYork and London, 1995.

[3] Apple, Micheal W., *Teachers and Texts*, NewYork: Rout ledge, 1986.

[4] Apple, Micheal W., "Work, Gender and Teaching," In *S Walker and education*, NewYork: The Falmer Press, 1983, pp. 53 – 67.

[5] Ball, S., & Goodson, I. F., "Understanding Teachers: Concepts and Contexts," In S. Ball & I. F. Goodson (Eds.), *Teachers'Lives and Careers*, Philadelphia: The Falmer Press, 1985, pp. 1 – 26.

[6] Biklen, S. K., *School Work*, New York: Teacher College Press, 1995.

[7] Dillabough, Joanne, "Gender Politics and Conceptions of The Modern Teacher: Women, Identity and Professionalism," *British Journal of Sociology of Education*, 1999, 20 (3): 373 – 394.

[8] Grant, R., "Women Teachers'Career Pathways: Towards An Alternative Model of 'Career'," In S. Acker (Ed.), *Teachers, Gender and Careers*, New York: The Falmer Press, 1989, pp. 35 – 50.

[9] Griffln, G., "Teaching as A Gendered Experience," *Journal of Teacher Education*, 1997, (1): 56 – 68.

[10] Lacey, C., *The Socialization of Teachers*, London: Methuen, 1977.

［11］Lawn，M.，& Ozga，J.，"The Educational Worker：A Reassessment of Teacher," In L. Barton & S. Walker（Eds.），*Schools*，*Teachers and Teaching*，Barcombe：Falmer Press，1981. 45－64.

［12］Lortie，D. C.，*School Teacher*：*A Sociological Study*，Chicago：University of Chicago Press，1975，pp. 88－89.

［13］Sikes，P. J.，Measor，L.，& Woods，P.，*Teacher Careers*：*Crises and Continuities*，London：The Falmer Press，1985.

［14］Spencer，D. A.，*Sociology of Teaching*，In T. Husen & T. N. Postlethwaite（Eds.），International Encyclopedia of Education（2nded），Oxford，England：Elsevier Science，1994，（10）：5607－5614.

［15］Reddin，J.，*High－Achievement Women*，In H. S. Farmer（Ed.），Diversity & Women's Career Development，Newbury Park，CA：Sage，1997，pp. 95－126.

［16］Walder，B.，*Career Perspectives of Female Superintendent in The State of Arizona*，Dissertation Abstracts Internal，2000，61（03）：1241.

中文主要文献

著作——

［1］曹锦清：《黄河边上的中国——一个学者对乡村社会的观察和思考》，上海文艺出版社，2000。

［2］陈向明：《质的研究方法与社会科学研究》，教育科学出版社，2000。

［3］陈向明主编《在行动中学作质的研究》，教育科学出版社，2003。

［4］陈向明：《教师如何作质的研究》，教育科学出版社，2005。

［5］陈元吉等主编《中国农村社会经济变迁：1949～1989》，山西经济出版社，1993。

［6］陈永明等：《教师教育研究》，华东师范大学出版社，2003。

［7］丁钢主编《近世中国经济生活与宗族教育》，上海教育出版社，1996。

［8］丁钢主编《中国教育：研究与评论（第15辑）》，教育科学出版社，2012。

［9］董磊明：《宋村的调解：巨变时代的权威与秩序》，法律出版社，2008。

［10］杜芳琴、王政主编《中国历史中的妇女与性别》，天津人民出版社，2004。

［11］杜芳琴、王政主编《社会性别（第二辑）》，天津人民出版社，2004。

［12］杜芳琴、王向贤主编《妇女与社会性别研究在中国：1987～2003》，天津人民出版社，2003。

［13］佟新：《社会性别研究导论——两性不平等的社会机制分析》，北京大学出版社，2005。

［14］费孝通、吴晗等：《皇权与绅权》，天津人民出版社，1988。

［15］费孝通：《乡土中国 生育制度》，北京大学出版社，1998。

［16］费孝通：《江村经济——中国农民的生活》，商务印书馆，2001。

［17］费孝通：《乡土中国》，北京大学出版社，1985。

［18］冯赠俊：《教育人类学》（新世纪版），江苏教育出版社，2001。

［19］葛兆光：《中国思想史（第二卷）：七世纪至十九世纪中国的知识、思想与信仰》，复旦大学出版社，2000。

［20］顾明远、檀传宝主编《中国教育发展报告——变革中的教师与教师教育》，北京师范大学出版社，2004。

［21］郭于华：《在乡野中阅读生命》，上海文艺出版社，2000。

［22］郭于华主编《仪式与社会变迁》，社会科学文献出版社，2000。

［23］黄白： 《农村教师问题研究——教师专业化视角》，山西教育出版社，2009。

［24］〔美〕黄宗智：《华北的小农经济与社会变迁》，中华书局，2000。

［25］〔美〕黄宗智：《中国乡村教育》，商务印书馆，2004。

［26］黄书光主编《中国社会教化传统与变革》，山东教育出版社，2005。

［27］黄书光主编《中国基础教育改革的历史反思与前瞻》，天津教育出版社，2006。

［28］黄明喜、于述胜： 《中国教育哲学史（第二卷）》，山东教育出版社，2000。

［29］黄树民：《林村的故事：一九四九年后的中国农村变革》，生活·读书·新知三联书店，2002。

［30］贺雪峰：《乡村治理的社会基础——转型期乡村社会性质研究》，中国社

会科学出版社 2003。

[31] 江沛、王先明主编《近代华北区域社会史》，天津古籍出版社，2005。

[32] 金观涛、刘青峰：《开放中的变迁：再论中国社会超稳定结构》，香港中文大学出版社，1993。

[33] 乔志强主编《近代华北农村社会变迁》，人民出版社，1998。

[34] 李银河：《两性关系》，华东师范大学出版社，2005。

[35] 李银河：《生育与中国村落文化》，牛津大学出版社，1993。

[36] 李小江：《女性/性别的学术问题》，山东人民出版社，2005。

[37] 李小江主编《让女人自己说话：独立的历程》，生活·读书·新知三联书店，2003。

[38] 李景汉：《定县社会概况调查》，中国人民大学出版社，1986。

[39] 李景汉：《北平郊外之乡村家庭》，商务印书馆，1929。

[40] 李培林：《村落的终结——羊城村的故事》，商务印书馆，2010。

[41] 李培林、李强、孙立平等：《中国社会分层》，社会科学文献出版社，2004。

[42] 李书磊：《村落中的"国家"——文化变迁中的乡村学校》，浙江人民出版，1999。

[43] 李江源：《我是一个工农兵学员：泛政治化教育中的受教育者》，福建人民出版社，2006。

[44] 李强主编《中国社会变迁30年》，社会科学文献出版社，2008。

[45] 李水山主编《中华人民共和国农村教育史》，广西教育出版社，2007。

[46] 刘云杉：《学校生活社会学》，南京师范大学出版社 2001。

[47] 刘铁芳：《乡土的逃离与回归：乡村教育的人文重建》，福建教育出版社，2011。

[48] 陆学艺主编《当代中国社会结构》，社会科学文献出版社，2010。

[49] 马立主编《全国中小学教师队伍现状、预测与对策研究》，人民教育出版社，2006。

[50] 毛泽东：《毛泽东农村调查文集》，人民出版社，1982。

[51] 苗春德主编《中国近代乡村教育史》，人民教育出版社，2004。

[52] 马戎、〔加〕龙山主编《中国农村教育问题研究》，福建教育出版社，

2008。

[53] 马戎：《族群、民族与国家构建——当代中国民族问题》，社会科学文献出版社，2012。

[54] 马戎、〔加〕龙山主编《中国农村教育发展的区域差异》，福建教育出版社，1999。

[55] 潘慧玲：《教育议题的性别视野》，台湾师范大学出版社，2000。

[56] 钱理群、刘铁芳：《乡土中国与乡村教育》，福建教育出版社，2008。

[57] 史静寰主编《妇女教育》，吉林教育出版社，2000。

[58] 司洪昌：《嵌入村庄的学校：仁村教育的历史人类学探究》，教育科学出版社，2009。

[59] 孙立平：《转型与断裂——改革以来中国社会结构的变迁》，清华大学出版社，2004。

[60] 宋林飞：《西方社会学理论》，南京大学出版社，1997。

[61] 陶行知：《中国教育改造》，安徽人民出版社，2019。

[62] 邰爽秋等合选：《乡村教育之理论与实际》，教育编译馆，1935。

[63] 王金玲主编《女性社会学》，高等教育出版社，2005。

[64] 王铭铭：《社区的历程：溪村汉人家族的个案研究》，天津出版社，1996。

[65] 王铭铭：《村落视野中的文化与权力：闽台三村五论》，生活·读书·新知三联书店，1997。

[66] 王铭铭：《西学"中国化"的历史困境》，广西师范大学出版社，2005。

[67] 王先明、郭卫民主编《乡村社会文化与权力结构的变迁——"华北乡村史学术研讨会"论文集》，人民出版社，2002。

[68] 李银河：《女性权利的崛起》，文化艺术出版社，1997。

[69] 王政、杜芳琴主编《社会性别研究选择》，生活·读书·新知三联书店，1998。

[70] 魏宏运主编《二十世纪三四十年代冀东农村社会调查与研究》，天津人民出版社，1996。

[71] 翁乃群主编《村落视野下的农村教育——以西南四村为例》，社会科学文献出版社，2009。

［72］〔美〕阎云翔：《私人生活的变革：一个中国村庄里的爱情、家庭与亲密关系 1949～1999》，龚小夏译，上海书店出版社，2006。

［73］杨懋春：《一个中国村庄：山东台头》，江苏人民出版社，2001。

［74］叶澜：《教育研究方法初探》，上海教育出版社，1999。

［75］张济洲：《文化视野下的村落学校与国家——一个地方社区基础教育变迁的历史人类学考察》，教育科学出版社，2011。

［76］郑新蓉：《性别与教育》，教育科学出版社，2005。

［77］曾晓东、曾娅琴主编《中国教育改革 30 年：关键数据及过激比较卷》，北京师范大学出版集团，2009。

［78］郑新蓉：《现代教育改革的理性批判》，人民教育出版社，2003。

［79］郑新蓉等：《中国特岗教师蓝皮书》，教育科学出版社，2012。

［80］周险峰等：《农村教师研究 30 年：回顾与反思》，华中科技大学出版社，2011。

［81］周予同：《中国现代教育史》，良友图书印刷公司，1934。

［82］《中国教育年鉴》编辑部：《中国教育年鉴（1949～1981）》，中国大百科全书出版社，1984。

［83］中华人民共和国教育部发展规划司：《中国教育统计年鉴1998》，人民教育出版社，1999。

［84］中华人民共和国教育部发展规划司：《中国教育统计年鉴2008》，人民教育出版社，2009。

［85］中央教育科学研究所：《中华人民共和国教育大事记（1949～1982）》，教育科学出版社，1984。

［86］〔德〕奥古斯特·倍倍尔：《妇女与社会主义》，沈端先等译，中央编译出版社，1995。

［87］〔英〕安东尼·吉登斯：《失控的世界》，周红云译，江西人民出版社，2001。

［88］〔巴〕保罗·弗莱雷：《被压迫者的教育学：30周年纪念版》，赵友华、何曙荣译，华东师范大学出版社，2001。

［88］〔德〕哈拉尔德·米勒：《文明的共存——对塞缪尔·亨廷顿"文明冲突论"的批判》，郦红、那滨译，新华出版社，2002。

[90] 〔美〕乔尔·斯普林：《美国学校教育传统与变革》，史静寰等译，人民教育出版社，2010。

[91] 〔美〕埃伦·康德利夫·拉格曼：《一门捉摸不定的科学：困扰不断的教育研究的历史》，花海燕等译，教育科学出版社，2006。

[92] 〔美〕玛格丽特·米德：《三个原始部落的性别与气质》，宋践等译，浙江人民出版社，1988。

硕博论文——

[1] 程猛：《教师与土地——贺疃村三代农村教师口述史》，北京师范大学硕士学位论文，2012。

[2] 陈艳红：《"国民小学"女性主管角色冲突与调适历程》，国立台中师范学院国民教育研究所硕士学位论文，2002。

[3] 冯大鸣：《处境变迁与文化回应——西部农村教师专业发展研究》，华东师范大学博士学位论文，2008。

[4] 黄巍：《"文革"时期女性形象政治化研究》，首都师范大学博士学位论文，2012。

[5] 焦岩岩：《"权利本位"理念下幼儿教师专业自主权研究》，东北师范大学博士学位论文，2012。

[6] 李长娟：《社会性别视角下乡村女教师生涯发展研究——基于三兴中学五位女教师的个人生活史考察》，东北师范大学博士学位论文，2010。

[7] 李芳：《乡村学校的衰落与乡村教育的发展——一个华北乡村学校的民族志研究》，南京师范大学硕士学位论文，2012。

[8] 李艳红：《东乡族女教师生涯发展研究》，西北师范大学博士学位论文，2007。

[9] 罗英卓：《"身份"的向度》，东北师范大学硕士学位论文，2012。

[10] 廖珊珊：《符号互动论视角下农村女教师的人际互动与专业发展研究——以初中思想品德课教师为例》，浙江师范大学硕士学位论文，2012。

[11] 彭倩倩：《"民转公"教师生命历程研究——以湖南省 T 县某小学教师群体为例》，华东师范大学硕士学位论文，2011。

[12] 彭小虎：《社会变迁中的小学教师生涯发展》，华东师范大学博士学位论

文，2005。

[13] 冉文园：《河北省蠡县农村初中教师队伍现状的调查与思考》，河北师范大学硕士学位论文，2008。

[14] 孙来勤：《身份认同与身份挣扎——L镇中学六位农村教师日常叙事》，东北师范大学博士学位论文，2012。

[15] 宋瑜：《农村女性劳动力流动及影响因素研究——以长江三角洲为例》，浙江大学博士学位论文，2008。

[16] 孙长海：《农民工动态演变研究》，西北农林科技大学硕士学位论文，2008。

[17] 孙颖：《从自在到自觉——东北山区五名农村教师自主发展的叙事探究》，东北师范大学博士学位论文，2011。

[18] 唐松林：《农村中小学教师队伍建设研究》，华东师范大学博士学位论文，2004。

[19] 王国明：《社会变迁中的农村教师更迭研究》，北京师范大学博士学位论文，2014。

[20] 王萍：《美国中小学教师教育发展研究》，华中师范大学博士学位论文，2012。

[21] 王琦：《女性主义视野下的农村女教师专业发展研究——以山东邹平县为例》，湖南科技大学硕士学位论文，2011。

[22] 王安全：《一个西部县农村教师结构五十年的变迁》，陕西师范大学博士学位论文，2012。

[23] 王建立：《社会转型时期农村教师身份认同研究》，南京师范大学硕士学位论文，2011。

[24] 王凤香：《一位乡村女教师的故事——教师个人实践性知识建构的社会学分析》，首都师范大学硕士学位论文，2005。

[25] 王晓慧：《近代中国女子教育议题争论研究：国家政权建设的视角》，南京师范大学博士学位论文，2012。

[26] 魏淑华：《教师职业认同研究》，西南大学博士学位论文，2008。

[27] 王东平：《城市化进程中农村女性劳动力流动转移问题研究》，河北农业大学博士学位论文，2010。

[28] 杨燕萍：《农村小学女教师专业发展的特点、困境与对策研究——以甘

肃省平凉市崆峒区 S 乡为例》，西北师范大学硕士学位论文，2011。

［29］张妮妮：《在耕耘中守望——乡村幼儿教师专业生活的叙事研究》，东北师范大学博士学位论文，2012。

［30］张世勇：《生命历程视角下的返乡农民工研究——以湖南省沅江镇的返乡农民工为表述对象》，华中科技大学博士学位论文，2011。

［31］张世辉：《农村教师补充与退出的内在动力机制的研究》，西南大学硕士学位论文，2010。

［32］钟佑洁：《德国近现代师范教育发展研究》，华中师范大学硕士学位论文，2005。

［33］邹佳：《流动中的乡村家庭和个人——基于生命历程视角的田野调查》，西南大学硕士学位论文，2013。

［34］郑茱月：《台北市国小女校长生涯发展历程中重要他人及关键事件之研究》，台北师范学院国民教育研究所硕士学位论文，2003。

［35］章伟：《失去农民的村庄：夏村叙事（1976～2006）——中国东南沿海村民的日常生活》，华中科技大学博士学位论文，2008。

期刊与会议论文——

［1］曹诚平：《是比例太高还是眼光太高—农村学校女教师"愁嫁"问题引关注》，《中国妇女报》2012 年 10 月 24 日。

［2］陈伟玲：《代课教师：从边缘走向何处？——访靳希斌、郑新蓉教授》，《中国教师》2003 年第 5 期。

［3］陈雁：《传教士对近代中国女子教育的作用》，《临沧师范高等专科学校学报》2008 年第 1 期。

［4］陈月如：《试论农村新概念》，《经济研究》1986 年第 2 期。

［5］丛小平：《从母亲到国民教师——清末民族国家建设与公立女子师范教育》，《清末研究》2003 年第 1 期。

［6］丁春莲：《教师群体女性化对学生发展的影响及忧患》，《教育评论》2002 年第 4 期。

［7］傅松涛：《教师群体女性化现象初探》，《教育评论》1997 年第 5 期。

［8］樊明成：《当前我国大学生选择专业的性别差异分析》，《现代教育科学：

高教研究》2011 年第 2 期。

[9] 范仲远：《关于"教师职业专业化"概念的思考》，《四川师范大学学报》（社会科学版）2007 年第 1 期。

[10] 顾辉：《再生产抑或循环：女性的职业阶层不平等与社会流动研究》，《人口与发展》2012 年第 5 期。

[11] 高小贤：《当代中国农村劳动力转移及农业女性化趋势》，《社会学研究》，1994 年第 2 期。

[12] 郭强：《现代社会的漂浮：无根的现代性及其呈现示》，《社会》2006 年第 4 期。

[13] 郭志明：《专业化视角下美国教师性别结构变迁研究》，《天津师范大学学报》（社会科学版）2010 年第 4 期。

[14] 胡晓亮等：《乡村概念辨析》，《地理学报》2020 年第 2 期。

[15] 贺义廉：《师范生女性化对基础教育教师群体的影响》，《教育评论》2011 年第 3 期。

[16] 何丽君：《农村中小学女教师身心健康问题及对策》，《甘肃农业》2012 年第 7 期。

[17] 贺雪峰：《乡村治理区域差异的研究视角与进路》，《社会科学辑刊》2006 年第 1 期。

[18] 贺雪峰：《村庄精英与社区记忆：理解村庄性质的二维框架》，《社会科学辑刊》2000 年第 4 期。

[19] 贺雪峰：《农村家庭代际关系的变动及其影响》，《江海学刊》2008 年第 4 期。

[20] 贺雪峰、刘涛：《在乡土中国与现代中国之间》，《中国图书评论》2009 年第 4 期。

[21] 贺雪峰：《差序格局与乡村治理的区域差异》，《江海学刊》2007 年第 4 期。

[22] 贺雪峰：《中国农村社会及其转型困难》，《东岳论丛》2006 年第 2 期。

[23] 何小雅：《小学教师队伍女性化的忧虑》，《广州教育》（教育导刊）1990 年第 Z6 期。

[24] 荆建华：《教师群性别构成的女性化及其对学生心理发展的负效应》，

《教育理论与实践》1996 年第 4 期。

[25] 颉俊祥：《甘肃农村女教师现状的调查研究》，《中华女子学院山东分院学报》2008 年第 1 期。

[26] 刘静：《70 年代以来西方教师教育中的社会性别问题研究述评》，《比较教育研究》2003 年第 7 期。

[27] 刘静：《论西方女性主义的教师专业化批判与重建》，《外国教育研究》2004 年第 1 期。

[28] 刘静：《美国教师女性化及其原因的历史探究》，纪念《教育史研究》创刊二十周年论文集（20）——《外国教师教育史、职业宇承认教育史研究》，2009 年 9 月 1 日（会议论文）。

[29] 李艳红、万明刚：《国外女教师生涯发展研究及其启示》，《外国中小学教育》2008 年第 4 期。

[30] 李艳红：《传承与革新的双重变奏——一位东乡族女教师生涯发展的叙事研究》，《民族教育研究》2010 年第 4 期。

[31] 刘冠生：《城市、城镇、农村、乡村概念的理解与使用问题》，《山东理工大学学报》（社会科学版）2005 年第 1 期。

[32] 李胜贵：《河北省青龙县推进课程改革的探索》，《中国教育学刊》2006 年第 9 期。

[33] 李长吉：《农村教师：改造乡村生活的灵魂——兼论农村教师的知识分子身份》，《教师教育研究》2011 年第 1 期。

[34] 李长娟：《从规约走向解放的乡村女教师生涯发展》，《教育评论》2013 年第 4 期。

[35] 刘茗等：《农村中小学教师队伍结构需要优化——对河北省农村中小学教师队伍的调查与分析》，《红旗文稿》2008 年第 12 期。

[36] 刘玉宗等：《青龙县满族来源初考》，《民族研究》1987 年第 4 期。

[37] 李建雄、吴海丽、黄正明等：《中国农村女教师的现状及对策研究》，《北京广播电视大学学报》2006 年第 3 期。

[38] 李瑾瑜：《西部农村小学女教师的生存与发展状态——基于 60 名农村小学女教师的调查和思考》，《中国教师》2007 年第 8 期。

[39] 劳动和社会保障部课题组：《当前农民工流动就业数量、结构与特点》，

《工人日报》2006 年 2 月 14 日。

[40] 李莉萍、黄巧香：《教师工作满意与教师激励》，《湖南师范大学教育科学学报》2004 年第 7 期。

[41] 强海燕、张旭：《从社会性别角度探讨女大学生和女教师的发展——中加"妇女与少数民族教育"项目部分内容介绍》，《妇女研究论丛》2001 年第 5 期。

[42] 史静寰等：《农村女教师：撑起中国农村基础教育的半边天》，《妇女研究论丛》2005 年第 Z1 期。

[43] 容中逵：《他者规训异化与自我迷失下的乡村教师——论乡村教师的身份认同危机问题》，《教育学报》2009 年第 5 期。

[44] 田秀兰：《双生涯家庭与女性的生涯发展》，《咨商与辅导》1998 年第 3 期。

[45] 万明钢等：《大学生专业取向的性别差异研究》，《高等理科教育》2000 年第 4 期。

[46] 王洁钢：《农村、乡村概念比较的社会学意义》，《学术论坛》2001 年第 2 期。

[47] 王春霞等：《教师专业发展，路在何方——从一个乡村女教师的一天说起》，《当代教育科学》2007 年第 12 期。

[48] 王荣珍：《冀南农村民办学校女教师现状分析》，《教育评论》2010 年第 6 期。

[49] 温恒福：《农村教育的含义、性质与发展规律》，《教育探索》2005 年第 1 期。

[50] 吴民祥：《中国教育早期现在化的独特乐章——清末女子学堂教师之考察》，《华东师范大学学报》（教育科学版）2010 年第 1 期。

[51] 武晓伟：《我国西部农村学校"特岗计划"的思考——以贵州省威宁县为例》，《湖南师范大学教育科学学报》2013 年第 6 期。

[52] 武晓伟、朱志勇：《论我国"精英式"农村基础教育问题及其治理》，《南京社会科学》2014 年第 2 期。

[53] 武晓伟、朱志勇：《传统与现代：文化哲学视域下的农村教育研究》，湖南师范大学教育科学学报》2014 年第 6 期。

[54] 武晓伟、王成龙：《我国农村学校"特岗计划"的再思考——以河北省

　　××县为例》，《河北师范大学学报》（教育科学版）2015 年第 2 期。

［55］武晓伟、郑新蓉：《我国农村中小学教师性别结构的女性化——基于河北、云南、贵州三省的调查分析》，《教师教育研究》2015 年第 3 期。

［56］徐广义：《妇女：走出重围——结合案例谈中国农村妇女发展政策》，《中华女子学院学报》2002 年第 6 期。

［57］徐莉：《民族村寨女教师的文化困境及其突破》，《广西师范大学学报》（哲学社会科学版）2011 年第 1 期。

［58］熊杰：《教师女性化趋势对妇女地位的影响——西安市教师女性化趋势现状分析》，《现代教育管理》1996 年第 4 期。

［59］谢延龙：《透视当前我国农村义务教育中存在的问题》，《当代教育论坛：宏观教育研究》2004 年第 10 期。

［60］袁志晃：《再谈"教师生涯发展"的题旨——试疑与释意》，《教育研究资讯》2001 年第 4 期。

［61］袁振国：《教师专业化：教师队伍建设的新阶段》，《教育科学研究》2003 年第 11 期。

［62］杨玉春：《中小学教师待遇问题调研报告》，《当代教育科学》2009 年第 5 期。

［63］叶菊艳：《农村教师身份认同的影响因素及其政策启示》，《教师教育研究》2014 年第 6 期。

［64］玉丽：《农村缺少女教师：值得关注的问题——我国农村女教师现状分析报告》，《教育科学研究》2006 年第 7 期。

［65］于伟等：《我国欠发达地区农村教师队伍建设中的结构性困境与破解》，《教育研究》2007 年第 3 期。

［66］张莉莉、郑新蓉、郭歆：《西部偏远少数民族地区女性领导力提升策略研究——以中英西南基础教育项目为例》，《山西师大学报》（社会科学版）2011 年第 4 期。

［67］张人杰：《教师专业化：亟需更深入研究的若干问题》，《比较教育研究》2005 年第 9 期。

［68］张亚玲等：《农村小学女教师职后教育现状分析》，《知识经济》2006 年第 17 期。

[69] 张永华:《关于我国农村女教师发展的几个问题》,《教育探索》2006 年第 8 期。

[70] 郑新蓉:《教师的阶层身份、社会功能与专业化——西方马克思主义关于教师的研究》,《教育学报》2005 年第 3 期。

[71] 郑新蓉、武晓伟:《我国农村教师队伍建设与支持性政策的思考》,《河北师范大学学报》(教育科学版)2014 年第 1 期。

[72] 郑新蓉、武晓伟:《农村教师性别结构现状与影响因素分析》,《中国妇女报(新女学周刊)》2014 年 9 月 9 日。

[73] 郑新蓉、武晓伟:《善待农村女教师:让政策更温暖》,《中国妇女报(新女学周刊)》2014 年 9 月 9 日。

[74] 钟启泉:《教师"专业化":理念、制度、课题》,《教育研究》2001 年第 12 期。

[75] 朱旭东:《论教师专业发展的五个基础》,《当代教师教育》2010 年第 3 期。

[76] 朱旭东:《论我国农村教师培训系统的重建》,《教师教育研究》2011 年第 6 期。

[77] 朱旭东:《教师教育标准体系的建立:未来教师教育的方向》,《教育研究》2010 年第 6 期。

[78] 朱俊杰:《中小学教师职务结构初探》,《教育研究》1997 年第 2 期。

[79] 褚宏启:《西部教育现代化应注意的若干问题》,《中央民族大学学报》(哲学社会学版)2002 年第 2 期。

[80] 朱又红:《我国农村社会变迁与农村社会学研究述评》,《社会学研究》1997 年第 6 期。

[81] 邹云龙:《高师院校非师范专业学生就业模型》,《中国大学生就业》2004 年第 4 期。

网络文献

[1]《教师群体上访事件调查:政策越多收入差距越大》,南海网(新闻),http://www. hinews. cn/news/system/2009/02/25/010424486. shtml,2009 年 2 月 25 日。

中国乡村教师性别结构的变迁

[2]《农村教师不宜推迟退休的六大理由》，红网（百姓呼声），https：//people. rednet. cn/front/messages/detail？ id=663836，2010 年 9 月 28 日。

[3]《调查：超过八成大学毕业生为家庭第一代大学生》，新浪教育，http：// edu. sina. com. cn/l/2011 - 07 - 12/1718204570. shtml，2011 年 7 月 12 日。

[4]《国家统计局发布 2012 年全国农民工监测调查报告》，中国政府网，http：//www. gov. cn/gzdt/2013 - 05/27/content_ 2411923. htm，2013 年 5 月 27 日。

[5]《知青老师和她的学生们》，凤凰网·历史，http：//news. ifeng. com/ history/zhiqing/articles/201002/0204_ 6849_ 1537374. shtml，2010 年 2 月 4 日。

[6]《难忘——我的教师生涯》，北京知青网，http：//www. bjzqw. com/ lanmu/zqsy/hywx/2010/0910/629. html，2010 年 9 月 10 日。

[7]《让更多的人识字——建国初期扫盲纪实》，中国政府网，http：//www. gov. cn/jrzg/2009 - 08/20/content_ 1397146. htm，2009 年 8 月 20 日。

[8] 陶行知：《中国乡村教育之根本改造——在上海青年会的演讲》，南京晓庄学院学科教学论团队网站，http：//www. njxzc. edu. cn/s/23/t/101/08/ f6/info2294. htm。

[9] 黄宗智：《中国革命中的农村阶级斗争——从土改到文革时期的表达性现实与客观性现实》，凤凰网·历史，https：//news. ifeng. com/history/ zhuanjialunshi/huangzongzhi/201001/0122_ 7319_ 1522089. shtml，2010 年 1 月 22 日。

[10] 孙云晓：《拯救男孩：男孩为何需要男教师（九）》，中国教育在线，https：//chuzhong. eol. cn/jzxx/zjzd/201003/t20100303_ 453111. shtml，2010 年 3 月 3 日。

后　记

一

2015 年 2 月 28 日，也就是 2 月的最后一天，离开央视、沉静了许久的著名记者柴静携她个人拍摄的雾霾深度调查《穹顶之下》进入公众视野。2012 年 9 月我来到北京，11 月入冬后的某天，我第一次呼吸到帝都的"霾"。2014 年 3 月初参加单位组织的体检，被确诊患过敏性鼻炎，肺部出现阴影，不得已又换了两家医院重新接受肺部 CT 检查，最终排除了重症的可能性。对于霾，我与柴静一样深恶痛绝，并充满了各种不解与疑惑，只是她先行我一步。看过《穹顶之下》这部片子的人们或许有相当一部分人跟我有相似的感觉，即在恍然大悟的同时又意犹未尽，无疑，柴静是勇敢的，只是还不够。

之所以先要说"雾霾"，是因为它让我联想到了另外一件事——教育。柴静花费了很多时间、精力和金钱来试图解开"雾霾之谜"，而事实上，我相信她已经有了答案，只是未曾想到这个"求真"与求证，甚至表达的过程竟举步维艰。那么，教育呢？如果我们把它也视作在寻求并传递一种更加复杂的真相的话，是不是也意味着"教育"是件难上加难的事？

康德在《未来形而上学导论》中曾写道："自然界的法则有很多是我们只有通过经验才能认识的；但是在现象（也就是一般自然界）的连结中的合乎法则性，却是我们从任何经验里都认识不到的，因为像这样的法则是经验本身用来作为它的可能性的先天根据。"也就是说，科学知识本身是具有很强客观性的，即这个世界是有真相可见、可言、可寻和可解的。对于自然科学知识的客观性尚易理解，然而，在历史研究中是否也有一个"真相"？

在写这本书之前我从来未曾涉及史学领域，起先，我从事历史研究的想法很简单，就是想求真。受兰克学派倡导的客观主义史学影响，认为在历史研究中应"排除自我"，排除一切主观意识的影响，执着地追求历史的真相。然而，随着研究的愈加深入，特别是在做田野调研的那段时间里，我与很多人讨论历史，讨论过去发生的事，不少人总习惯地站在自己的立场、情感上看历史，离历史中实际想的和做的逻辑差距太大，这给我带来很多困扰。后来，我想起国学与史学大师陈寅恪，他强调历史要换位思考，要熟悉并掌握历史中人的文化与背景，努力与历史中的人处于同一境界，并"对其持论所以不得不如是之苦心孤诣表一种之同情"。在我逐渐意识到同情之理解的意义和方法之后，我开始换一种角度去看待研究对象所呈现给我的"历史"，尤其是他/她们的那些"苦难"，他/她们的身体之苦和心灵之苦，我所研究的村庄里的很多人都称自己是"受苦人"，这不仅是他/她们的身体感受，也是精神体验；既是对客观事物的评判，更是一种自我认同和群体认同的表述。比如，我遇到了不少民办女教师，苦难几乎构成了她们日常生活的基础，当然也是构成她们历史的重要内容，这种种的苦痛弥漫在她们的生命之中，通常是无从归因的，因而她们对于苦难的表述又不可避免地带有宿命论的特点。然而，当我研究的范围越来越广，涉及的历史对象越来越多，由个体生命蔓延到更加宏大的社会经济、政治、文化等领域时，我又发现仅靠同情之理解来进行研究依旧不够。在个体遭遇的背后还有社会结构及其变迁的复杂力量。如果我跳不出一党一派，一族一国的立场情感，跳不出自己对所研究对象的同情理解，这样反而可能制造出许多片面和肢解、枝节的历史真相。当每个人、每一方都拿自己的这种历史真相来做文章，历史往往就会被人有意无意地变成了一种制造误解、隔阂甚至仇恨的工具了。所以，做研究要懂得变通，也要心存一个大格局；当然，"求真"本身这件事是一定没错的！

二

写作的过程的确辛苦，我也时常觉得自己是个"受苦人"，而且不只是身体之苦，最重要的是思想上遭受的痛苦。在这个过程中我要特别感谢我的导师北京师范大学教育学部郑新蓉教授。

作为学生，我总在不断表达自己，然而我发现老师似乎对我的表达并不在意。我只能乖乖地降服自心。有时候会十分渴望见到老师，乃至于提到老师的名字，心中的喜悦都难以言喻；有时候见到老师又异常紧张。而老师就像一面明镜，她的智慧、觉性和清明，让我映照出自己的种种瑕疵。老师总会以各种方式来教化学生，她会责骂、冷落，也会抬举、宠爱，甚至放任你，经过不断的"热炒冷拌"，让你云里雾里、山高谷底，摸不着头脑。然而，老师却无比明晰，你是不打不醒，不弃不安，不伤不懂，不折不乖，不痛不歇，不压不服……而只有这样来来回回的磨炼，等你身上的戾气和粗鄙的习性磨平之后，才能够建立起内心深处对老师完全的信与任，这时师生之间才会有真正传承特质的沟通，你也才能体会老师的辛苦期望。

我记得老师曾说她希望把我"带出来"。我最初以为老师说的是要引导我走向学术之路。其实，老师对我的期待远远不止于学问，她是想把我从懦弱不堪中带出来，把我从放任不羁中带出来，把我从犹疑不决中带出来，扶助我走上一条理性、坚强、果敢和开阔的路。

感谢我的老师郑新蓉教授！希望学生这本愚作能让老师聊以宽慰。

三

这本书是实质意义上的我的第一本独立完成的"专著"，它凝结了很多师长、友人、同行和家人们的鼓励与帮助。在此，一并加以感谢——

杜芳琴教授、夏林清教授、张莉莉教授、贺晓星教授、康永久教授、张李玺教授、朱旭东教授、熊秉纯教授、杜亮教授、魏曼华教授。感谢这些师长在我写作过程中给予的提点和耐心的修正。

感谢我的工作单位北京师范大学珠海校区教育学院的领导和同事们，特别在申报珠海市社科联项目资助时，由于时任科研处魏信处长、邢飞老师的奔走支持，我才最终申报成功并获得出版经费上的支持。

感谢珠海市社会科学联合会对于学术的热忱和资助，感谢林湘主任的认真负责，因为有你们，本书稿才能"面见天日"。

感谢社会科学文献出版社薛铭洁编辑的不辞辛劳，一次又一次地对稿件进行复核审校，尽心尽力。

另外，我必须要向我田野调研的河北省 Q 县那些给予我极大帮助的当地

中国乡村教师性别结构的变迁

教育局领导、各个乡镇及村的老师和学生，以及村民们致以最崇高的敬意和谢意。感谢"中国滋根"杨贵平老师、李光对老师、常福林老师和张海燕。从田野中来，我带回了很多宝贵的资料，然而，我回报给研究对象的却少之又少，借助本书给予我的力量，踏实向学，认真做人，并把这些经验进行讲述、解读和传递，将是我对田野和那些被访者的最大回报！

最后，我要感谢我的家人。感谢父母若干年来的养育，感谢小儿的理解，也感谢孩子的父亲的支持！

武晓伟

于北师大珠海校区"教工之家"

2018 年 9 月

图书在版编目（CIP）数据

中国乡村教师性别结构的变迁：一个基于县域的历
史人类学研究 / 武晓伟著. – – 北京：社会科学文献出
版社，2022.1
　（珠海社科学者文库）
　ISBN 978 – 7 – 5201 – 8615 – 5

　Ⅰ. ①中…　Ⅱ. ①武…　Ⅲ. ①农村学校 – 教师 – 性别
差异 – 研究 – 中国　Ⅳ. ①G451.2

中国版本图书馆 CIP 数据核字（2021）第 124983 号

珠海社科学者文库
中国乡村教师性别结构的变迁
　　——一个基于县域的历史人类学研究

著　　　者 / 武晓伟

出 版 人 / 王利民
责任编辑 / 薛铭洁
责任印制 / 王京美

出　　　版 / 社会科学文献出版社·皮书出版分社（010）59367127
　　　　　　地址：北京市北三环中路甲29号院华龙大厦　邮编：100029
　　　　　　网址：www. ssap. com. cn
发　　　行 / 社会科学文献出版社（010）59367028
印　　　装 / 三河市龙林印务有限公司

规　　　格 / 开本：787mm×1092mm　1/16
　　　　　　印张：18.5　字数：303千字
版　　　次 / 2022年1月第1版　2022年1月第1次印刷
书　　　号 / ISBN 978 – 7 – 5201 – 8615 – 5
定　　　价 / 128.00元

读者服务电话：4008918866